博物馆文创产品设计开发策略与创新思路研究

郭李贤 著

中国纺织出版社有限公司

图书在版编目（CIP）数据

博物馆文创产品设计开发策略与创新思路研究 / 郭李贤著. -- 北京：中国纺织出版社有限公司，2022.7
ISBN 978-7-5180-9721-0

Ⅰ. ①博… Ⅱ. ①郭… Ⅲ. ①博物馆－文化产品－研究－中国 Ⅳ. ①G269.23

中国版本图书馆CIP数据核字（2022）第136695号

责任编辑：刘桐妍　　责任校对：高　涵　　责任印制：储志伟

中国纺织出版社有限公司出版发行
地址：北京市朝阳区百子湾东里A407号楼　邮政编码：100124
销售电话：010—67004422　传真：010—87155801
http://www.c-textilep.com
中国纺织出版社天猫旗舰店
官方微博 http://weibo.com/2119887771
三河市延风印装有限公司印刷　各地新华书店经销
2022年7月第1版第1次印刷
开本：710×1000　1/16　印张：20.5
字数：285千字　定价：99.90元

凡购本书，如有缺页、倒页、脱页，由本社图书营销中心调换

前言

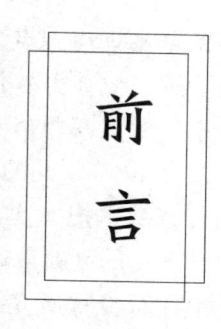

随着国民经济飞速发展，产业和消费的双升级，人们对于美好生活的向往不再局限于优渥的物质生活，精神文化消费需求不断扩大，这刺激了文化创意产业的发展。在人民精神需求的呼吁下，以博物馆文物为设计灵感的周边衍生品应运而生。博物馆文化创意产品在提供生活帮助的前提下，以服务于人民的精神生活为根本，让消费者获得美好生活体验，获得自我文化精神的升级与发展。

2021 年，全国规模以上文化及相关产业企业营业收入达到 119 064 亿元，比上年增长 16.0%，两年平均增长 8.9%。文化新业态特征较为明显的 16 个行业小类实现营业收入 39 623 亿元，比上年增长 18.9%；两年平均增长 20.5%，高于全部规模以上文化及相关产业企业 11.6 个百分点。在文创产业中，博物馆文创产业以其丰富的创意来源、深厚的文化内涵、显著的社会效益等特点脱颖而出，成为文创产业组成和升级的重要部分之一。随着数字技术的融入与互联网思维的创新发展，博物馆文创产业呈现出了新趋势。本书以博物馆文创产品的开发为主要研究对象，针对文创产品在大环境下的创新开发思路进行探讨，希望给相关从业人员提供学习与参考价值。本书共七章，每章的具体内容如下：

第一章主要是文创产品的研究，对文创产品内涵、中国文创产品产生与发展、外国文创产品开发经验进行较为详细和深刻的阐述，明确文创产品、文化产业、文化创意产业的概念以及相互关系，了解文创产品特征，奠定博物馆文创产品研究的理论基础。

第二章主要讲述了博物馆文创产品的相关内容，包括博物馆认识与分类、博物馆文创兴起、博物馆文创产品设计特点以及博物馆文创产品设计开发意义和开发基本情况。以博物馆为中心去获得博物馆文创产业发展的基本理论观点，以便对博物馆文创产品开发有一个全面而详细的掌握，进一步夯实本书创作的理论基础。

第三章从博物馆文创产品类型、"互联网＋"、设计事理学、市场品牌、文化 IP 等不同的角度，探索了当前博物馆文创产品的设计开发原理和路径，基本把握博物馆文创产品设计开发模式，为后续博物馆文创产品设计开发的创新策略研究提供了支持与帮助。

第四章着重研究了博物馆文创产品设计开发创新思路，紧抓守正创新、跨界合作、现代技术、市场调研、人才培养等关键词，从博物馆文创产业发展的大背景和博物馆文创产品设计开发的核心出发，探讨文创产业 4.0 时代博物馆文化创意产业的创新发展策略，为博物馆文创产品的创新开发提供实践方案。

第五章对博物馆文创产品设计开发策略进行深入研究，从设计开发途径、设计开发原则、设计开发模式、设计开发流程和设计开发方法等方面对博物馆文创进行了探析和研讨，掌握文创产品开发的基本方法和规律，从而帮助设计人员对文创产品设计开发有一个大方向的把握，提高文创产品设计开发的实践能力。

第六章从博物馆文创产品设计开发思路出发，从产品原型、设计理念、设计载体、设计特征和设计实践等方面对文创产品的设计实践进行了分析，方便设计人员对产品的造型、意象、文化内涵等进一步创新，从而拓宽文创产品的设计思路，提高产品的设计水平。

第七章是对中国博物馆文创产业的展望。未来博物馆文创产业应该如何发展，作者结合前文所提到的观点和内容对博物馆文创产业的创新提出了自己的看法，期望对博物馆文创产品的设计开发和产业进步提供帮助。

作者

2022 年 4 月

目 录

第一章　文创产品　　1
第一节　文创产品内涵　　3
第二节　中国文创产品产生与发展　　12
第三节　外国文创产品开发经验　　23

第二章　博物馆文创产品　　29
第一节　博物馆认识与分类　　31
第二节　博物馆文创兴起　　49
第三节　博物馆文创产品设计特点　　53
第四节　博物馆文创产品设计开发意义　　56
第五节　博物馆文创产品设计开发基本情况　　73

第三章　不同视角下的博物馆文创产品设计开发　　87
第一节　不同类型博物馆文创产品设计开发　　89
第二节　"互联网+"与博物馆文创产品设计开发　　100
第三节　设计事理学角度的博物馆文创产品设计开发　　121
第四节　市场品牌思路下的博物馆文创产品设计开发　　134
第五节　基于文化 IP 的博物馆文创产品设计开发　　150

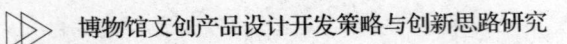

第四章　博物馆文创产品设计开发创新思路　　167

第一节　传统元素融入，守正创新　　169
第二节　跨界合作发展，实现双赢　　176
第三节　现代技术理念，与时俱进　　186
第四节　展开市场调研，走近大众　　198
第五节　重视人才培养，持续发展　　211

第五章　博物馆文创产品设计开发策略　　225

第一节　文创产品设计开发途径　　227
第二节　博物馆文创产品设计开发原则　　240
第三节　博物馆文创产品设计开发模式　　252
第四节　博物馆文创产品设计开发流程　　264
第五节　博物馆文创产品设计开发方法　　273

第六章　博物馆文创产品设计开发思路　　283

第一节　确定产品原型　　285
第二节　明确设计理念　　288
第三节　寻找设计载体　　291
第四节　总结设计特征　　295
第五节　进行设计实践　　297

第七章　中国博物馆文创产业未来发展　　301

第一节　中国博物馆文创产品设计开发情况与创新点　　303
第二节　博物馆文创产品发展趋势　　307

参考文献　　311

附录一　山东省博物馆文创产品用户问卷调查表　　317

附录二　山东省博物馆文创产品用户的访谈问题　　321

第一章 文创产品

第一节　文创产品内涵

文创产品，即文化创意产品，通俗来说就是文化概念产品化，具有一定艺术审美的创意人借助科技和智力对文化元素、文化主题和文化资源进行创意和创新转化，使文化具象化成具有实用价值的产品。

讲好中国故事，传播好中国声音，加快建构中国话语和中国叙事体系。中国是具有深厚文化底蕴的文明大国，文化的传承和传播日益重要，文创产品作为一种文化传播方式近年来备受重视，也取得了一定的成果，如故宫文创产品。

从狭义层面来说，文创产品就是某种文化元素、符号的市场化、产品化；从广义层面来说，文创产品内涵颇丰，它涉及文化、艺术、文化产业、文化创意产业等众多内容丰富的概念。为了彻底厘清文创产品内涵，文章接下来将对文化、艺术、文化产业、文化创意产业等概念进行一一梳理和解读。

一、文化概念

文创，简单来说，就是具有一定文学素养的创意人将文化符号进行创造加工，以一种艺术的、美的形式呈现出来的作品，其内涵仍然是在宣扬文化。所以，厘清文化概念对于文创产品的开发大有裨益。

文化是什么？文化一词经常出现在生活中，但是文化的概念一直在丰富和发展。文化始于《周易》，"观乎天文，以察时变；观乎人文，以化成天下"，至汉产生"文化"一词，到唐朝，文化有了基础概念。孔颖达认为《周易》中所提的"文化"是"圣人观察人文，则诗书礼乐之谓"，也就是文学礼仪风俗等充实精神生活的上层建筑。延续这一定义基础，顾炎武又进一步丰富了"文化"的内涵，他认为自身行为表现和国家各种制度都属于"文化"。

世界范围内文化概念的确认始于1871年，爱德华·伯内特·泰勒提出：文化或者文明，就其广泛的民族学意义来讲，是一个复合整体，包括知识、信仰、艺术、道德、法律、习俗以及作为一个社会成员的人所习得的其他一切能力和习惯[1]。泰勒的理论可以被看作文化概念的起源，后来出现的学科文化概念，如政治文化、经济文化、管理文化、法律文化；还有阶层文化概念，如精英文化、通俗文化、流行文化、大众文化等，都是泰勒文化概念的延伸和细化。

到底什么是文化？从狭义层面讲，文化是某种审美观念，是主观意识作用于客观事物而呈现出来的一种社会现象，是社会关系作用的结果。文化对人类的物质生活、精神家园起到了一定的影响[2]。基于社会关系论，文化是人为创造出来的，是可学习和传播的一切物质和非物质产品，文化既可以作用于现实生活，又可以影响精神世界。由于文化是社会关系作用的结果，上至种族、民族、阶层、国家，下至地区、学科、工业技术、社会现象，都可以被称为文化。

二、艺术概念

艺术与文化关系密切，艺术可以说是文化的一种外在形式，文化是艺术的内涵和支撑，文化借由艺术进行表达，艺术因为文化的内在作用而蓬勃发展。理解艺术的概念，有助于理解"什么是文创"，有助于掌握文创产品的艺术性表达方法。

（一）艺术学科分类

文化是主观学习产生的结果，学习有分类，文化有结构。人类在对世界主观能动的学习历史中将世界逐渐细化和结构化，衍生出了生物、心理、历史、人文、环境等不同学科，艺术也在这个范畴内。艺术可以说是文化范畴内的一门学科，也是一种意在满足情感和心理需求的文化

---

[1] 王慧敏，曹祎遐：《文化创意产业发展的理论与实践探索》，上海，上海社会科学院出版社，2018：23。

[2] 王慧敏，曹祎遐：《文化创意产业发展的理论与实践探索》，上海，上海社会科学院出版社，2018：57。

现象，如萧军在《五月的矿山》中有写道："这字写得艺术极了。"此"艺术"表达了赏心悦目之感，陶冶心灵。这也间接说明艺术是一种社会意识形态。既是一种社会意识形态，就会反映社会生活。但是，社会生活的反映并不都是艺术。"艺术是人类生存状态的特殊显现和高度浓缩与提炼，是最终表达与揭示生命真谛的灵魂奇遇。"（李二和《流浪的梦》）❶艺术是梦中的生活，又是创造如梦生活的工具和素材。从这个角度来说，艺术是一种特别流行的文化形式，有着非常广泛而多样的内容。

艺术，是通过声音、语言、表演、造型等手段，将多元文化承载于电影、绘画、文学作品、舞蹈等载体来表达的一门学科，而这些载体框于文化之下，又派生出自己的学科，像音乐、舞蹈、电影、电视、建筑、戏曲等。所以，艺术与文化有相似的属性和特征，艺术是文化浓缩出的精神产品，向未来无限延展，生命力旺盛。

艺术在文化范畴领域占比极重，地位颇高。在斯宾格勒的认知里，艺术俨然成了人类文化的顶峰，它催促着人类向着更优质的未来前进。当然，这一观点在现代社会得到了充分的证实，在借由互联网共通的信息世界里，艺术高效地发挥自身的作用，将文化包装成各种吸引消费者的样子，并借由影视技术手段呈现在消费者眼前。

不可否认，人类世界需要艺术，也需要艺术的精细分科，这些学科相互作用又呈现出更加精彩的艺术作品。最典型的例子就是《盗梦空间》，摄影、建筑、绘画、文学等艺术形式交织融合，为全世界创造了一个不可复制、超越想象的"梦"。《盗梦空间》就是一场艺术学科开花结果的视觉盛宴，是艺术的一座高峰。

（二）艺术哲学感知

艺术既离不开物质，也离不开意识，是主客观的统一体。一切艺术都脱离不了两个元素，主体和客体。主体，是具有主观能动性的人，集社会经验、主体意识、文化教养、审美修养于一体；客体，是具有被动改造特征的一切元素，包括时代人文、客观实物、地域民族特色、社会问题等。艺术就是人利用自身的文化修养和创新精神作用于客体所形成的新事物。

---

❶ 昌隽如：《文化创意产业研究》，天津，天津科学技术出版社，2017。

从哲学的角度来认识艺术，通常有如下三种解读：

1. 主观认知和表达

艺术是意识的客观展现，一切关于美的表达都属于艺术，一切个体的自我展现都可以被定义成艺术。艺术，即自我个性化的再现。

2. 艺术是对客观世界的再加工

艺术源于现实，取材于现实。社会问题、自然景观等一切社会现象经过人类的巧夺天工，将其凝练、升华成对心灵、认知有一定影响作用的作品，然后再次服务思想、服务社会。

3. 艺术是形式，文化是内容

从作品本身来说，艺术是一种形式，将文化以某种方式表现出来的形式。拿摄影艺术来讲，山川、河流、落日云海、安塞腰鼓、元宵灯谜等地理文化、部落人文利用人的摄影知识、审美素养，以图片的形式出现在大众视野中。图片就是一种艺术形式。因此，从功能角度来说，艺术是人进行自我表达及表达文化的工具和载体。

综上可以看出，艺术以形形色色的方式存在于人类精神领域，跨越时空地对人的行为和思想产生影响，以独特的方式装点世界、美化生活。而文创是艺术化的创作，因此文创产品也是艺术。

三、文化产业概念

20世纪70年代，第一产业和第二产业到一定程度，主要资本主义国家的产业结构发生转变，知识型经济和服务型经济比重不断扩大，学术界开始出现文化产业的说法。

文化产业概念的理论基础是"文化工业"。"文化工业"一词最早由法兰克福学派理论家提出，他们认为资本力量下艺术创作变成了机械化生产，某些艺术产品失去了文化内涵，彻底沦为了商业变现和资本积累的工具[1]。艺术价值和商业价值彻底失衡，商业性和技术性成了这一阶段文化艺术的主要特征。当商业性攀升到某个节点时，市场经济规律的作用就会凸显出来，它会自觉地矫正一些问题，实现社会经济和文化产业

---

[1] 魏杰：《文化经济学》，北京，企业管理出版社，2020。

的良性发展。第二次世界大战后，欧美资本主义国家经济、社会和文化发生了巨大变革，文化产业不再受到资本主义强力束缚，它变成了一个中性词。由于各国文化差异和意识形态不同，文化工业这一概念在不同国家有了不同的说法，英国、澳大利亚、新加坡等称其为"创意产业"，美国、日本则称为"内容产业"。

文化产业，从产业二字不难看出文化被赋予了经济性，因此经济形态和文化形态成为文化产业的两种基本形势，文化产业也符合工业标准流程，即生产、再生产、储存、分配文化产业和服务。

我国关于文化产业的概念研究始于21世纪90年代中期，2000年党的十五届五中全会第一次在中央正式文件中提出"文化产业"概念，2001年文化产业联合调查组对文化产业进行了定义：文化产业是指从事文化产品生产和提供文化服务的经营性行业[1]。后来，国家统计局在制定《文化及相关产业分类》时也进行了解读，文化产业是为社会公众提供文化、娱乐产品和服务的活动，以及与这些活动有关联的活动的集合，2012年定义被进一步完善，"为社会公众提供文化产品和文化相关产品的生产活动的集合"。

不难看出，文化产业的核心是文化，即使带有经济属性，但也是在为文化输出提供服务。剖析定义，文化产业有三个比较鲜明的特征。

1. 文化产业拥有"链条"形态

根据我国统计局做出的定义，文化产业是一个集合或者说是一个环环相扣的交集。以某一文化元素为中心进行艺术创作，制作出内容产品和衍生产品。在知识经济时代，超级IP（intellectual property）几乎成了文化产业的化身。J.K.罗琳作为魔法书籍的标杆，她创作的《哈利·波特》全套书籍就是一个超级大IP，以《哈利·波特》为中心进行商业化运作和不同形式的艺术表达，创作出了《哈利·波特》系列电影，电影大卖后又根据电影文化产品衍生出了主题公园和人物手办，这就是《哈利·波特》的文化产业链条（图1-1）。

---

[1] 吕拉昌，黄茹：《世界大都市的文化与发展》，广州，华南理工大学出版社，2014。

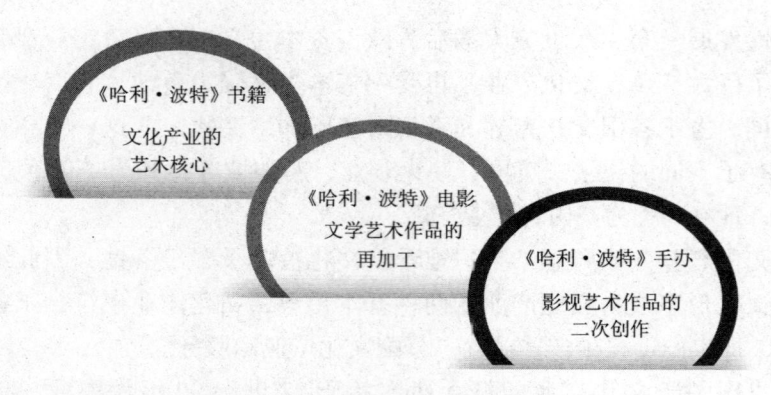

《哈利·波特》书籍
文化产业的艺术核心

《哈利·波特》电影
文学艺术作品的再加工

《哈利·波特》手办
影视艺术作品的二次创作

图 1-1　《哈利·波特》文化产业链条图

2. 大众文化是文化产业的内核

文化产业是为社会公众提供文化、娱乐产品和服务的活动，这意味着以产品形式出现的文化必须接地气，能够引起大众的强烈共鸣，娱乐性强，传播度高。因此，文化产业中的文化多属于大众文化，而底蕴深厚、逻辑性强的文化类型尚处在蓝海领域，属于小众文化产业范畴。

3. 文化产业具有一定的经济属性

市场经济具有社会性、市场性和营利性的基本特征，而文化产业是市场经济下发展形成的一种产业模式，所以文化产业同样具有社会性、市场性和营利性的特点。故宫文创产品就是展现这些特点的一个典型案例，在猫文化崛起背景下，创意人将故宫文化和猫文化融合创新，以娱乐为宗旨出版了"故宫·宫喵家族"系列图书，并附赠拼图玩具、猫玩偶盲袋、绘画本等衍生品，掀起了经久不息的猫狂欢，既进行了故宫文化的传播，又达到了商业性的成功。

四、文化创意产业概念

从文化产业到文化创意产业中间经历了内容和主体的重构与解读。文化创意产业简称文创，是指依靠创意人的智慧、技能和天赋，对文化资源进行创造，通过知识产权的开发和利用，生产出高附加值产品，文创是具有创造财富和创造就业潜力的产业，本质是通过对文化"文本"的创造和利用，使文化符号体系和视觉形象得到再生产，操控和引导消费兴趣和消费时尚❶。随着信息经济时代的到来，社会需求和人生追求的变化促使生产取向社会向消费取向社会过渡和转型，文化类公司的内容生产重心也从"文本"向"创意"偏移，更加注重"ideas"的开发。如何解读文化"文本"和创意？最典型的例子就是"二次元"，二次元世界的价值观就是一种创意，一群用线条组合而成的人物形象拟构了一个平行宇宙，让消费者在童话般的世界中肆意畅游，向消费者描绘了美好的乌托邦。二次元世界就是一种创意，二次元世界所描述的故事就是文化"文本"。总结成一句话，文化创意产业所销售的不再是文化，而是传播文化的艺术形式。

文化创意产业异军突起的一个重要条件是创意群体和创意阶层的出现。法国社会学家皮埃尔·布尔迪厄给创意群体起了一个形象又美妙的名字——文化中间人（cultural intermediaries），他注意到新型小资产阶级中出现了一个具有独特品位和文化习惯的新社会阶层，这一阶层的出现与广告、公共关系、时尚、营销等传媒创意产业相关，他们身处符号物品与服务的系统当中，在一定程度上担当了意见领袖的角色，引领时代文化潮流❷。创意人才的出现改变了社会经济发展模式，在人与社会之间搭建了新型关系，他们通过创意打造属于自己文化的产业帝国，如香奈儿、迪奥。

五、文创产品及其特征

从文创产品的内涵来看，文创产品的内涵由三部分组成，即产品、形式和文化。首先，文创产品是一款为生活提供帮助的功能性产品，是消费者进行消费体验的媒介；其次，文创产品有属于自己的独特形式，包括产品品质、产品造型、产品特点、产品包装等，文创产品形态是用户进行审美体验和情感体验的渠道；再次，文创产品是一种文化性产品，这种产品能够唤醒某种文化和精神记忆，让消费者产生文化认同感和归属感。其中，文化是文创产品的核心要义，是文创产品区别于其他产品

---

❶ 陈凌云：《博物馆文化创意产品开发研究》，上海，上海社会科学院出版社，2019。
❷ 李雅林：《文化创意产业与产品传播的媒介发展路径研究》，沈阳，沈阳出版社，2019：35—38。

的根本性内涵。

从生产过程来看，文创产品是以文化资源为生产内容，以创新为思想核心，通过个人智慧和科技手段来创造某种服务于生活的功能性产品。文化是文创产品的内涵，创新是文创产品的精神所在。

从产业链来看，文创产品大致分为三类：内容类文创产品、创意类文创产品和延伸类文创产品。内容类文创产品包括流行文化、传统文化、动画、电影、新闻出版等，这类产品既是内容类文创产品，也是文创产品的文化资源和创意灵感来源；创意类文创产品是以设计创意为手段，以文化为填充内容而设计出的产品；延伸类文创产品是指商务服务、会展和文化设施等，是体验文化的非物质服务过程❶。

在对文化、艺术、文化产业、文化创意产业等概念梳理的过程中，对于文创产品有了全方面、多维度、深层次的理解，如果说文化创意产业是一间工厂，那么文创产品就是其中一项生产内容。所以，文创产品的特征具有文化产业、文化创意产业等产业特征的影子。文创产品结构特征如下（图1-2）：

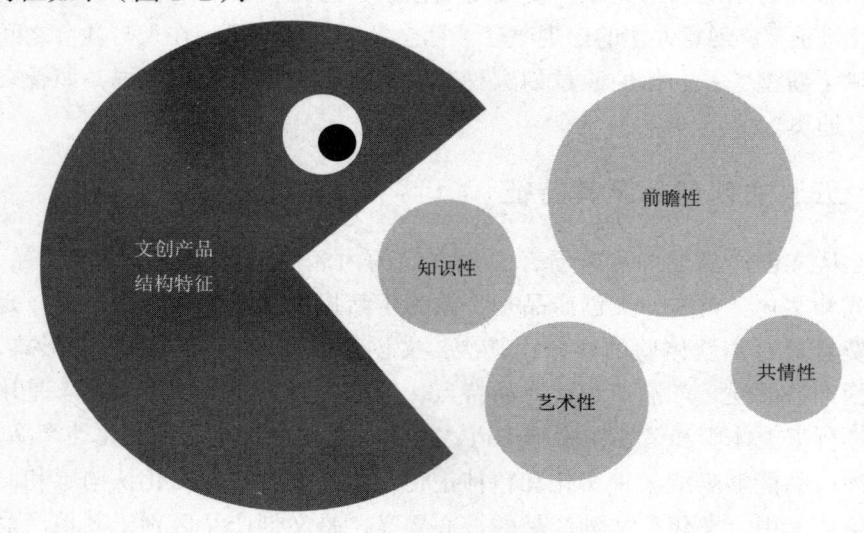

图1-2 文创产品结构特征

---

❶ 陈凌云：《博物馆文化创意产品开发研究》，上海，上海社会科学院出版社，2019：95-97。

（一）共情性

大众文化是文化产业的基石，文化艺术越贴近人民生活，传播力度越广。这就意味着文创产品在生产之初要注重文化的共情性，能够与大众产生强烈的共鸣。耳目一新的创意与贴近生活的文化相互交融，给人带来身体和心灵上的体验与享受，这也是文创产品火爆的流量密码。

（二）知识性

文化符号是文创产品的根基。俗话说，巧妇难为无米之炊，创意的产生与实践离不开知识的储备与运用。就像最浓香的红酒，葡萄才是根本，选用最好的葡萄才能酝酿出最醇香甘甜的红酒。但失去艺术性宣传也不行，毕竟酒香也怕巷子深。所以，文创产品必须保证产品的知识性，同时创意人要对文化进行雕刻和重塑，以大众容易接受和喜爱的方式呈现和传播。

（三）艺术性

艺术性呈现是文创产品的重要特征。"从前车马慢"的时代早已不复存在，快节奏的生活方式注定文创产品必须"吸睛"，快速抓住受众的眼球。要吸睛就要有创意，即艺术性表达。例如，"今晚月色真美"，这是一句充满美好意境的情话，在含蓄的表达"我爱你，和你在一起的月色真美"。这句艺术化处理的"我爱你"和阿Q的"我要和你困觉"相比，显然更能取悦大众，更能戳中受众的情感，也在无形中培养大众的审美情趣。

（四）前瞻性

"你可以轻视我们的年轻，我们会证明这是谁的时代。"这是新时代年轻人身上的一种文化标签，即"拒绝平庸"。在泛娱乐产业浪潮汹涌的背景下，拒绝平庸也在文创产品身上体现得淋漓尽致。只有不平常、不平庸，能够带给消费者全新体验，文创产品才具备旺盛的生命力，不至于被快速淘汰。因而，文创产品具有前瞻性的特征，走在文化时代前沿，洞察大众需求，跳脱传统思维束缚，创造出与众不同的产品。

第二节　中国文创产品产生与发展

一、国家政策助推文创产品产生与发展

（一）经济转型促进文创萌芽

自改革开放以来，我国社会主义市场经济取得了长足发展，党和国家开始重视精神文明和物质文明的协调发展问题，中国的文化创意产业也应运而生。1991年，国务院在批转的文化部《关于文化事业若干经济政策意见的报告》中正式提出"文化经济"概念，拉开了中国文化创意经济发展的序幕。1992年，国务院办公厅综合司编著出版的《重大战略决策——加快发展第三产业》提出了"文化产业"概念；1998年，国家文化部成立了文化产业司，标志着我国正式将文化创意产业管理纳入政府工作体系❶。从此，中国文创产品就在这片土壤上萌芽。

（二）国家扶持加快文创发展

文创产品真正崛起是伴随着数字化经济的大爆发。2002年，我国网络游戏市场规模接近10亿元人民币，付费用户达到400万；2003年，中国网游市场突破20亿，2006年则达到了80亿❷。加之，国务院信息化工作办公室宣布了旨在促进信息内容和服务产业的政策，赋予信息产业与软件产业同等重要的地位，而且在税收、审批等方面给予相应的优惠政策，数字经济迎来了属于自己的中国时代。

与此同时，原文化部出台《关于支持和促进文化产业发展的若干意见》，大力推动文化产业发展。在数字经济腾飞的同时，文创产业也加快了发展的步伐，2003年10月首届中国国际网络文化博览会在北京举行，

---

❶ 杨静：《文创产品设计与开发》，长春，吉林美术出版社，2019：11-15。
❷ 数据来源于：中国产业发展研究院。

预示着数字经济和文化创意产业的融合发展。自此，我国超大型人才城市北京、上海、深圳、南京、杭州等，纷纷借力自身的人才、区位和资源优势投资文创产业，将其视为城市经济发展的新动力和新亮点。

各种创意产业基地和园区在这一时期如雨后春笋般涌现，文创产品被大量开发，文创产业开始蓬勃发展。

这一时期，北京市成立文化创意产业领导小组，启动10亿元创意产业专项资金，建成了六大文化创意产业集聚区，即北京数字娱乐示范基地、中关村创意产业先导基地、德胜园工业设计创意产业基地、朝阳大山子艺术中心、国家新媒体产业基地、东城区文化产业园，将开发项目集中到全国文艺演出中心、出版发行和版权贸易中心、影视节目制作和交易中心、动漫和网络游戏研发制作中心、文化会展中心、古玩艺术品交易中心等创意产业中。

2005年，北京创意产业产值超过了960亿元，占全市生产总值的19%以上；2006年创意产业在北京市两会上被首次肯定为未来新的经济增长点，成为北京市经济发展的主要支柱❶。

而上海则开办了国际电影节、电视节、音乐节、艺术节和各种设计展。2003年打造数字内容主题的大型综合性展会"D+（D-plus）上海国际数字内容展"，2005年年底举行了国际创意产业活动周。自上海创意产业被列入上海市"十一五"规划以后，30多个国家和地区的2000多家创意类企业入驻创意产业园区，促进了上海经济的蓬勃发展。

（三）政策指导推动文创产品走向成熟

由于国家出台相关产业政策和指导意见大力扶持文化创意产业，地方也想抓住文创产业的红利期发展地方经济，从而出台了相关政策和发展规划，以明确文化创意产业的发展目标。中央和地方齐心协力，为中国文创持续发展指明了方向与道路（表1-1）。

从表格中可以看出，自2016年"数字创意产业"概念被提出以来，国家越来越重视数字创意产业的发展，并出台了一系列政策推动现代信息技术与文化创意产业融合的新经济形态的成长与成熟。

---

❶ 数据来源于：中国产业发展研究院。

表1-1　中国文化创意行业最新政策汇总一览表[1]

时间	文件	内容
2018.9	《国务院关于推动创新创业高质量发展打造"双创"升级版的意见》	推动高校科研院所创新创业深度融合；打造具有全球影响力的科技创新策源地，培育创新创业集聚区，发挥"双创"示范基地引导示范作用，推进创新创业国际合作
2018.11	《国家工业遗产管理暂行办法》	支持利用国家工业遗产相关资源建设工业博物馆，发展工业旅游，建设工业文化产业园区、特色小镇（街区）、创新创业基地，培育工业设计、工艺美术、工业创新产业等，鼓励在有效保护国家工业遗产的前提下，把加强工业遗产合理利用作为促进传统产业转型升级、加快推进新旧功能转化的重要举措，为经济社会发展服务
2018.12	《进一步支持文化企业发展两个规定的通知》	中央财政和地方财政通过文化产业发展专项资金等现有资金渠道，创新资金投入方式，完善政策扶持体系，支持文化企业发展，创新文化产业投融资体制，推动文化资源与金融资本有效对接，鼓励有条件的文化企业利用资本市场发展壮大。将文化类建设用地纳入城乡规划、土地利用总体规划，有效保障文化产业设施、项目用地需求
2019.8	《国务院办公厅关于进一步激发文化和旅游消费潜力的意见》	鼓励文创产品开发与经营，拓宽文创产品展示和销售渠道。到2022年，建设30个国家文化产业和旅游产业融合发展示范区，产业融合水平进一步提升，新型文化和旅游消费业态不断丰富
2019.12	《中华人民共和国文化产业促进法》	国家促进文化产业区域协调发展，鼓励各地区突出特色、体现差异，保护文化生态，鼓励东部地区同中西部地区开展文化产业合作和帮扶，支持文化企业在西部地区投资文化产业
2021.3	《中华人民共和国国民经济和社会发展第十四个五年规划和2035年远景目标纲要》	"十四五"规划明确提出要提升公共文化服务水平，加强优秀文化作品创作生产传播，把提高质量作为文艺作品的生命线，提高文艺原创能力。实施文艺作品质量提升工程，健全现代文化产业体系，扩大优质文化产品供给，实施文化产业数字化战略

[1] 制表来源：中国产业研究院（www.askci.com）。

所谓数字创意产业，主要依靠CG等现代数字技术和创意、产业化相结合的方式进行数字内容开发、视觉设计、创意服务等项目活动，将数字技术和数字内容充分结合，输出各类软硬件等实体和文化内容、创意服务，具有商业和文化双重效益。

传统创意文化产业与数字创意产业合轨并道发展，为文创产品注入了全新的生命力，文化内容和创意服务有了崭新的呈现方式，如二次元虚拟偶像，将手办文化与数字技术智慧结合，创造出能够聊天、互动的二次元偶像，这种创新的文化输出模式弥补了传统创意文化产品所缺失的交互性。随着数字技术的飞速发展，未来还可能出现元宇宙文创产品，让人"真"地进入平行宇宙。以文创产品为主元素创建虚拟生存环境，促使人们在文创世界中感受其所传递的文化内涵。"互联网+文化"已经成为未来发展的趋势，这一点在中国文化及相关产业增加值上可以很直观地看出来（图1-3），2020年全国文化及相关产业增加值为44 945亿元，比上年增长了1.3%。

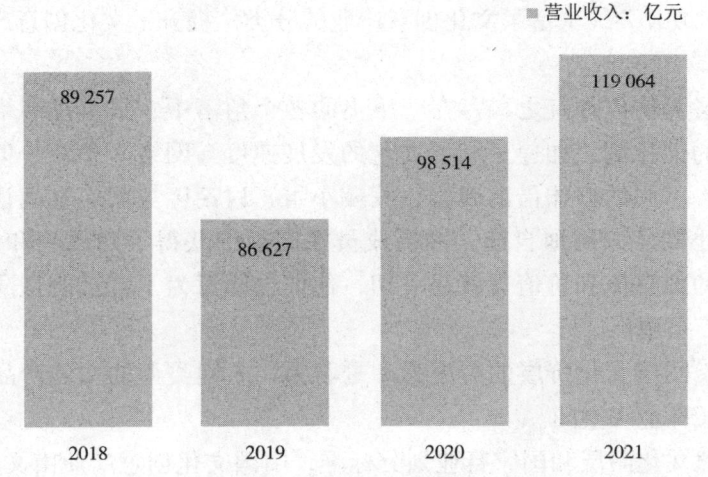

■ 营业收入：亿元

年份	营业收入（亿元）
2018	89 257
2019	86 627
2020	98 514
2021	119 064

图1-3　2018—2021全国规模以上文化及相关产业企业营收统计

数据来源：统计局、中商产业研究院整理。

2021年，全国规模以上文化及相关产业企业营业收入达到119 064亿元，比上年增长了16.0%，两年平均增长8.9%。文化新业态特征较为明显的16个行业小类实现营业收入39623亿元，比上年增长了18.9%；

两年平均增长 20.5%，高于全部规模以上文化及相关产业企业 11.6 个百分点。

二、圈层文化下的文创产品类型

数字经济改变了人们的生活方式和行为习惯，文化结构也发生了重大变革，现代次文化群体日益庞大。何谓现代次文化？现代次文化是与主流文化相对应的局部文化现象，属于某一区域或某个集体所特有的观念和生活方式。亚文化除了与主流文化价值观念相联系以外，也有属于自己独特的价值和理念。它直接作用于人们生存的社会心理环境，影响力远超主流文化，是群体区分的文化标签，身上有属于自己群体的鲜明精神风貌和气质。

亚文化是一种常态性的集体文化认知偏爱和身份认同，网络信息的发展为拥有相同爱好的人提供了"群聚"条件，他们建立属于自己的小组，自娱自乐，这也导致了圈层文化的流行。圈层文化是文化创意产业发展的"功臣"，丰富了文化创意产业的分类，提升了文化创意产业的经济效益。

圈层文化自古有之，存在于历史的各个角落中，只不过网络作为一种强大的催化剂，加速了圈层文化的发展速度。网络一条线，世界各地缘分圈。不同的群体借助弹幕、豆瓣小组、讨论区等网络空间认识，形成一个小圈子，圈地自萌。圈层成员在圈子中获得了归属感和认同感，圈层内的信息流和价值观就是一切，他们也愿意为了自己所认同的文化而消费、买单。

基于圈层文化阶层的凝聚力和号召力，不同类型的文创产品有了一定的成长环境和空间。

按照文化圈层和国家行业划分标准，中国文化创意产业由文化艺术、创意设计、传媒产业和软件、计算机服务四部分构成，其中涉及表演艺术、视觉艺术、服装广告、建筑、出版、影视、软件开发等多个方面，内容丰富，形式繁杂。

纵览世界各国文化创意产业发展经验，中国文化创意产业四大主类下的小类目还可细分，如图 1-4 所示。

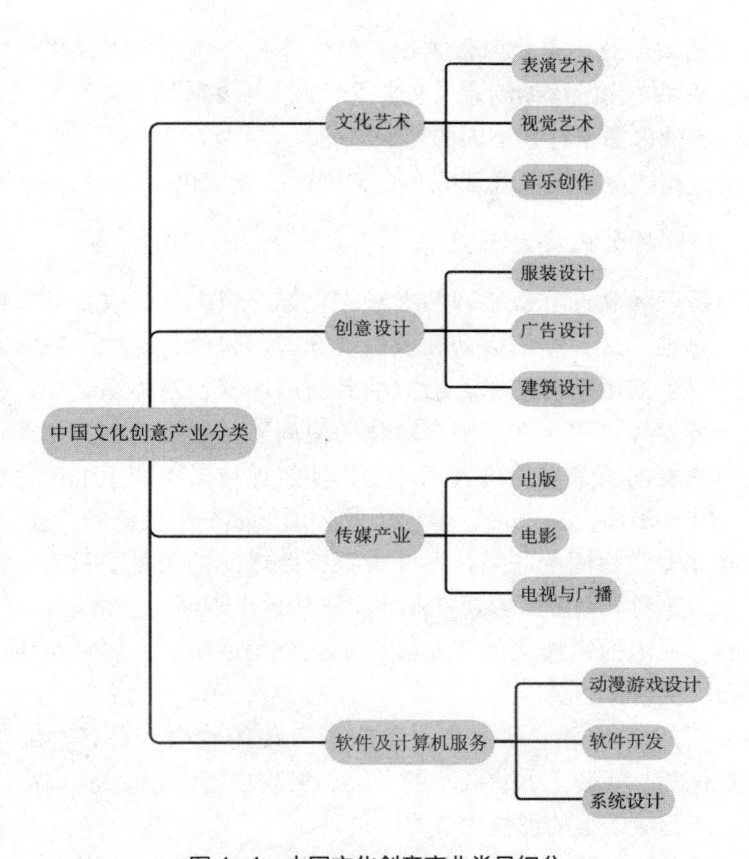

```
                    ┌─ 表演艺术
         ┌─ 文化艺术 ─┼─ 视觉艺术
         │          └─ 音乐创作
         │
         │          ┌─ 服装设计
         ├─ 创意设计 ─┼─ 广告设计
中国文化   │          └─ 建筑设计
创意产业 ──┤
分类      │          ┌─ 出版
         ├─ 传媒产业 ─┼─ 电影
         │          └─ 电视与广播
         │
         │              ┌─ 动漫游戏设计
         └─ 软件及计算机服务 ┼─ 软件开发
                        └─ 系统设计
```

图1-4 中国文化创意产业类目细分

中国文化创意产业分类为中国文创产品的设计与开发提供了方向，各种文创产品在不同的圈层领域中不断涌现。结合文化创意产业分类和当前比较流行的文创产品，文创产品创意来源可归纳为影视文化类、新闻传媒类、网络时尚类、动漫产业类、传统文化类、图书出版类、体育休闲类、艺术品类等。有些大类别下又划分了一些小类，如影视文化类创意可以分成电影类创意、电视类创意、综艺节目类创意、影视机构类创意等；新闻传媒类创意可以分为报纸类创意、广播电视类创意、网络传媒类创意等；网络时尚类创意包括网络游戏产业类创意、时尚类创意和网络文学类创意等；动漫产业类创意包括动漫创作类创意、动漫出版物类创意、动漫玩具类创意等；传统文化类创意包括建筑博物馆类创意、民间手工艺类创意、文化风俗类创意等；体育休闲创意类又可分成体育赛事类创意和文化游泳类创意❶。这些产业既相互区别又相互关联，文创产品的灵感就来源于这些不同的产业文化。

目前，我国逐步发展起来的几个文创产品类型包括：

（一）影视文化类文创产品

影视是一种贴近群众心理的大众文化媒介，影响、改变着人们的生活行为、思维方式、娱乐活动和价值观念。影视作为一种能够深远影响人类生产、生活活动的艺术，已被纳入我国国家创新体系之中，被当作重要的一环发挥作用。在经济全球化的浪潮下，始终走在文化产业前沿的影视面临着前所未有的挑战和冲击，要想保持影视产业的生命力，创新发展是唯一出路。换言之，影视产业必须形成一个健康的产业生态圈，与受众建立非常稳固的联结，不断维系彼此之间的关系。只有这样，人们才会不断地涌入影院，影视产业才会不停地出现新的经济增长点。

目前，中国的影视文创产业经历了三个发展阶段：影视衍生品、影视文创和影视新文创。

最早期的影视衍生品就是用于影视宣传的物料产品，产品形态是POP，像吊牌、海报、小贴纸、展示架、实物模型、旗帜等，做工简单，属于影视产业链条上的细枝末节❷。

当影视人具备了一定的衍生品产业思维以后，就出现了影视文创。由现场物料推广发展到了有一定主体意识的应用型产品，这个时候是发行和出品方所熟悉的供应链有什么就做什么，根本不考虑用户喜爱度。因为这种产出没有从市场需求下手，导致大量的文创产品被积压，并不能为影视产业提供经济价值。到2017年，内地电影总票房达79亿元，全球占比19.5%，而衍生品市场规模仅仅为89亿美元，全球占比只有3.28%。

2018年，"新文创"一词横空出世。基于大数据，阿里和腾讯共同提出了"新文创"，即以IP构建为核心的文化生产方式，打造具有广泛影

---

❶ 王慧敏，孙洁，蒋莉莉等：《文化创意产业研究》，上海，上海社会科学院出版社，2016：115-119。

❷ 杨静：《文创产品设计与开发》，长春，吉林美术出版社，2019：102-105。

响力的中国文化符号。新文创打破了产业链上下游的界限，让网文、影视、动漫、游戏和音乐等数字化载体无界协同❶。在腾讯"科技+文化"的发展导向下，新文创战略自提出后便广泛连接故宫博物院、敦煌博物馆等文化主体，联合影视、音乐、游戏等形式来推动传统文化与数字时代接轨，提升文创产品内涵和产业价值，实现文化效益和经济效益的双丰收。2021年有一部现象级网剧《山河令》，由网文IP开发改编而成。在它出圈大火之后，官方衍生品独家授权合作伙伴阿里鱼开始以IP为核心打造周边产业生态链，第一时间上线了"造点新货"，推出折扇、荷包、酒壶等带有浓厚传统文化气息的产品。除了连接传统手工艺品外，官方还推出了动漫手办、OST原声音乐大碟、官方影视剧集收藏卡和游戏，构建了依托网文IP的影视、音乐、游戏文创产业生态，既取得了文化效益，也提升了经济效益。

（二）博物馆类文创产品

为了让文物"活"起来，相关工作人员的思想转到了文创产品身上。2018年10月，中共中央办公厅、国务院办公厅印发了《关于加强文物保护利用改革的若干意见》，明确表示要激发博物馆创新活力，鼓励文物博物馆单位开发文化创意产品。这一意见为博物馆文创产品的发展指明了前进的方向和道路，博物馆文创产品自此迎来了黄金时代。相应地，一件件蕴藏文化底蕴的文物也通过各式各样的文创产品形式重新焕发活力，"飞入寻常百姓家"，而不是让观众看完展览两手空空地回家去。文创产品点亮了博物馆文化，成为"最后一个展厅"。

博物馆文创产品的流行与数字技术息息相关。2016年，一部《我在故宫修文物》给人带来了全新解读文物的视角，博物馆以一种全新的面貌出现在了观众面前，博物馆中的文物不再是冷冰冰的器物，而是染上了人的气息，获得了大众的认可和喜爱。2017年，综艺《国家宝藏》与观众见面，每一件将要展示的文物都会有一位讲解员。跟随镜头，讲解员会到收藏文物的博物馆，了解文物的前世今生，同时还会以故事演绎

---

❶ 钱琰彬，王安霞：《新文创视域下博物馆文创产品设计探析》，艺术研究，2022（1）：162-164。

的方式再现文物背后的历史，让观众感受"生命"的传奇。无疑，这两部利用电视语言和数字技术打造的影视作品真正走进了大众的内心深处，让人们重新认识了文物，重燃了游览博物馆的兴趣。在此铺垫下，2018年《上新了，故宫》的播出为博物馆文创产品撕开了一个口子，博物馆文创产品彻底爆红，马蹄金造型的钥匙扣、玉神兽造型的充电宝以及故宫建筑形状的雪糕等都受到了人们的喜爱。

（三）图书馆类文创产品

图书馆文创产品是近几年文创产业积极探索的产业发展新内容。国家文化和旅游部备案了一些省市公共图书馆，这些图书馆是文创产品开发的试点单位。在政府政策的支持下，我国许多地方性公共图书馆展开了如火如荼的文创产品开发工作。

关于公共图书馆文创产品的开发，大多数图书馆采用线下销售的方式，即在图书馆内设立文创产品商店，划分区域摆放文创产品。一方面，将文创产品当作图书馆的一大亮点，打造特色主题文化图书馆，吸引人流；另一方面，图书馆作为文创产品的依托，引导消费者走进文创产品区，从而产生消费。此外，一些国家级图书馆会开设线上销售渠道，但是销量较低。博物馆文创产品的品类划分（图1-5），包括日用物品、文具产品、服装配饰、儿童玩具和馆藏复制五大类，公共图书馆基本都是按照这个划分标准来进行文创产品的开发。

目前，公共图书馆的文创产品开发还处于初级探索阶段，尚未形成比较有经验的开发模式，文创产品市场比较低迷。其中，文创产品开发做得比较好的当属中国国家图书馆和南京图书馆，无论在文化元素的应用上还是销售体系的建立上都比较出色。中国国家图书馆在产品内容开发上表现出色，抓住国家典籍文化特色，将传统文化元素合理应用到文创产品当中，形成了颇具典籍特色和文化价值的文创产品。而南京图书馆的文创产品开发在运营模式上比较亮眼。南京图书馆在馆内单独开辟了一个南京图书馆当代文创艺术中心，该艺术中心集文创开发、体验、售卖和休闲娱乐于一体，构建了一个文化服务主题场景，将文创产品与美学生活巧妙地融为一体，增加产品的审美属性和情感属性，使文创产品变成高质量生活的一部分，提高了文创产品的价值。

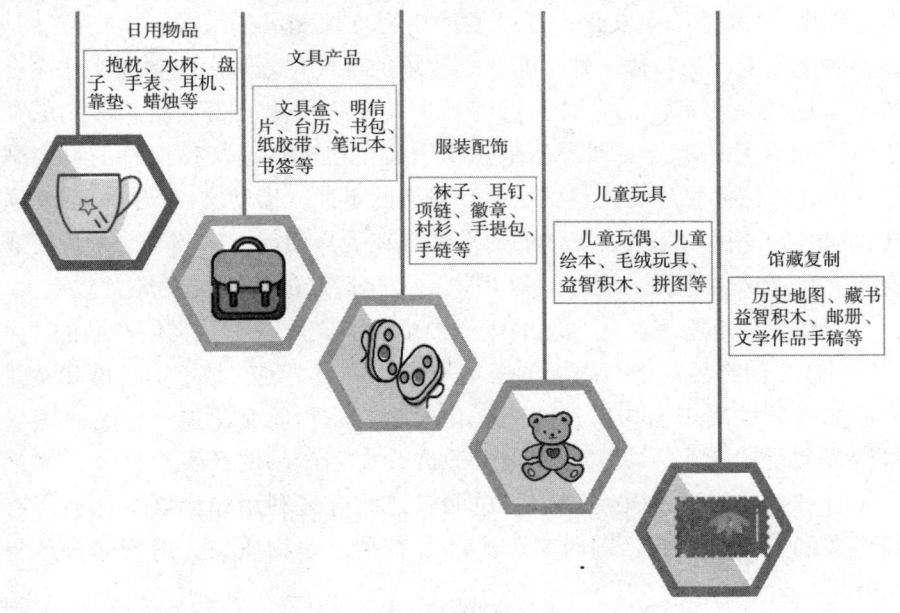

日用物品：抱枕、水杯、盘子、手表、耳机、靠垫、蜡烛等

文具产品：文具盒、明信片、台历、书包、纸胶带、笔记本、书签等

服装配饰：袜子、耳钉、项链、徽章、衬衫、手提包、手链等

儿童玩具：儿童玩偶、儿童绘本、毛绒玩具、益智积木、拼图等

馆藏复制：历史地图、藏书益智积木、邮册、文学作品手稿等

图1-5 博物馆文创产品的品类划分

（四）非物质文化遗产类文创产品

非物质文化遗产是指人类在历史发展进程中所表现出的文化智慧和生活技能的传承，嘉善田歌、昆曲、黎族传统纺染织绣技艺等都属于我国的非物质文化遗产。我国非物质文化遗产是国家和民族历史文化成就的重要标志，是中华优秀传统文化的重要分支。受文化产业飞速发展的影响，非物质文化遗产受到了广泛关注。非物质文化遗产作为我国文化的宝贵财富，具有非常特别的开发价值。

"非遗"有两大特性：文以化人和以人为本，这两大特质决定非物质文化遗产具有文创产品开发的可行性。文以化人突出了"非遗"的文化属性，非物质文化遗产中的每一个文化元素和文化符号都可以拿来育人，传递先祖的生命价值观和思想价值观，传递传统文化审美经验；而以人为本则表示非物质文化遗产是贴合人民生活的文化遗产，研究、借鉴"非遗"的技艺、经验和精神去开发文创产品，既培养了文创设计者的用户意识和服务意识，又增强了文创产品的人文性。

因此，"非遗"是文创产品开发的内容支撑和灵感来源；文创产品是非物质文化遗产的载体，是"非遗"传承的现代化表达。非物质文化遗产属于无形的文化资源，它必须借助某个媒介符号才能表达出其深刻的文化内涵和审美意蕴，文创产品是非物质文化遗产传递文化信息的重要载体，承载着传播民族文化、弘扬民族精神的重任。借助文创产品，非物质文化遗产以一种动态的、具体的形态展现在受众面前，有利于受众理解非物质文化遗产。这种表现形式对非物质文化遗产的传承与发展意义重大。

文创产品是基于文化主题的创意性商品。文化资源是文创产品的"血肉"，是文创产品造型与内涵的根本来源。一个文创产品审美价值和文化价值的高低取决于当初所选择的文化原型。非物质文化遗产作为我国优秀传统文化的代表，以它为文化资源展开文创产品的开发与设计，文创产品将被赋予极高的文化价值。总而言之，合理利用非物质文化遗产有利于文创产品的创新，同时文创产品又有利于非物质文化遗产的传承与发展。

中国非物质文化遗产包括美术类绘制、刺绣、织造印染、雕刻、塑形捏制、编织扎制、金属锻制、漆器绘制、文房四宝、生活器具、建筑营造和食品加工❶。从"非遗"的十大类别来看，非物质文化遗产的成果是通过工艺技术呈现出来的，工艺技术是"非遗"文创产品开发要关注的重点，工艺技术可以被用作开发文创产品。工艺技术所创造的是产品，从大量的产品中找到某类非物质文化遗产的共性特征，这些共性特征就是文创产品所要参考、借鉴和运用的文化元素，是文化创意的着眼点。在非物质文化遗产的文创产品开发中，工艺技术、非遗研究和设计创新三要素相互关联、互相影响，共同作用于文创产品的开发。

目前，非物质文化遗产类文创产品处于初步发展阶段，这些文创产品大多围绕工艺、用料和配色等方面创新开发。例如，彝族民间刺绣类文创产品，设计师用现代审美和文化设计语言对工艺、图案、颜色等进行组合和创新，创造出带有非物质文化遗产属性的文创产品。

---

❶ 丁伟：《文创设计新观》，北京，北京理工大学出版社，2018：123-125。

第三节　外国文创产品开发经验

自 20 世纪 90 年代以来，英国提出了发展文化创意产业的概念，许多国家纷纷涌入文化创意产业发展浪潮当中，推动国家文化产业的大发展。不同国家在文创产品开发过程中，依托各自国家文化的优势和工业的特点来创造符合国际文化潮流的文创产品。由于文化创意产业的发展符合时代发展需求，文创产业在短时间内就获得了快速成长，这种成长态势激发了发达国家发展新兴产业的兴趣，让各个国家又一次有了乘风破浪的原始动力。关于可学习的外国文创产品的开发经验，主要集中在英国、美国、日本、韩国等文创产业发展较为成熟的国家。由于不同国家的经济发展理念和文化产业兴起的社会背景不同，这些国家大多拥有属于本国的独特发展经验[1]。

一、英国

英国属于老牌文化创意产业发展国家，其文创产业的兴起与开发主要来自于政府的推动。在国家政策的支持下，政府与非政府机构一起合作，打造了较为轻松多元的文化生产环境。

（一）政府助推，全民总动员

关于文创产业的发展，英国政府非常重视，政府制定了一系列助推文化创意产业发展的公共政策，为文创产业发展提供了良好的社会生产环境。英国政府不止在政策方面进行了帮扶，还加大了财政与技术支持力度。从一开始，政府就非常清楚技术是助推文创产业发展的驱动力，通过技术的开发与应用，文创产业得到了快速发展。由于政策、技术和财政的大力支持，英国文创产业在发展之初就走上了"管家式"的发展

---

[1] 梁文：《互联网＋背景下中小学英语教学模式改革》，鞍山师范学院学报，2016，18（5）：37-40。

道路，为后续文创产业的大发展奠定了坚实的基础。由于国家的重视，文创产业迅速抢占市场，迎来了全民的文化大狂欢。

英国文创产业从产生到发展一共经历了三个阶段：第一阶段，文化创意是一种自发性的市场行为，一些个体非常喜欢文化创意产品，他们通过个体化经营来创造和分享文创产品来获得经济利益，同时也获得快乐，是个体的文化陶醉。第二阶段，当文化创意产业形成一定的规模之后，国家和政府看到了文创产业对于经济的助推作用，看重文创产业的市场潜能。政府快速抓住文创产业发展的趋势，设计专门的机构，出台相应的政策方针，积极助推和支持文化创意产业的发展。由于政府在政策法规、经济、技术上的保护，文创产业快速进入规模化、良序运转的轨道上，成为市场经济产业中的一匹黑马。第三阶段，文化创意产业成为国家综合国力强有力的支撑，文创产业成功成为市场发展的支柱。由此可见，政府的推动作用影响深远，从政府看到文创产业并实施政策的那一刻，文创产品就从量变快速进入了质变阶段，文创产业成为文化产业的主要分支，对文化产业影响深远。

（二）政府与非政府机构相互合作

在英国，关于文创产品的开发有一套较为独特的管理体系，即政府与非政府机构之间相互配合，取长补短，利用彼此的优势共同帮助文创产业高质量发展。英国的文化创意产业纳入国家经济发展政策体系之中，是从布莱尔任首相开始，他组织成立了创意产业特别小组，明确要求通过创意产业的发展振兴英国经济。关于创意产业的发展，英国政府成立了三级文化管理机构，一级机构是政府性质的文化、媒体和体育部门，主要职责是制定文化艺术、历史文物、广播、创意产业、博物馆、图书馆、体育、旅游等领域的相关政策，通过行政手段来避免行业垄断，确保文化产业的多元化发展和全民参与感，为文创产业的健康发展保驾护航；二级机构是非政府公共文化机构，该机构的主要成员是专家学者，这些专业学者组成行业委员会具体管理与文创产业发展的相关事宜；三级机构是一些接受扶持和帮助的文化协会和文化组织。英国的三级文化管理体系充分考虑到了文化产业发展中所需要的各种角色和角色所发挥的作用，通过政府与非政府机构的相互协调营造良好的发展氛围，关注到实际个体和企业的发展状况，加快了文化创意产业的成熟，促进了产业链和产业集群的形成。

（三）打造多元宽松的文化生产环境

创意是文创产品开发过程中的动力源泉。创意思想为创意产业的发展提供了源源不断的动力，创意产业为创意人员提供了发挥才能的空间，两者之间相互促进、共同发展。创造力是文化创意产业中最具价值的能力，创造力产生于个性、开放与自由的环境，在相对轻松的环境中创意人员能够迸发创意和想法，创造出意想不到、独一无二的文化产品。英国文化创意产品就产生在宽松和自由的文化气氛中，最大化地挖掘了生产者的创意潜能。

根据英国文创产业发展经验，从宏观角度讲，优质文创产品产生于政府的扶持与帮助中。通过政府在政策、技术、资金和内容上的帮助，营造多元宽松的文化生产气氛，使文创产品如雨后春笋般不断出现，并带着新鲜和美好走进大众生活。

二、美国

美国文创产品的市场开发环境与英国不同，美国特别注重版权的保护，通过规范版权来营造良好的文创产品生产环境，让文创产业形成良性竞争环境，生产出优质、创新的文创产品。

（一）版权管理，注重版权保护

美国的文化创意产业又被称为版权产业，以版权为分类标准，文创产业被分为核心版权产业、相互依赖性版权产业、部分性版权产业和非专门支撑性版权产业四大类。在美国文化创意产业发展历程中，知识产权保护问题备受重视。美国政府在文创产业上的扶持主要就是出台版权保护法，完善知识产权保护体系。美国是全世界最早颁布《版权法》的国家，之后又根据新兴产业的发展状态，颁布了《半导体芯片保护法》《电子盗版禁止法》《跨世纪数字版权法》等一系列的版权保护法律。目前,美国的版权保护法是全世界法律条文中最为完善和齐备的版权保护法律。有了版权保护法,文创产品就保证了原创性,文创产品抄袭、挪用的现象也较少,有利于丰富文创产品品类,实现文创产品的多元化发展。

(二)以市场为主导,政府调节

美国文创产业的发展完全由企业和个人所决定,这保证了生产活力和产品的多元化。但是,市场规律下的文创产业容易走向一家独大并形成垄断,这不利于文创产品的创新开发。基于此,美国政府充当了"点拨"的角色,制定了较为完备的法律法规和宏观方针政策,但是不干预产业的实际发展,也没有优惠政策。只有当文创产品市场出现不良现象时,政府的政策才会发挥作用,帮助文创市场拨回正轨。政府调节是一种市场监督和整体把控,文创产品在这种大环境下生产,有助于优质产品的出现。

(三)推动跨界融合,增强产品活力

美国的文化创意产业具有鲜明的高科技和全球化特征。从文化创意产业被定义为版权产业的那一刻,就证明了文创产品的出口实力。美国的文创产品通过技术的扶持已经成为美国文化的符号象征,如好莱坞、迪士尼等产出的作品在全球都十分受欢迎。美国文化产业技术的应用主要用于跨界融合,影视行业与技术融合、影视行业与文旅行业融合,而这些融合保证了文创产品的生命活力。例如,迪士尼从最早的主题游乐园进军影视行业,最终发展为文创产业帝国,蜕变的关键就在于跨界融合。主题游乐园与影视行业相融合,利用先进的技术手段开发影视作品,从影视作品中的人物形象来衍生周边产品和打造相对应的主题乐园场景,一步步发展成为一个超大型文化IP,为文创产品的生产注入了源源不断的生命活力。

关于美国文创产品的开发,市场导向是文创产品生产的关键。以市场为主体,出台版权保护政策、积极开展跨界融合,这些都是美式文创产业的典型特征。

三、日本

日本作为文化产业大国，对我国文化创意产业的发展有极为重要的借鉴意义。文化产业是日本经济的支柱，具体以游戏、动漫和音乐为主，这些产业生产内容在国际市场中占据重要位置。日本文化创意产业的发展是以政府支持为推手，辅以物质动力和精神动力的市场动力机制，通过制定科学、严密的宏观指导计划和多元的投资模式来实现可持续发展。与此同时，知识产权保护法也在发挥积极作用，既保证文创产品的原创性，又为打造优质文化内容创造环境。除此之外，文创产品还和创意城市理念相结合，将创意产品融入城市文化当中，形成了一个服务性的文创空间。具体来说，日本在文创产品的开发与保护上制定了如下策略：

（一）将文创产业视为国家战略

与英国类似，日本政府在文创产业发展中扮演着重要角色，是文创产业的领航者和导演者。1996年，日本就提出了文化立国的战略，深度挖掘文化的经济价值和社会价值，让文化变成国家经济发展的主要动力。2001年，日本提出十年内打造世界知识产权第一大国的目标和构想，重点布局文化产业，从国家意志层面推动文化创意产业的发展。政府的高度重视和强有力的保护为日本文化在国际竞争中占据一席之地奠定了扎实的基础。文创产品之所以充满日本的大街小巷，国家的支持起到了关键性作用。

（二）制定双动力奖惩机制

人才是文创产品永远鲜活的秘诀所在。日本在文化创意产业发展之初就想到了这一点，因此制定了精神动力和物质动力并行的市场动力机制。基于动力机制，日本员工的待遇相对较好，与其他国家的协议合作关系相比，日本员工属于终身制。日本文化创意产业将员工放在一个较高的位置，通过物质和精神的奖励和惩罚来激活创意工作人员的生产动力，让员工在竞争与合作的常态中不断保持文化创造动力，调动员工的创新积极性，从而确保文创产品不断地更新迭代，进而创造出更多优秀的文创产品。

（三）多元的投融资体制

资金是文化创意产业不断向前发展的基础，有了资金，就可以引进先进的技术、优秀的人才和创新的管理经验。没有资金支持，文创产品很难有一个健康的生产环境。因此，日本政府对文创产业提供了大力的资金支持。除了政府主体的支持以外，受市场资本追求利益的特性影响，日本的大型企业和财团纷纷跻身文创市场，想抢占一份蛋糕。由于政府的支持和企业、财团的加入，文创产品开发有了充足的资金，文创产品开发者能够利用这些资金充分发挥自己的想象力，在文创产品的开发上做到极致。除此之外，日本还有一些振兴文化艺术基金会和企业艺术文化后援协议会，这种民间组织也为文创产业的发展贡献了力量。通过多元投融资体制的建立，文创产业有了资金保障，各种创新技术和创新人才涌入文创市场，为文创产品的开发注入了活力。

（四）较为完备的法律政策

法律政策是保障文创产业健康发展重要的一环。日本非常重视文化创意产业的法律政策制定，以此确保文创产业的长远发展。从2001年提出十年内打造世界知识产权第一大国的目标开始，日本就提出了《振兴文化艺术基本法》，之后又在此基础上不断地完善与发展，相继提出了《著作权管理法》《知识财产推进计划》《文化产品创造、保护及活动促进基本法》《知识财产推进计划2005》等一系列的法律法规，以保障文创产品的知识产权，这也为文创产品开发营造了良好的环境。

整体来看，无论是英国、美国还是日本，虽然他们的文创产品呈现出了不同的特点，但是文创产品的开发的确有一些相似性。从宏观角度来讲，文创产品的开发离不开政府的支持与调控，离不开相关产业法律体系的完善，离不开创意人才的保护。把握这几个方向，文创产业的发展就不会脱离正轨，反而会呈现出旺盛的生命活力。

第二章　博物馆文创产品

第二章 博物馆文创产品

第一节 博物馆认识与分类

博物馆文创产品是文化创意产业的重要组成部分，在我国文创产业的发展中占据举足轻重的地位。尤其是在现代化经济体系中，文创产业是文化经济中不可或缺的板块，而博物馆文创产品又是文创产品的核心，因此做好博物馆文创产品对于助力文创产业发展影响深远。

博物馆文创产品是基于博物馆元素而创造出来的创意产品，因而对于博物馆有正确的认识是做好博物馆文创产品的前提和基础。

自古以来，我国就特别重视文物典籍的收藏工作。封建社会时期，统治者为了巩固政权和满足收藏爱好，历朝历代的宫室祖庙、寺庙道观、楼台殿阁、府库别院和帝王陵寝中都收藏了大量的祭祀器物、奇珍异宝和名家字画。这些体现中国古代劳动人民智慧与创造力的物质文明和精神文化遗物成了研究中国历史的依据，也证明了我国是历史悠久的文明古国之一。

随着社会的变迁与发展，这些古文物应该如何处置？"藏于公众"是历史器物的命运与归宿，但作为千年文明的载体，应向后世展示前人的审美和智慧。博物馆因此而萌芽，它是千年文化命脉存在和延续的屋脊，为文物遮风挡雨，传承古人的意志和精神。自中华人民共和国成立以来，随着社会经济的发展和文化科技的繁荣，在中国共产党领导下的博物馆事业呈现出欣欣向荣、蓬勃发展之势。在古代，博物馆就是一个文物储藏地，寺庙、后院、库房等都可以用来放置珠宝和文物。但发展至今，博物馆有了更加深刻的内涵和意义。

一、博物馆的内涵与外延

博物馆属于上层建筑，是一定社会政治、经济的反映，反过来又为社会政治和经济服务。中国博物馆工作者立足辩证唯物主义和历史唯物主义的观点和立场，研究文物标本和历史自然的关系，加强博物馆陈列展览的思想性、科学性和艺术性，向人民群众揭示社会历史和自然历史的进程和发展规律，满足人民群众日益增长的精神文化需求。

博物馆作为劳动人民智慧的结晶，经历了古代、近代和现代三个时期的成长与完善。商周时期，周代王宫设立"玉府"和"天府"作为藏品管理处，并设立专职官员藏室史负责管理藏品，老子就曾就任"周守藏室之史"；春秋战国时期，孔子去世后出现了纪念圣贤的祠堂文化，即"故所居堂弟子内，后世因庙藏孔子衣冠琴车书"；到了汉唐时期，汉武帝设立"秘阁"搜集天下书法名画，唐代则出现了"文物保护法"——《唐律疏议》，提出"若得古器形制异而不送官者，罪亦如之"；至宋代，古物研究成为朝野风尚，与文物工作有关的金石学、方志学、考据学、目录学逐步建立，大量文物也在这一时期出土。清代是我国博物馆历史的一个重要转折点，闭关锁国的壁垒被打破后，外国博物馆的文化传播到中国，《环游地球新录》《漫游随录》等书籍中描绘了外国博物馆的陈列展览和文物模型，国人建立博物馆的想法由此产生。最早明确提出创建博物馆的是上海强学会，"文字明其义，有不能明者，非图谱不显。图谱明其体，有不能明者，非器物不显"，表明了建立博物馆的意义以及藏品搜集的范围和性质❶。

同一时期，外国侵略者也开始在中国建设博物馆，1868 年，法国神父韩伯禄在上海徐家汇创办震旦博物馆，用来收藏中国植物标本和东南亚物产标本，不公开开放；1922 年，法国传教士桑志华在天津建立北疆博物馆，用来搜集中国北方各省和西藏东部等地的动物、植物、化石、矿石等标本，除此之外还收藏考古学、民俗学等方面的文物和资料，建成两年后才开馆展览。除了这两座博物馆之外，外国人兴办的博物馆还有许多。

19 世纪末，中国人有了属于自己的博物馆。1884 年，张之洞将广州实学馆改造成博物馆，聘请詹天佑为教员；1905 年，张謇筹建了第一座公共博物馆——南通博物苑，也是我国第一座学校博物馆，这座博物馆

---

❶ 戴燕燕：《文化创意视域下的产品设计方法论》，南昌，江西美术出版社，2019，57-61。

曾在宣传现代自然科学和祖国优秀文化遗产方面起到了积极作用。1911年，孙中山领导的辛亥革命推翻了清王朝的统治，社会公众对博物馆的设立有了更进一步的重视，到1921年中国已有13所博物馆。20世纪20年代至30年代初，大批的省市博物馆相继建立，1925年，以历史性建筑和清宫原有珍藏为中心的博物馆——故宫博物院成立，接着又出现了河南民族博物馆、兰州市立博物馆、浙江省立西湖博物馆等❶。

中华人民共和国成立后，中央文化部设立了以郑振铎同志为局长的文物局，负责管理全国的文物博物馆事业。各地方政府也相继成立了专门管理机构，稳定开展对旧有博物馆的整顿和改造工作，让人民群众正确认识历史、认识自然、热爱祖国，并提高人民群众的政治觉悟。

在岁月的洗礼和沉淀中，博物馆的样貌和内容也进行了一代代的更迭和变换。现代社会主义市场经济下博物馆应该怎样被定义和解读？它的存在对于社会发展有着怎样的现实意义？

（一）博物馆的定义

博物馆的英文是"museum"，代表献给缪斯女神的殿堂。公元前290年左右，托勒密一世为女神缪斯建立了一个学习中心，它包括收藏博物馆各领域藏品的图书馆、天文观测台和研究与教育的设施。所以，博物馆最开始是学习室或图书馆，是学院或有学问的人常去的场所。

1946年11月，国际博物馆协会（international council of museum）的成立章程中提出：博物馆是指为公众开放的美术、工艺、科学、历史以及考古学藏品的机构，包括动物园和植物园。后来，国际博物馆协会又多次对博物馆的定义进行了讨论和修订。1974年，第11届国际博物馆协会全体大会通过的《国际博物馆协会章程》中，再次完善了对博物馆的理解，将其定义为：一个不以追求营利为目的的、为社会和社会发展服务的、向公众开放的常设机构，为了研究、教育和欣赏的目的，征集、保护、研究、传播并展示人类及其环境的见证物。2007年，这一版定义再次进行了修订和调整，将"见证物"更改为"物质和非物质遗产"，即

---

❶ 陈凌云：《博物馆文化创意产品开发研究》，上海，上海社会科学院出版社，2019：135-139。

博物馆是一个为社会及其发展服务的、向公众开放的非营利性常设机构，为教育、研究、欣赏的目的征集、保护、研究、传播并展示人类及人类环境的物质和非物质遗产。目前，该定义是国际最认可的关于博物馆的一般性定义。

另外，博物馆带有鲜明的社会属性和阶级属性，各个国家社会发展背景不同，对于博物馆的认知和理解也存在偏差，因而各个国家根据本国国情为博物馆做出了定义。2016年11月10日，国际博物馆高级别论坛在广东省深圳市开幕，邀请嘉宾包括联合国教科文组织代表、英国大英博物馆、法国卢浮宫博物馆、日本东京国立博物馆等全球著名博物馆的负责人参会，讨论博物馆事业的发展战略。美国、英国、法国和日本等国家对于博物馆有各自的认知，对于中国博物馆事业的开拓发展具有借鉴意义。

1. 美国博物馆

美国的历史文化相对较短，但是艺术领域成就闻名世界。美国政府特别支持文化产业的发展，联邦政府鼓励民众和企业捐助博物馆等社会非营利机构并颁布相关法律保护捐赠者的利益。许多城市和州对博物馆、史迹和公园的建设和维修提供资助。捐助博物馆在美国已经成为一种社会风尚。

美国博物馆协会（AAM，即美国博物馆联盟）认为：博物馆是非营利的永久性机构，其根本目的不是为组织临时性展览，享受豁免联邦和州所得税，代表公众利益进行管理并向社会开放，为公众教育和欣赏的目的而保存、保护、研究、阐释、收集和展览，具有教育和文化价值的物体和标本，包括艺术的、科学的（无论有生命的或是无生命的）、历史的和技术的材料，此博物馆定义包括具有上述必要条件的植物园、动物园、水族馆、天文馆、历史社区、古建筑和遗址。

2. 英国博物馆

英国是运营博物馆比较成熟的国家，最成功的案例就是大英博物馆。大英博物馆是一座世界历史博物馆，古巴比伦、古印度、古中国和古希腊的奇珍异宝在这座博物馆里应有尽有，尤其是古埃及最珍贵的文物罗塞塔石碑就藏于此馆。尽管人类文化间存在差异，但是彼此可以交流与了解，大英博物馆将自身当作人类跨文化研究的平台，秉承实用原则，向公众免费开放并入场参观。2018年7月，大英博物馆在天猫T-mall开设旗舰店。

英国博物馆协会（AM）为博物馆做出的定义是：博物馆能够使公众通过馆中藏品获得启迪、知识和快乐。它们是承担社会信托责任而征集、保护和展示文物与标本的机构。博物馆应该做到：代表社会利益保藏文物；积极服务公众；鼓励公众通过探究藏品获得启迪、知识和快乐；指导和参与社区活动；诚实地和负责任地征集文物；为长久公共利益保护好藏品；为了公众的利益承认谁制造、谁使用、谁拥有、谁收集和谁捐赠的藏品；支持保护自然和人类环境；研究、共享和阐释相关文物藏品的信息，并反映不同观点。

3. 法国博物馆

法国是一座文明浪漫之都，拥有世界四大博物馆之一的卢浮宫、"欧洲最美博物馆"的奥赛博物馆以及蓬皮杜艺术中心。法国博物馆协会指出：博物馆是以服务公众知识、教育和欣赏为目的而组织藏品，代表公共利益保护和陈列藏品的永久性机构。保护、修复、研究和增加藏品，将藏品尽可能地向更多的观众展示，制订和执行教育与传播文化的计划、任务，为知识进步、研究以及传播而贡献力量是博物馆的永久使命。

4. 日本博物馆

1867年明治政府成立，日本参加了以欧洲为中心举办的"博览会"，认识到博物馆对于教育的积极作用。1951年，日本制定了《博物馆法》，以国立博物馆为中心，设立美术、自然科学、历史、动物、水族、植物等领域的博物馆。

《博物馆法》规定：博物馆是指由地方公共政府、一般注册协会或基金会、宗教法人或由内阁命令设立的其他法人（由行政机关通则法法令第一章第二条规定的独立行政机关除外）设立并根据本法第二章的规定注册的机构（属于《社会教育法》规定的公民的公众厅以及《图书馆法》规定的图书除外）。设立这些机构的目的在于收集、保管（含培育）、展示历史、艺术、民俗、产业、自然科学等有关的资料，在考虑到教育性的情况下，向一般公众开放，为提高国民修养、调查、研究、娱乐等开展必要的事业，同时对所收集的资料进行调查研究。

5. 中国博物馆

博物馆一词是中国历史上的舶来品，是西学东渐的成果。我国的博物馆已经有一百多年的发展史，是近代以来社会文化领域的一大亮点。关于博物馆的认识，我国经历了中华人民共和国成立前后两个阶段，在20世纪30年代，博物馆被我国博物馆工作者认为是认识文物与标本、举办陈列展览、供人观赏、发挥教育作用的，具有科学研究意义和作用的场所。中华人民共和国成立后，我国博物馆事业获得了长足的发展与进步，人们对于博物馆也有了新的认识。1979年，国家文物事业管理局颁布的《省、市、自治区博物馆工作条例》指出："省、市、自治区博物馆是国家举办的地方综合性或专门性博物馆，是文物和标本的主要收藏机构、宣传教育机构和科学研究机构，是我国社会主义科学文化事业的重要组成部分。博物馆通过征集收藏文物、标本，进行科学研究，举办陈列展览，传播历史和科学文化知识，对人民群众进行爱国主义教育和社会主义教育，为提高全民族的科学文化水平，为我国社会主义现代化建设做出贡献。"

物证、遗产和藏品是博物馆的核心要素，收藏和展示是核心职责。随着人工智能、虚拟现实等现代科技的发展，博物馆的形态和功能逐步智能化。后工业时代，知识创新是第一生产力。基于此，博物馆的传承性渐渐大于保护性，对物的关注也要逐渐转向对概念、观念的关注、拓展、调整和重构。浙江大学文物与博物馆学系傅翼副教授觉得现代博物馆需要呼应连接全球与地方的大趋势，博物馆不再是本地藏品的展览区，而是围绕当地关系为公众、社会提供全方位服务，包括物与人的关系、人与人的关系、人与当地人造环境和自然环境的关系，反映、构建地方与全球的紧密关系，讲好过去、现在和未来的故事，为人类生存与发展的可持续发挥作用。

综上所述，笔者认为博物馆是带有物性、文化性和时代性的，用于典藏、陈列、传承、研究和教育的存放自然和人类文明遗产的场所，属于非营利性机构，为社会发展而服务。

（二）博物馆的性质与特征

博物馆是一个国家、一个民族、一段历史与文化的载体，人类文明汇聚于此。走进一家博物馆，文物会告诉你它所承载的厚重历史，展现文化的辉煌和人类智慧的魅力。中国各类博物馆不仅是中国历史的保存者和记录者，也是中华民族伟大复兴中国梦的见证者和参与者。

1. 博物馆的性质

由于是多种矛盾和多种运动形态的统一体，因此博物馆具有多种性质，包括自然属性、社会属性和专业属性（图2-1）。

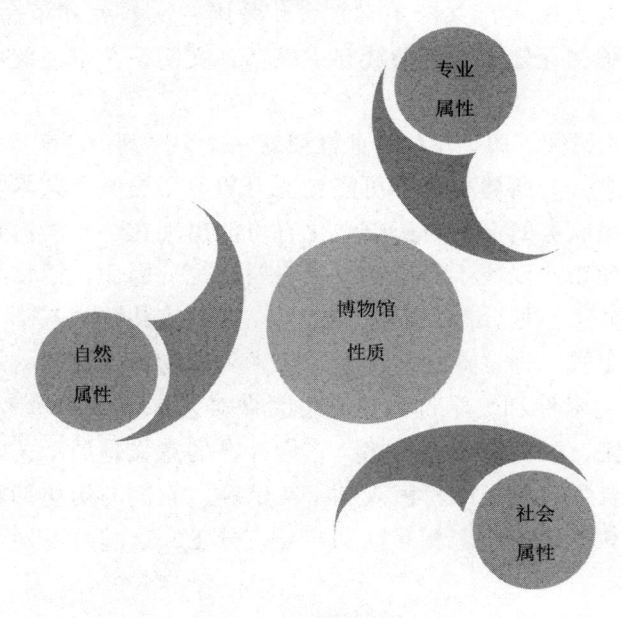

图 2-1 博物馆的性质

（1）自然属性。博物馆这个客观存在的建筑本身不受社会和阶层的制约与影响。不管是什么社会性质的国家，什么社会发展状态，博物馆都是用于储藏文物遗迹的展馆，展物会随着时间而发生量的积累，而展馆永远是非营利性的、以为社会发展和宣传教育而服务为目的。任何阶层、任何信仰的人都可以前来参观，也可以从中学习到不同时代、不同社会、不同民族地区的政治、经济、文化等内容。博物馆是一座面向全世界开放的社会大学。

（2）社会属性。文化是一个民族历史的沉淀与累积，是现存社会经济和政治的反映。同时，文化又能给社会经济和政治以伟大的影响和作用。博物馆是文化的集合，它反映了某一时期的政治与经济，带有强烈的阶级性和社会性。在不同国家、不同社会制度、不同社会发展阶段，博物馆具有不同的阶级属性。从时间维度来看，博物馆包括奴隶制博物馆、封建制博物馆、资本主义博物馆、半殖民地半封建社会博物馆和社会主义博物馆。目前，我国的博物馆属于中国社会主义特色博物馆，馆内一切活动按照党的路线、方针和政策开展，坚持辩证唯物主义和历史唯物主义，向人民进行共产主义教育、爱国主义教育和革命传统教育，大力普及传统文化知识，传播社会主义精神文明，振奋民族精神，坚定文化自信。

（3）专业属性。博物馆的专业性质就一个字"博"，这里的"博"是一个相对概念，一所博物馆不可能包罗万象。历史类、艺术类、科学类与技术类、民族类的文物与历史文化有可能出现在综合类博物馆中，但大多数单独建馆，以便于集中学习和专门研究。因而，博物馆内部一般会进行专业分工，划分博物馆的类型，在博物馆共性的基础上研究和展示博物馆的个性，即专业性。例如，艺术类博物馆，主要目的是向大众展现藏品的艺术性和美学价值，满足大众对艺术认知和思考的渴求欲。而故宫博物院、天津戏剧博物馆，它们存在的意义是展示艺术、研究艺术、传递符合主流思想的价值观和审美情趣。它们与历史博物馆、自然科学博物馆在展示内容上相互区别，互有分工，以满足不同受众的精神需求。

2. 博物馆的特征

特征，一个事物显著区别于另一个事物的特点。博物馆区别于其他机构的显著标志是文物，即博物馆拥有用于宣传和教育的科学陈列组合的文物。所以，实物性是博物馆的最显著特征。实物教育是最具有说服力的宣传教育方式，通过感官对客观外界的感受和体验获取的知识最让人印象深刻。博物馆通过有序陈列一定数量的历史文物藏品来进行宣传和教育，实物容易引起受众共鸣和共情，理解文物所传承的精神内涵，从而提高自身文明修养。

另外，直观性是博物馆的又一特征，与实物性紧密相连。认识的过程是通过感受客观事物到达思维，了解事物内部矛盾和规律，从而达到理论的认识。博物馆所展示的是实物，实物就是通过直观感知的方式认识和理解，既然有实物性，直观性必然紧跟其后。

博物馆是为公众服务而设立的机构，因此公共性也是博物馆的一大特征，博物馆的公共性包括公正性、公平性、公益性和公开性四个方面，四者相辅相成，才能真正"公共"。

（1）公正性是前提。博物馆制度的构建必须合理、合法，符合相关法律、法规，遵循博物馆发展的基本规律。以公正性为前提，博物馆才能良序生存。

（2）公平性是核心。博物馆公平是指代际公平和代内公平的有机统一。与平均主义不同，博物馆的公平性是指内部资源的合理分配，根据受众的个性差异来合理布置、陈列藏品，实现因需施教。

（3）公益性是目标。博物馆是非营利性机构，开设的目的是对民众进行宣传和教育。因此，博物馆是为公共利益而服务的公益性设施，对象是公众。它不以办馆者的主观意志为转移，无论建馆主体是政府还是非政府组织，博物馆都免费向全社会开放，没有公、私之分。

（4）公开性是保证。博物馆的决策、资源分配、资金来源以及使用全部公开和透明，公开和透明是博物馆履行公共服务职能的本质要求。所以，博物馆的公共性以公开性为保证，让公众享有知情权、参与权和监督权，借助公众自身的力量来维护公共利益，以实现博物馆的公共性。

（三）博物馆的职能

博物馆的存在与继续顺应了社会发展大趋势，为人类文化的长存做出了贡献。博物馆之所以能健康发展，离不开它明确的职能分工。博物馆职能一共有以下五个方面的内容：

1. 搜集职能

生产—破坏—再生产，是一个生命活动的循环规律，人类在进步的过程中会创造出一些文明，同时也会破坏掉一些文明。因为它们是研究历史的途径，是人类积累知识经验的途径，这些已经在遭受破坏或者即将遭遇破坏的历史文明需要受到保护和修复。博物馆应运而生，也因此，它的职能之一是搜集，把人类社会遗留的具有文化价值的物品搜集、保存起来，再次为社会发展服务。

2. 保管职能

历史文化遗产是全民族的宝贵财产，不应该被某个人私享和独自保管。基于此，博物馆建立和存在，保管优秀藏品，开展各项教育和宣传活动，让民众享受继承优秀历史文化遗产的权利。所以，博物馆的一个职能是保管职能，搜集文物产品之后进行保存，延长藏品的寿命，同时研究藏品的存在价值，将揭示收藏品价值的资料与藏品本身集中保存，扩大藏品的价值和意义。

3. 研究职能

博物馆是一所研究单位，主要进行搜集、保管、陈列、教育等相关的研究，内容主要包括：博物馆和博物馆学基本理论研究；博物馆发展史研究；博物馆各项工作内容和工作方法研究；博物馆的环境、建筑和设备研究；博物馆科学管理研究等。

4. 陈列职能

博物馆给人最直观的感受就是陈列有序，文物、图片、资料、模型等按区域合理划分，与此同时还会搭配相对应的形、声展示手段，感官与实物相互作用，给观众以良好的体验。所以，陈列也是博物馆的重要职能，通过分门别类的科学展示，让观众有规律、有节奏、有重点地学习，提高观众的科学文化水平和道德素养。

5. 教育职能

走进一家博物馆，你必然会遇见一位讲解员。讲解员为什么会存在？这是因为博物馆具有教育职能。通过讲解员生动且专业的解读，使观众深入了解所欣赏的展品，传递文物知识。此外，博物馆还经常举办讲座、流动展览、放映电影、组织博物馆之友等活动，这些活动的目的也在于教育，利用多样化的宣传活动，达到更好的教育效果。

除了以上五种职能以外，博物馆还具有娱乐、旅游等职能。博物馆的职能并不单一和绝对，随着时代的发展和社会需求的变化，博物馆的职能也在与时俱进。

二、以研究和反映的内容为标准的博物馆分类

在现代化经济体系建设的背景下，我国将博物馆事业上升为国家战略，高度重视文化遗产在文化经济中的利用与创新。

目前，我国博物馆布局已经达到了一定的规模，形成了类型齐全、多元多样的博物馆体系。《博物馆蓝皮书：中国博物馆发展报告（2019—2020）》显示，2016—2020年新增博物馆1679座，2019年博物馆数量达到5132座，同比增长4.35%；2020年全国登记在册的博物馆共有5788座，同比增长12.78%。有数据表明，到2020年平均每24.39万人就拥有一座博物馆（图2-2）。

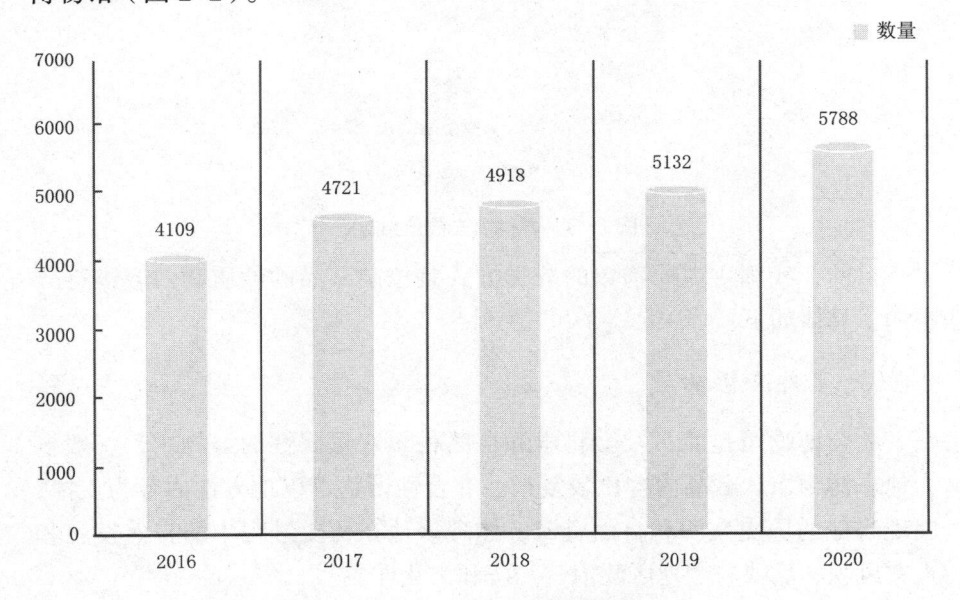

图2-2　2016—2020年博物馆数量统计

数据来源：《博物馆蓝皮书：中国博物馆发展报告（2019—2020）》。

我国博物馆分布广泛、内容众多。为了科学地认识博物馆，许多研究者按照不同特点对博物馆进行了分类。当前主要的分类方式有四种（图2-3），博物馆位置分类、管理单位分类、藏品性质和内容分类、办馆目的分类。

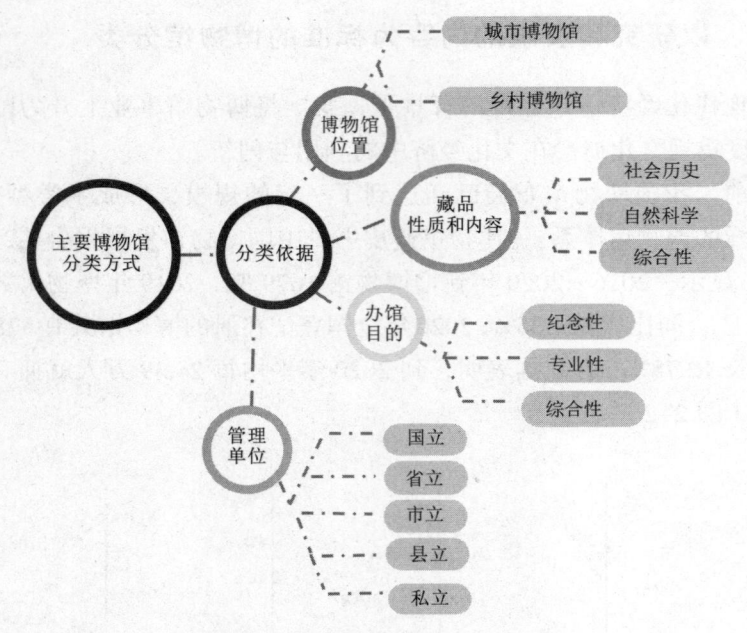

图 2-3 博物馆主要分类方式

目前，我国主流博物馆的分类方式是按照藏品的性质和内容进行分类的，具体如下：

（一）综合博物馆

综合博物馆是兼具社会科学和自然科学双重属性的博物馆，一般多为地志博物馆，藏品内容比较复杂。综合性博物馆以地方性内容为支撑，展现当地的历史文明和自然资源，体现该地在历史进程中的自然发展和人文风貌，反映一个地区政治、经济和文化样貌。

综合性博物馆是我国博物馆体系的重要组成部分，分布在全国各地，数量众多。目前，比较完整地呈现历史和自然内容的省级综合博物馆位于山东、浙江、安徽、贵州、吉林、甘肃、内蒙古、黑龙江等地。总之，一座地方性综合博物馆相当于一座建筑形态的"地志"，通过参观、欣赏博物馆中的藏品，使人们切身感受地方的经济、政治、思想文化以及审美修养的演变与发展，增强区域文化自信和地域归属感。

（二）自然科学博物馆

自然科学类博物馆是以研究和反映自然界和人类认识、保护和改造自然界为内容的博物馆，又可细分为自然性质博物馆和科学技术性质博物馆两大类。

自然科学博物馆的存在有三个目的：①展示我国自然资源和古科技成就；②向观众普及自然科学的知识和技能；③普及和研究自然科学基础理论，为社会主义现代化建设而服务。

1. 自然性质博物馆

自然博物馆又称自然历史博物馆，主要进行植物、动物、人类、古生物、天文和地理等内容的搜集与陈列，涉及人类史、生物史、地球史和天体史，主要进行生命到宇宙的发展史的知识科普。

在我国，一般性自然博物馆有北京自然博物馆、上海自然博物馆、天津自然博物馆和大连自然博物馆等。除了一般性的自然博物馆，自然历史博物馆又按照陈列内容划分为专门自然博物馆和园囿自然博物馆。

专业自然博物馆会研究比较深刻和专业的人文知识，如天文、地质、生物、人类等。在专业自然博物馆中地质类博物馆占比较大，包括国家办的北京地质博物馆、地方办的南京地质陈列馆、学校办的成都地质学院陈列馆、广西地质博物馆等。除了地质类博物馆，自然博物馆还有北京天文馆、青岛海产博物馆、厦门大学人类博物馆等研究天文、人类与海洋生物的博物馆。

园囿自然博物馆，顾名思义，保存、展示大自然遗产的建筑，分为动物园、植物园和自然保护区。同时，园囿自然博物馆也是研究濒危动植物和保存特有自然生态环境的科学研究基地。由于我国跨越寒温带、温带、亚热带和热带等多个气候带，自然环境条件复杂。这样的自然气候特征是一把双刃剑，既为办好自然博物馆提供了优越条件，同时也为生命科学研究提出了更加严苛的要求。

关于动物园，南京红山森林动物园园长沈志军说过一句话："你永远可以相信动物园，也能分辨出哪些动物是真正通过自己的行动和智慧，践行着保护和尊重，传递着温暖与信念。"如此朴实的一句话传递出了动物园存在的意义，动物园是野生动物保护与研究的基地，不是野生动物消耗场所。观众不应该盲目地浏览与参观，请带着学习与交友的态度走进动物园。动物园是一座传递动物知识的博物馆，中国十大动物园包括：广州长隆野生动物世界（中国最具有国际水准的野生动物园）、上海野生动物园、成都大熊猫繁育研究基地、北京大兴野生动物园、大连森林动物园、西安秦岭野生动物园、杭州野生动物世界、威海神雕野生动物园、云南野生动物园、海南热带野生动植物园。

植物园是植物学研究的主要基地，用来向全世界展示中国丰富的植物资源及其研究成果。与其他类型的博物馆不同，植物园将生态文明和生物多样性保护放在首要位置，偏重学术研究和实践。我国幅员辽阔，单一的国家植物园无法满足现实需求，所以结合气候和植物多样性分布的特点，现已形成若干个大型国家植物园和一些区域性植物园的完整网络。从南到北，比较知名的植物园有：西双版纳热带植物园、中国科学院华南植物园、中国科学院武汉植物园、上海植物园、北京市植物园、沈阳植物园等。

自然保护区素有"天然基因库"之称，是各种类型生态系统的天然保存地，是人类进行自然生态系统研究的"天然实验室"，是活的"自然博物馆"。自然保护区的主要功能是进行连续、系统的长期观测以及珍稀物种的繁殖、驯化研究，进而衡量人类活动结果的优劣，为某些自然地域生态系统的高质量发展指明方向。目前，我国的自然保护区有：珠穆朗玛峰自然保护区、可可西里自然保护区、神农架自然保护区、卧龙自然保护区和西双版纳热带雨林自然保护区等。

2.科学技术性质博物馆

科学技术性质博物馆从文化性和时间性上区分，可以分为科技博物馆和科学史博物馆两种。

科技博物馆带有浓厚的文化性，陈列、搜集的展品偏向物理、化学、生物、数学等学科理论，以及建筑、机械、冶金、运输、电子、航天等高端技术知识。与其他博物馆不同的是，科学技术博物馆除了可供参观以外，还可给参观人员提供动手实操环境。未来科学技术博物馆的总体思想是"人"比"物"更加重要，以人才资源建设带动展览、展品等物质性资源的建设，打造一支具有较高能力和水平的展览设计团队。前期，研究展览素材让自己明白，后期设计展览和教育活动让观众明白，高效实现研究和教育的双重目的。

科技博物馆更侧重于实现教育价值，引领未来科学发展。而科学史博物馆是研究古代科学技术的博物馆，展示古代科学文明成果，吸取优秀经验，让人民群众认识到先人伟大的创造力。目前，我国所建设的科学史博物馆有四川自贡盐业历史博物馆、四川灌县都江堰古代水利工程原址等。自然科学博物馆分类一览图，如图2-4所示。

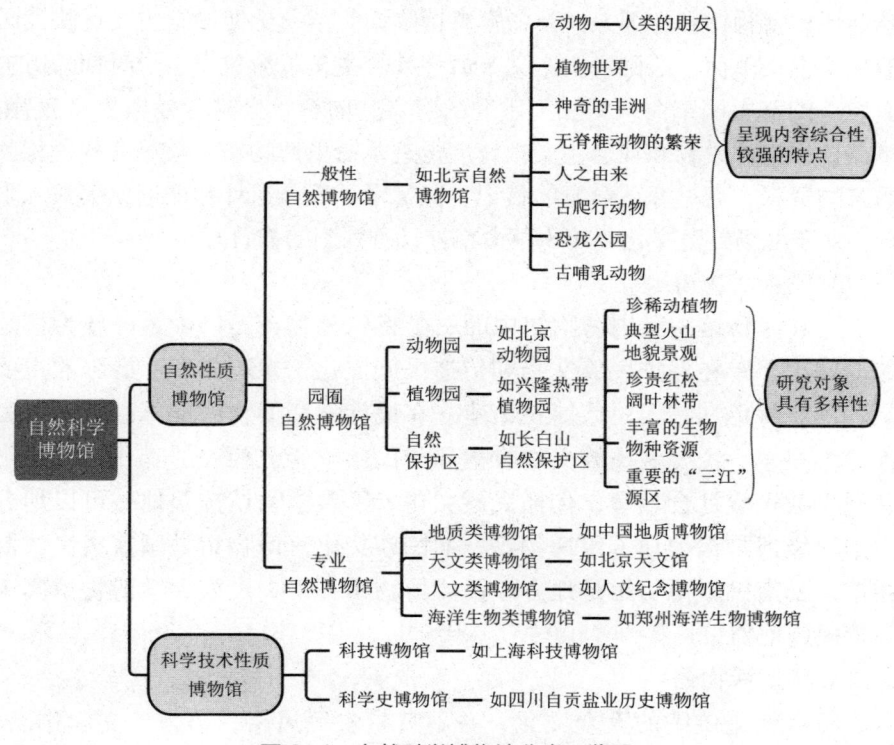

图2-4 自然科学博物馆分类一览图

（三）社会历史博物馆

社会历史博物馆是主要研究历史重要事件和重要人物，反映社会历史发展进程的博物馆，主要分类包括历史考古博物馆、革命史博物馆、民族和民俗博物馆、文化艺术博物馆以及纪念博物馆。

1. 历史考古博物馆

历史考古博物馆是以保存历史文物，提供历史、文物藏品、文物照片和专业书籍介绍的博物馆，如中国国家博物馆、陕西历史博物馆、香港历史博物馆等，搜集、研究全国各地出土的传世文物精品进行文物修复和保护。

2. 革命史博物馆

革命史博物馆是反映国家革命史、革命军事等内容的博物馆，如中国革命历史博物馆和中国人民革命军事博物馆。革命史博物馆主要反映我国旧民主主义革命、新民民主主义革命和社会主义革命建设三个时期的历史面貌，阐释中国革命取得伟大胜利的意义，向全社会进行爱国主义教育、革命传统精神教育和社会主义教育。走进革命史博物馆，与革命战争相关的文物资料、老一辈革命家的日记、回忆录、革命遗址和遗迹就会映入眼帘，对于弘扬红色文化，传承革命精神具有深刻的教育意义。

3. 民族博物馆

民族博物馆是我国博物馆中的一个特殊分类，是以少数民族为核心的博物馆，旨在保护民族文物和传播民族文化，它所保存、展陈的主要是各民族特色文物。民族博物馆建立在民族学和博物馆学基础上，以民族性为根本，主要做民族文物收集和与民族学研究相关的工作，以便于展开少数民族社会教育，传播民族文化。民族博物馆按照地域可以划分为国家级博物馆和地方级博物馆，如民族文化宫博物馆是国家级民族博物馆，云南民族博物馆是地方级民族博物馆，中央民族大学博物馆属于高校民族博物馆。

4. 民俗博物馆

民俗就是传统的大众文化，并不特指农民风俗，语言、文学作品、音乐、习俗、神话、手工艺品等都属于民俗文化。民俗博物馆是以保护民俗文化遗产为中心的博物馆，其保存与展陈的对象是民俗事象。民俗博物馆与民族博物馆两者有互通之处，皆是民俗文化展示的专题博物馆，然而民俗博物馆的主要目的是解释民俗文化的发生、发展及其社会作用，各民族、各地区的民俗文化要素只是参考所需的资料。这一点与民族博物馆的发展历史、文化特性研究有所区别。民俗博物馆是区域民俗展现最集中的场所，是地域民俗文化传承的主窗口，借助民俗博物馆的优质资源，地域民族文化可以进行创新发展，搞"活"民俗。

民俗博物馆大多建于遗址之上，可充分利用遗址本身和周围环境进行民俗展示，如北京民俗博物馆、丁村民俗博物馆、洛阳民俗博物馆等。

5. 文化艺术博物馆

绘画、书法、摄影、雕塑、民间工艺、陶瓷、文学、音乐、舞蹈、戏剧、影视、摄影等文化艺术性质的内容一般归属于文化艺术博物馆，这种类型的博物馆一般从事搜集、研究、保存和陈列文物资料和各种文化艺术珍品，向大众展示我国优秀灿烂的文化物质遗产，与此同时反映各个历史时期各民族的文化艺术发展情况，普及传统文化知识，继承和弘扬优秀的文化传统，为新世纪新文化的创造提供灵感，推动文化艺术事业的繁荣发展。

我国文化艺术博物馆有美术博物馆、粤剧艺术博物馆、中国摄影博物馆、中国书法艺术博物馆等专门研究某种艺术的博物馆，也有云南文学艺术馆、故宫博物院、陕西省博物馆等展出较为综合复杂的博物馆，用于集中展示电影、民间文艺、绘画、壁画、陶瓷等艺术。文化艺术博物馆更像是一个艺术学习和交流的平台，使人们在艺术借鉴和欣赏的过程中获得创新性模仿的能力，提高个人文化素养。

6. 纪念博物馆

纪念博物馆是纪念重要历史人物和重要历史事件的博物馆，由于纪念博物馆以纪念性遗址、遗迹的原貌为自身存在的前提条件，它的功能主要是借由空间讲述故事，传达精神，激发民众情感。

我国目前已建立的纪念馆，所纪念的类型有纪念古人、纪念近代及现代历史事件和纪念伟大人物，其中以纪念自中国共产党所领导的新民主主义革命以来的重大事件和伟大人物居多，像上海中国"一大"会址纪念馆、南昌"八一"起义纪念馆、鲁迅纪念馆、周恩来故居纪念馆等。纪念性博物馆的日常研究活动就是围绕这些著名的政治家、文学家以及重要历史事件而展开，通过整理、分析与其相关的生活和活动资料来还原历史事件的真实情景和历史人物的工作、生活状态。

纪念博物馆特别注重场景再现，这类博物馆一般建立在不脱离人民群众的，为大众熟悉的人物或者事件的原址之上，尽量保留建筑原貌，让观众在真实情景中观赏藏品，通过声音、语言和情境，身临其境地感受一段历史和故事，深刻体会人物的命运和情感精神，从而进行爱国主义教育和革命传统教育，实现思想境界的升华。走进纪念博物馆，居所、日记、茶杯、衣物、革命回忆录，每一种符号都是一段值得讲述的过往，给观众以"如临其境，如历其事，如见其人"之感。社会历史博物馆分类一览图，如图 2-5 所示。

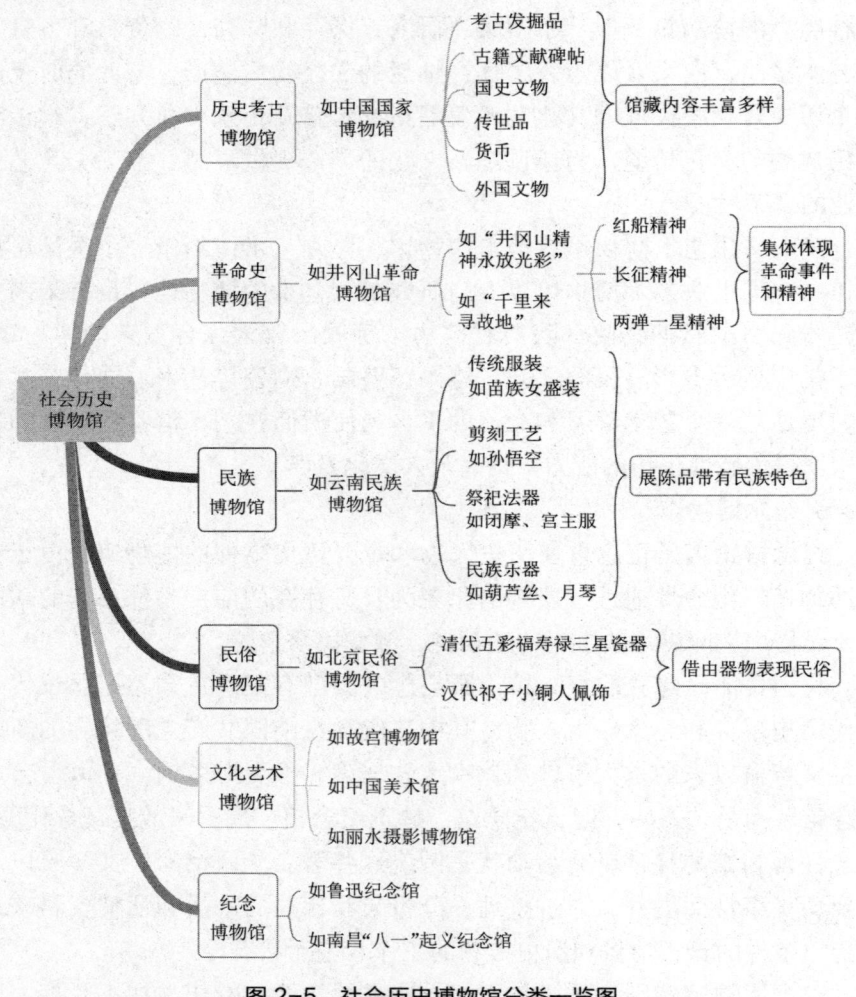

图 2-5 社会历史博物馆分类一览图

充分认识博物馆，理解博物馆的分类、性质和特征，对于研究博物馆文创产品的开发与设计意义重大。博物馆文创产品的品牌归属感很强，不同博物馆的文创产品带有鲜明的属于自己博物馆的文化个性，体现出博物馆文物的特征和内涵。例如，故宫博物院的文创产品就具有一股浓浓的"京味儿"，产品个性、张扬；而杭州博物馆的文创产品则体现了一股"烟雨柔情"，与故宫文创品相比更加细腻、柔美。基于此，笔者对博物馆做了一定的研究以增进对博物馆的了解，为博物馆文创产品的开发夯实基础。

第二节　博物馆文创兴起

今天，中国、中国人民、中华民族的未来无限光明。无限舞台的今天在召唤文艺大师，在呼唤知识精英，同时也在造就文艺先锋。新时代是一个需要文艺先锋铸就文艺巅峰的时代。新时代为文艺繁荣提供了前所未有的广阔舞台。博物馆文创就是这个时代刮起的一股艺术飓风。一直以来，博物馆是文物、珍稀艺术品珍藏、展览、研究和教育的基地，它是一个孤立的场景，一直欠缺生命力。

文化是一个民族的命脉和根基，活力四射才是我国文化应有的样子。然而，博物馆一直没有完成它的使命，博物馆文创也只是作为一个附加名词而存在。直到知识经济时代的到来，彰显文化魅力成为时代命题，文化领域的创新人才和创意人员不断涌现，博物馆文创作为博物馆文化的周边才开始崭露头角，博物馆文化"活"了过来，并且走出国门。

博物馆文创是近些年的产物，文物"活"过来，文创"火"起来，并没有经历太长的岁月。那么，博物馆文创是如何以平地起高楼之势走到今天的？笔者研究了博物馆文创的兴起之路。

博物馆文创的兴起，主要依靠两大支柱。支柱一，国家对于文化产业的看重与支持；支柱二，我国文明长河源远流长，文化汇聚成了一条璀璨星河。正是因为国家的提倡和历史文化的支撑，博物馆文创才得以快速兴起与发展。

一、我国文化底蕴深厚，传统文明历史悠久

从夏商周开始至今，中华文化经历了五千年的积累与沉淀，文化宝库中拥有无数璀璨夺目的珍宝，从诗词歌赋到琴棋书画，从历史典故到建筑遗址，处处展现着我们古老的文明。

细数历史，信手拈来，就是一种审美、一种精神、一种内涵的体现。就拿衣食住行的衣来说，从周到清，图案、样式、纹样和颜色，每一种元素都是时代文化和精神的产物，体现主流阶层的文化思想和审美，甚至能从布料中窥探经济文化的一角。

一座博物馆就是一座文化大学。五千年的岁月，中国文化绵延至今，体量庞大，内容繁多。而文化的物态大多归属于博物馆，博物馆就像是一座永远走不完的文化城，商周青铜鼎、河西画像砖、佛造像等数不尽的文物等待着被开启，还有大唐风华、古蜀华章等主题展，直观再现文化，使观众深刻体会文明的精髓。

由于博物馆处处彰显文化气息，这为博物馆文创产品的发展提供了源源不断的创作灵感，让博物馆文创有文化素材可用，为文创品的创意模仿与开发提供了参考和依据。

二、国家支持文化创新，提倡发展新型文化产业形态

长久以来，我国强调建立文明大国、负责任大国的形象，要讲好中国故事，传播好中国声音，向世界展现真实、立体、全面的中国，提高国家文化软实力和中华文化影响力。这一切都要从重视文化开始，所以党的十八大报告要求扎实推进社会主义文化强国建设，认识文化的重要性。

文化是民族的血脉，是人民的精神家园。国家提出文化建设的总任务：推动社会主义文化大发展大繁荣，兴起社会主义文化建设新高潮，提高国家文化软实力。

党的十八大报告对文化软实力的"显著增强"提出了三方面要求：一是社会主义核心价值观体系深入人心；二是文化产业成为国民经济支

柱性产业；三是社会主义文化强国建设基础更加扎实。其中，针对"文化产业成为国民经济的支柱性产业"这一点，深圳市委宣传部副部长、深圳市社科院院长吴忠表示"没有过时的产业，只有过时的产品"，文化产业的生命力在于不断创新。

2011年，《关于深化文化体制改革推动社会主义文化大发展大繁荣若干重大问题的决定》提出：推动文化产业跨越式发展，使之成为新的经济增长点、经济结构战略性调整的重要支点、转变经济发展方式的重要着力点。文博事业与文创产业密切相关，文博事业是文创产业内容的创意来源。

2016年，国务院办公厅转发了原文化部、国家发展改革委、财政部、国家文物局四部（委、局）的《关于推动文化文物单位文化创意产品开发的若干意见》（以下简称《意见》），《意见》要求用好用足中央政策，抓住文博行业发展的重大机遇，把文博单位文创产品开发工作抓扎实，并取得成效。

同年6月，全国文博单位文化创意产品开发工作推进会在武汉召开，将文创产品开发纳入博物馆评价体系的标准当中。与博物馆文物创新相关的政策，如图2-6所示。

从博物馆文物创新相关政策可以看出，国家非常支持博物馆文创产业的发展。作为以创意为核心的新兴产业，博物馆文创产业已经成为"十三五"规划中国民经济的支柱产业。文化产业价值链以博物馆文创产品为载体，发挥文化和创意的双重作用，让传统文化借助博物馆文创产品得到最大范围的推广与传播，进而实现价值再现、价值增值和价值创新。正是因为国家对于文化的重视和对文化产业的大力倡导，博物馆文创才有了兴起与发展的土壤。

与此同时，博物馆文创的兴起和博物馆文创产品的发展也为中国文化产业发展注入了新鲜血液，为优秀传统文化的传播提供了优质载体。对博物馆进行研究，有助于为博物馆文创产品的研发提供灵感和创意，有助于保持博物馆文创产业的活性，从而保证文创产业的高质量发展，确保优秀传统文化的高质量传播，让中国文化名扬海外。

2016.03
国务院印发《关于进一步加强文物工作指导意见》

把传承优秀传统文化、保护文物、建设共有精神家园作为文物工作服务大局的出发点和落脚破除影响文物事业发展的体制机制障碍,发挥社会各方面参与文物保护利用的积极性

2016.05
文化部等四部委《关于推动文化文物单位文化创意产品开发的若干意见》

推动文化文物单位开发文化创意产品,提升文化创意产品开发水平、完善文化创意产品营销体系、保护文化创意产品开发的跨界融合

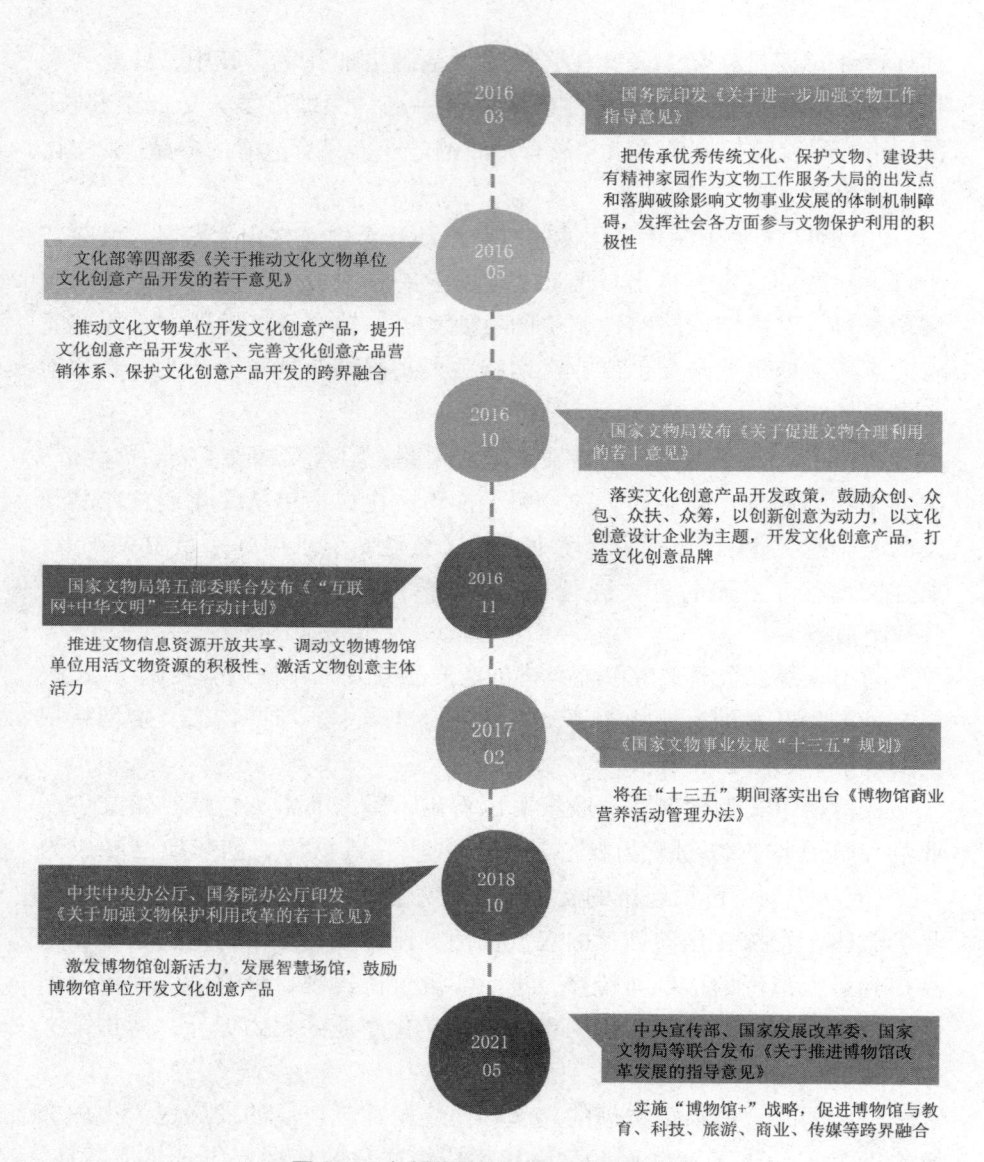

2016.10
国家文物局发布《关于促进文物合理利用的若干意见》

落实文化创意产品开发政策,鼓励众创、众包、众扶、众筹,以创新创意为动力,以文化创意设计企业为主题,开发文化创意产品,打造文化创意品牌

2016.11
国家文物局第五部委联合发布《"互联网+中华文明"三年行动计划》

推进文物信息资源开放共享、调动文物博物馆单位用活文物资源的积极性、激活文物创意主体活力

2017.02
《国家文物事业发展"十三五"规划》

将在"十三五"期间落实出台《博物馆商业营养活动管理办法》

2018.10
中共中央办公厅、国务院办公厅印发《关于加强文物保护利用改革的若干意见》

激发博物馆创新活力,发展智慧场馆,鼓励博物馆单位开发文化创意产品

2021.05
中央宣传部、国家发展改革委、国家文物局等联合发布《关于推进博物馆改革发展的指导意见》

实施"博物馆+"战略,促进博物馆与教育、科技、旅游、商业、传媒等跨界融合

图 2-6　与博物馆文物创新相关的政策

第三节　博物馆文创产品设计特点

博物馆文创产品的设计与一般文化产品、一般物质产品有所区别，但是又有一定的联系。文创产品是文化产品的组成部分，博物馆文创产品又隶属于物质产品。与物质产品不同的地方在于，博物馆文创产品是通过劳动创造来满足人的精神层面需求。虽然博物馆文创产品和文化产品都属于上层建筑，但是博物馆文创产品的设计更突出创意要素，创意才是博物馆文创产品设计的内核。

从一般文化产品、一般物质产品和博物馆文创产品的相互关系角度分析，博物馆文创产品设计具备如下特点：

一、创意是内核

博物馆文创产品，即博物馆文化创意产品，其文化与创意缺一不可。其中，创意是根本所在，一款没有创意的产品只能算作文化商品，没有充足的文化价值和经济价值。博物馆文创产品强调创意所发挥的核心作用，通过创意人和创造性的手段来对文化元素进行原创，将文化内涵注入新的产品形象之中，以此来诠释文化精神，提高产品和服务的附加价值，给予消费者独特的消费体验，实现文化的传播。

"破旧立新"是博物馆文化创意产品设计与开发的关键词，追求产品的独特性和超越性。正如世界创意产业之父对创意的解读，新点子必须是个人的、独创的、有意义的和有用的。博物馆文创产品所蕴涵的创意精神是其一大魅力，也是其与一般文化产品相区别的关键点。因此，博物馆文创产品的根本特点是创意。

二、强烈的民族色彩

文化符号是博物馆文创产品的"衣食父母"，缺乏博物馆文化的文创产品似无源之水，无法散发生命的光彩。在博物馆文创产品设计过程中，博物馆文化占重要位置。博物馆文化不是电影文化，也不是茶文化，而是中华五千年文化的缩影，带有鲜明的民族色彩和历史痕迹。

但是，不可否认民族色彩是博物馆文创产品的创意源泉。例如，荷包，古人随身佩戴的小包，荷包图案有繁有简，是中国汉族传统服饰文化的体现。从前，作为中国汉族传统服饰特征之一的荷包摆放在博物馆内供人展览，即使灯光照耀下也略显破旧。但如今，荷包摇身一变，成了荷包口红。荷包文化元素融入一支小小的口红，让人眼前一亮，从而使人爱上荷包，重燃对荷包文化的兴趣。假如，没有荷包文化给创意人提供灵感，口红的颜色再漂亮也只是用来提亮肤色的商品。可是，博物馆文化赋予了口红新的价值与使命，它成了文化传播的渠道，给了消费者热爱它的深层次理由。所以，民族色彩深深地刻入了博物馆文创产品的基因当中，是博物馆文创产品的灵魂特点。

三、生命的延续发展

让文物"活"过来，是博物馆文创产品开发的初心。文物如何能"活"过来？创意只是其中一部分，毕竟创意具有时效性，一段时间过后，文创产品的"吸睛"度逐渐下降，热度一点点地消失，文化传播不能达到可持续的效果。

为了解决这一问题，博物馆文创产品开发必须形成价值链条，以某个主题为中心不断衍生产品，反复激活受众记忆，留住消费者的关注度，增强消费者的记忆点。所以，博物馆文创产品设计的生命力在很大程度上依靠产品的延续性和前瞻性，选择合适的文化主题进行创意开发，从未来的角度出发生产产品，扩大产品的体量，让文创产品成为一个蓄力池，不断进行文化传递，增强消费者的依赖度。

为什么故宫文创能够快速出圈而且热度持久不断？故宫博物院文创产品在设计和开发时特别注重产品的生命活力，他们在选择开发主题和创意形式时下了一定的功夫。例如，"皇帝的一天"选择从皇帝的生活这一文化主题出发，让游戏成为展现形式。这就像是一本有趣的角色扮演书籍，乾清门外的小狮子引导选择角色，进入清宫，目睹和参与皇帝一天的饮食起居和工作、娱乐，体验性强、娱乐性高。与此同时，游戏中还设计了许多文物卡片，等着参与者进行收集。卡片是该文创产品生命力的延续，在消费者的记忆点上反复横跳，保持消费者的兴趣。也许，故宫博物院未来还会开发"皇帝的一天"的动漫、手办和壁纸等，供消费者收集，让该产品成为消费者生命活动的一部分，成为消费者的重要记忆。这就是博物馆文创产品生命的可持续发展之道，相对应地，生命的延续性是博物馆文创产品的亮点之一。

四、经济效益与社会效益并驾齐驱

博物馆文创产业链一般为创意挖掘、产品开发、产品制作、产品营销和最终消费。产品营销是一个发掘消费者需求，让消费者了解并购买产品的过程，是给社会带来经济价值的活动、过程和体系。产品营销是最终消费的前提，产品营销做得好，消费者才能进行最终消费，产品才能实现自身的经济价值。所以，博物馆文创产品绝非公益性质的产品，它以实现经济收益为目的之一进行开发和生产，具有商品属性。

在追求经济效益的同时，博物馆文创产品还要创造良好的社会效益。教育是博物馆的主要功能之一，传播和传承中国文化是博物馆存在的意义所在。文创产品针对年轻族群设计开发，引导年轻人主动走进博物馆，了解博物馆典藏之美，所以博物馆文创产品在设计之初也融入了教育思想，借助新奇的外衣传播传统文化知识。

从设计师创作的角度来看，设计师以符合年轻人审美的表现形式对馆藏进行创意开发，提炼藏品中的文化元素并以新颖、奇特的面貌呈现在年轻受众面前，开启年轻人探寻历史与文物的大门。因而，博物馆文创产品是文化教育的载体。而社会效益是指利用受众的资源满足受众日益增长的物质文化需求，博物馆文创产品在一定程度上满足了消费者的文化需求，具有社会效益。所以，博物馆文创产品是经济效益和社会效益的结合体，在创意开发和生产销售的过程中追求文化价值和经济价值的统一。

第四节　博物馆文创产品设计开发意义

在经济全球化的背景下，文化创意产业有了兴起的环境与土壤，创意经济以迅雷不及掩耳之势迅速形成庞大的经济体，给博物馆融入文化产业提供了契机。多样化的资金来源渠道、博物馆品牌形象需求、文化创新发展等都是博物馆文化创意产品出现的潜在动机。一直以来，我国对于博物馆等公益性文化事业单位的态度是"耻于谈利"，文化经济发展环境不佳，无论是产业运作机制还是内部人员思想，都限制了博物馆文创产业的发生与发展。直到数字时代的到来，互联网改变了人们的生活习惯和思维方式，青年主体对文化态度的转变让文化产业有了新的变化，博物馆也顺势而变，在坚持公益性文化机构定位和功能的前提下，馆藏文物成为打通博物馆文创产业这一文化传承渠道的关键点，以馆藏文物为灵感设计研发的博物馆文创产品，既帮助博物馆树立自身品牌形象，又能增加经营性收入，为博物馆传承文化的事业增砖添瓦。

博物馆文化创意产业属于新兴的文化产业形态，发展模式尚有不足之处。此时，探究博物馆文创产品开发意义，对正确认识博物馆文创产业的价值作用非凡，对未来博物馆文创产业发展影响深远。

博物馆文化创意产品是创意产品的一个分支，虽然其具有特殊的价值，但也遵循创意产品的普遍价值规律。与一般性商品不同，创意产品是艺术与技术、文化与经济、物质与精神的三重奏，不能单凭劳动价值来判定其价值。创意产品拥有多层次和多维度的价值体系，即使用价值、市场价值和非市场价值。具体的创意产业价值模型，如图2-7所示。博物馆文创产品开发价值兼具文化产品和创意产品的诸多价值特点，结合创意产品价值和博物馆自身所具备的经济性、观赏性、知识性和实用性等特点，博物馆文创产品显然具有使用价值，即创意价值、文化价值、功能价值和体验价值，同时还具备市场价值体系下的消费者感知价值和文化符号价值，以及非市场价值中的教育价值和审美价值。

结合博物馆文创产品开发的价值理论体系分析和其所呈现出来的现实效果，博物馆文创产品开发有如下意义。

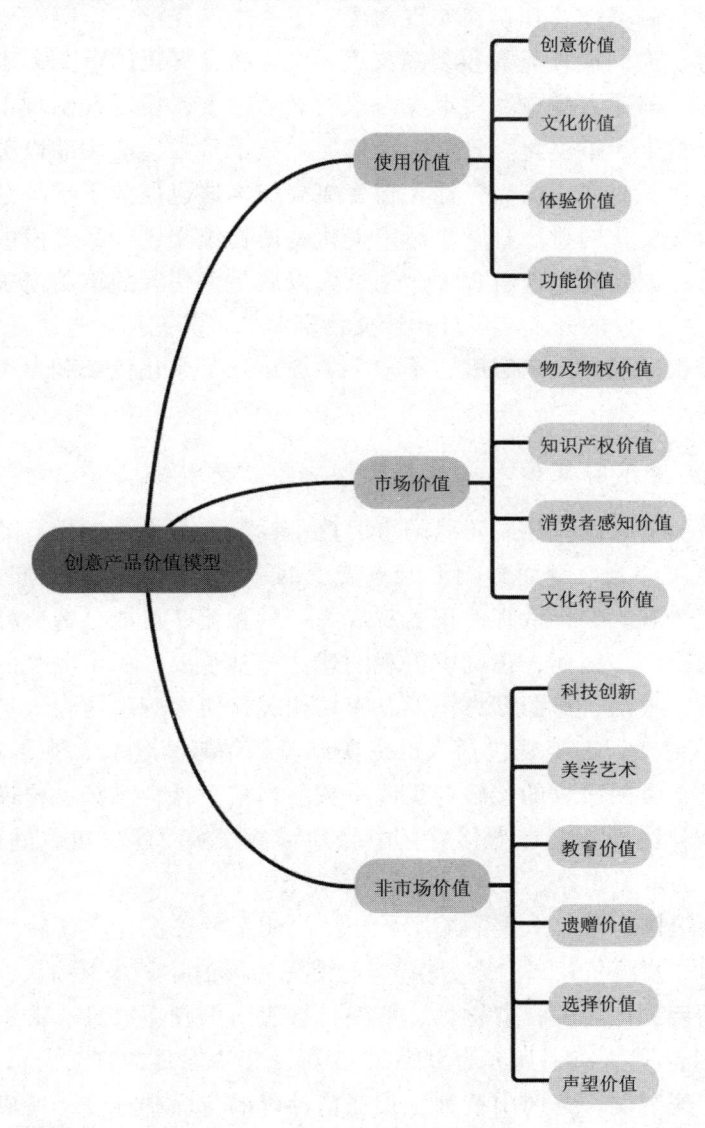

创意产品价值模型
- 使用价值
  - 创意价值
  - 文化价值
  - 体验价值
  - 功能价值
- 市场价值
  - 物及物权价值
  - 知识产权价值
  - 消费者感知价值
  - 文化符号价值
- 非市场价值
  - 科技创新
  - 美学艺术
  - 教育价值
  - 遗赠价值
  - 选择价值
  - 声望价值

图 2-7　创意产品价值模型

一、博物馆文创产品开发是文明遗产照进现实的月光骑士

马斯洛将人的需求分为基本需求和成长性需求,成长性需求主要是求知需要、审美需要和自我实现需要,不受本能支配。审美需要是高层次的,对于人的成长具有重要意义❶。人的确有真正的审美需求,丑陋使人致病,美让人痊愈。对审美需求的天然追求,使时代出现了审美泛化,即日常生活审美化。日常生活审美化赋予日常生活用品以美和艺术的特质,让平庸变成高尚,让无趣变成高级,这也促成了传统精英审美向大众审美文化转型。日常生活审美化是博物馆文创产品开发的审美理论基础,在创新和创作过程中,创意人以满足消费者的审美需求为内驱力进行产品形象的开发与设计,让文物资源的审美意蕴走进了现实生活,文化符号也从殿堂走入家庭,不知不觉地达到了文化传播和审美熏陶的效果。

(一)培养高级的民众审美观

如果一个人没有建立正确的审美评价标准,就无法进行有效的精神交流和审美评判,继而影响健康审美观的形成,甚至可能发展出有害、低级的审美观。如果低级的审美观成为一种潮流,可能会造成社会性的审美理念混乱。因而,正确审美观的建立非常重要,而审美观的形成与社会实践、政治、道德等意识形态密切相关,使客观事物在人们心中引起愉悦的情感。审美观包括人的审美感觉、情趣、经验、观点和理想,这些与日常美的事物的接触与熏陶有关。当一个社会宣扬、传递主流审美观念时,民众就会在潜移默化中受到影响,从而建立正确的审美观,提高自身的审美修养。

博物馆作为千年审美的缩影,一切高质量的美都能在博物馆中找到归宿,如"蒹葭苍苍、白露为霜""此情无计可消除,才下眉头,却上心头"等的诗词语言美;青铜器、陶瓷、钟表、书画、家具、雕塑等的器物美;"生当作人杰,死亦为鬼雄""王师北定中原日,家祭无忘告乃翁"等的精神气节美;井冈山精神、长征精神等的革命精神美。所以,博物

---

❶ 梁琪:《社交媒体时代中国博物馆创意传播策略研究》,呼和浩特,内蒙古大学,2021:13-14。

馆必然是社会主流审美观形成与发展的摇篮，也是迸发美的源泉活水。

"旧时王谢堂前燕，飞入寻常百姓家"。博物馆文物是传统精英文化的象征，随着日常生活审美化的兴起，人们开始有了传统精英审美向大众审美过渡的意识，普通大众也开始接触并接受高级审美。博物馆从展品陈列展览、藏品研究收藏这一单一功能开始向多元化功能转变，博物馆文创产业就是其中的一个转型，以优秀文物、藏品为文化素材进行创意加工，售卖文化内涵深刻、美学价值丰富的产品。遵循技术美学观，博物馆文创产品的开发经历了艺术与技术融合、文化与设计交织的创作过程，产品集高雅艺术、高级审美和趣味形象、受众需求于一体，将传统文化纳入现代形象当中，使主流审美观走进千家万户。

随着艺术的生活化，博物馆文创产品在近些年备受宠爱，从前束之高阁的文物摆件，如今变成了一件件小巧精致、赏心悦目的创意产品，被消费者摆在电脑桌前、床头书柜，甚至是身上、包里，更有甚者，进到人的肚腹之中。

故宫博物院作为一个文创大IP，它将每一件文物的美发挥得淋漓尽致。例如，剔红寿春图梅花式盘、五彩梅竹纹玉壶春瓶、浅黄色小洋花纹金宝地锦、品蓝色绸绣浅彩枝梅蝶纹氅衣面料等传统文化符号进行创意加工，制成壁纸、传统布料、瓷器的纹样颜色等文创产品，使这些文物从博物馆冷冰冰的摆架上搬到了日常生活中。

当其作为手机壁纸、计算机壁纸而存在，每日给受众以视觉冲击，形成视觉记忆；再如遇"键"故宫，故宫创意产品开发人才将传统文化与输入法相结合，制作了胤禛美人图（图2-8~图2-11）等皮肤，每一个皮肤都美到了极致，让人不禁想去了解与之相关的历史与文化。

雪糕甚至被创意人玩出新花样制成文创雪糕，如敦煌发布的九层楼雪糕、故宫脊兽雪糕、三星堆雪糕、福袋雪糕等，漂亮的外表让人爱不释手。这些精美物品除了具备一定的生活功能以外，更重要的是具有美学价值，没有人耳提面命，逼迫你去接触和欣赏古文物。但是，爱美之心人皆有之，这些美好事物所造成的视觉冲击会让人主动探索，挖掘文物背后的美学价值和文化内涵，从而形成高级的民众审美观。

图2-8　胤禛美人图文创产品　　　图2-9　海错图文创产品

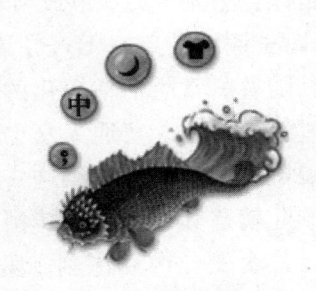

图2-10　千里江山图文创产品　　图2-11　紫禁城祥瑞文创产品

（二）传承和弘扬传统文化

我国是一个文化大国，悠久的文化历史给中国披上了一层文明的纱衣。这一座巨大的文化宝藏不应该被埋没，历史的尘埃不应该再继续沉积，让文化发光才是当代之道。文化认同是最深层次的认同，是民族和睦团结之魂。一个国家和民族不能失去文化，坚定文化自信，将文化与时代相联系，聆听时代的声音，让文化为时代发声，让时代为文化歌唱。

在数字经济时代到来之际，国家和民众对于文化的认知上升到了更高的层面，根繁叶茂的中华文脉再次钻出绿芽，只等繁花似锦。在时代大背景下，文化产业升级，知识内容和创意创新成为文化再次焕发青春的契机，博物馆作为传统文化的集中体现，它不能再只是一个等待人走入的建筑，而应该主动靠近大众，向大众展现自己的文化魅力。因此，博物馆事业体系下出现了博物馆文创产业体系，借助文创产品生动直观地展现文化内涵，让受众理解传统文化，让传统文化再次焕发生命活力。

第二章　博物馆文创产品

　　学习有两种方式，一种是接受学习，另一种是自主学习。从前的博物馆观展属于接受学习，参观者通过讲解员讲述来了解每一件文物背后的历史与文化知识。但是，等参观者游览完博物馆，刚刚听过的文化知识往往一字不剩，全都随着讲解左耳进右耳出了，文化学习效果不佳。

　　自主学习是从激发学习兴趣的角度出发，让人产生求知欲，进而主动学习知识背后的文化。博物馆文化创意产品的开发和研究从某种角度达到了促使人自主学习的效果，让学习回归生活，让文化渗透日常。以中国国家博物馆的文创产品为例，它有两个板块：文创设计和饮食文化。

　　（1）文创设计。博物馆相关人员根据生活所需设计了秋影金波茶具、虎符转运红手绳、长乐未央保温杯、斗转星移小夜灯、大观园纸雕灯、溪山雨意书灯、凤凰方巾等生活小物品，"最是金秋那一抹柔情，仍道花好月圆人团圆"是秋影金波茶具的文化主题，整套茶具以宋朝的"天文图"碑拓片为设计元素，点心盘的盘面是一幅宋代"天文图"，深蓝色的星空尽显宇宙奥秘，辐射状衍生绚烂轨迹，整体看下来如同恒星般耀眼夺目。一套茶具既融汇了传统佳节赏月吃月饼的文化习俗，同时还将月与天文图相联系，传播我国古代的天文学知识。这样一套精美的茶具在让人赏心悦目的同时也不禁令人好奇，"这么美的图案绘制的是什么内容"，继而使人们主动查阅资料，学习与宋代的"天文图"碑拓片相关的历史文化知识，如此寓教于乐，实现了传统文化的传承与发展。

　　（2）饮食文化。饮食文化极致地诠释了文化来源于生活，又回归于生活。中国国家博物馆将日常吃食与文物巧妙创意结合，又将"吃"的动作丰富和延展，创造寻宝式吃法，吃出乐趣。例如，四羊方尊考古巧克力，给人带来了一场沉浸式的"考古"体验。该产品有一个"国博美馔"的小箱子，里面有成套的考古小工具，包括小刷子、小铲子、考古巧克力、宝物参考图和一次性手套，撕开考古巧克力用小铲子挖掘巧克力泥土，等挖到宝物四羊方尊，用小刷子把四羊方尊上的"泥土"轻轻扫掉，一个活灵活现的Q版四羊方尊就呈现在眼前。吃之前，阅读宝物参考图，发现文物的历史，如材质、产地、用途等，了解商朝的祭祀文化和工艺文明。又如博物馆雪糕，当前特别流行微缩版的文物雪糕来展示博物馆文物产品，沈阳故宫博物院开发设计的凤阳楼模型的轻牛乳冰激凌（图 2-12）和正红旗甲胄模型的多肉莓莓冰激凌（图 2-13），活灵活现地向受众展现了凤阳楼和正红旗甲胄的外形，让受众直观地认识了两种文物。

图 2-12　凤阳楼模型冰激凌　　图 2-13　正红旗甲胄模型冰激凌

除此之外，国博棒棒糖、赤壁赋中秋月饼、先春如意茶、怡红群芳菓子等也是各有千秋。中国国家博物馆从美食角度创意切入，给大众呈现了一场文化的饕餮盛宴。

博物馆文创产品的创意设计与开发，让传统文化以另一种样貌继续散发生命活力，让文物"活"了过来。虽然从生物学角度来说，文创产品没有生命，但是从精神层面来讲，文物所承载的文化在继续发挥其作用，文物就有了生命。过去，博物馆中的文物如同一潭死水，激不起一丝波浪。创意让文物以另一种形态重生，它走进了日常生活，与人们的生活息息相关。只要文物中的文化对人的精神世界继续产生作用，中华文脉就不会断，它就像接力棒，被新一代的年轻人接到了手里，发挥其应有的作用。博物馆文创产品做到了文化的传承与发展。在地球村时代，互联网让文创产品"飞"往世界各地，使传统文化迎来了第二春。

二、博物馆文创产品设计开发是博物馆树立品牌形象的重要举措

品牌形象与品牌不同，是消费者关于品牌的印象。品牌形象产生于

一个漫长的品牌塑造过程，是品牌个性的集中体现。品牌最初是"烙印"的意思，打在牲口身上的标签，它强调的是某产品区别于其他产品的最显著的特征。品牌形象将品牌拟人化，它不是一个短视行为，不搞断断续续的宣传，而是围绕某个传播内容制定短期、中期和长期的传播规划，使品牌宣传给以延绵感，达到绵长隽永的艺术效果。品牌形象也从当初的一砖一瓦，悄然间变成了高楼大厦，在人们心中屹立不倒。

随着文化产业的深入发展，中国的博物馆事业对于品牌形象有了更深刻的认识，相较过去比较看重品牌形象的建立。博物馆品牌定位是对博物馆品牌文化取向和个性差异的定位，力求在市场上树立一个鲜明的、主流的博物馆形象，区别于竞争对手，吸引大众欣赏和认同，从而获得经济效益和社会效益。颜值经济时代，如果产品不美或者说没有个性，品质再好也等同于零。同时，在大数据环境下，每天数以亿计的信息涌现又快速消失，这么可怕的传播和迭代速度，造成了"酒香也怕巷子深"的局面，如果不宣传，产品同样也等于零。

一直以来，博物馆处于一个尴尬地带，通身的古典气质，遗世独立。人们喜欢它但不追捧它，人们会去参观但又快速遗忘，它就像一个没有新意的垂暮老人，生命永不终结也永不年轻。博物馆需要打造符合时代的品牌形象，彰显独特魅力。博物馆文创产品的出现给了博物馆打造个人品牌形象的新契机，博物馆工作人员将立馆之道融入创意设计过程中，囊括博物馆宗旨、愿景、文化和价值观等方方面面，让文创产品建立品牌特色，让人一眼就能识别出此为故宫博物院文创而非中国国家博物馆文创。

故宫博物院作为一个600岁的网红是博物馆文创产品开发最成功的案例之一。一直以来，故宫博物院以恢宏的皇宫建筑和瑰丽多姿的馆藏而闻名遐迩，给人以严肃、庄重、传统之感。为了让文物"活"起来，故宫成为博物院品牌形象塑造和创新的先锋，通过周边游戏、App、文创用品的开发和营销平台的变化丰富博物馆的品牌形象，在原有基础上添加了年轻、活泼、俏皮等元素，将"萌"和"稳"灵巧地放在博物馆品牌形象上，树立了"老顽童"的品牌形象，给人以知识渊博，又萌又可爱的印象。

《上新了·故宫》将文创产品创新作为造势点,利用名人效应,将明星与文创新品开发绑定在一起,让明星在叙事的过程中带领观众游览故宫,了解故宫文化,将故宫历史融入日常消费中,让故宫品牌形象焕发新生。例如,"紫禁熏",孝庄皇后的慈宁宫匾额和宫墙花纹是包装盒外观的灵感来源,熏香盒盖上还有孝庄皇后和儿子顺治的三段对话,甚至打造了Q版的二人画像,将母子亲情以平易近人的方式完美再现。《上新了·故宫》将晦涩枯燥的传统文化以简单易懂的方式呈现到观众面前,文创产品的雅俗共赏创新了故宫博物院的品牌形象。

品牌形象只可意会不可言传,文创产品则是意会博物馆品牌形象的重要途径。以大众实际需求为主,创造符合传统文化爱好者需要的年轻态的文创产品,来传递故宫博物院形象,让受众在享受产品功能的同时了解品牌形象。所以,博物馆文创产品是博物馆树立品牌形象的重要工具,产品就是品牌形象的"喉舌",诉说着博物馆的品牌定位和形象。

三、博物馆文创产品设计开发是谋求博物馆生存发展的重要手段

变则通,通则达。自媒体时代的飞速发展把博物馆推到了生死存亡之际,亚文化的冲击和学习、娱乐、阅读渠道的网络化,让人们彻底遗忘了博物馆,博物馆一度成为当地的标志性建筑。博物馆作为国家文化的结晶,必须寻求突破与创新之道,让大众重新接受博物馆。"互联网+"思路的提出给了博物馆提示,博物馆开启了以自身为IP的"IP+"的改革之路,文创产品就是博物馆大IP的一个分支,它以一己之力撑起了博物馆生存的半边天。

博物馆文化博大精深,源远流长的历史文化和种类繁多的历史文物经过创意与现代元素相结合,为博物馆注入了源头活水,博物馆犹如枯树逢春,再次抽出了生命的嫩芽。2010年10月,故宫上线了故宫淘宝专卖店并贩售故宫周边产品,北京故宫文化服务中心负责开发以故宫文物为原型的文创产品;2013年,故宫上线"故宫淘宝"微信公众号,走"软萌贱"的形象之路,一时间刷屏朋友圈;2016年统计数据显示北京故宫博物院文创产品一年的营业额超过10亿元,故宫文创产品一经推出就迅

速成为爆款；2017年故宫博物院文创产品收入已经达到15亿元。有人戏称，盘活博物馆卖个萌就行。真的是这样吗？"活"的背后是文创产品的开发，是工作人员深入挖掘文化资源，研究人们的生活需要什么，将文化资源提炼并与人民生活需求对接，从而创作出深受人们喜爱的文创产品，博物馆才能收获如此之大的经济效益。

博物馆文创让博物馆"名利双收"。在粉丝经济时代，博物馆在收获巨大经济收益的同时也将自己运营成了一个大网红。博物馆文创产品让夕阳下的博物馆再次见到了初升的太阳。2021年，河南博物馆上线考古小程序"一起考古吧"，使用者可以在线体验使用洛阳铲、手铲、毛刷等考古工具，挖掘河南博物馆的馆宝——莲鹤方壶、武则天金简、鎏金铜牛等文物，并有机会获得限量版考古盲盒，7天时间收获了3000万粉丝。河南博物馆破壁成功，新潮好玩的数字化博物馆受到年轻群体的追捧。"一起考古吧"这一创意来源于河南博物馆的网红文创产品考古盲盒，互联网让这一产品再次发光发热，新颖的玩法、有趣的互动、丰富的场景和庞大的用户群体让河南博物馆迅速崛起。

博物馆文创产品是博物馆放下雄伟庄严这一形象的表现，博物馆走下神坛，与年轻人真诚地交流与对话，博物馆由此在大众心目中占据了一席之地。由此可见，博物馆文创产品救博物馆于濒危，是博物馆生存发展的重要手段。

四、博物馆文创产品设计开发是数字创意产业成熟的重要推手

伴随着综合国力的不断提升，我国文化产业终将迈入全球价值链的中高端。数字创意产业是文化产业的中流砥柱，是国民经济和社会发展的中坚力量，是推动社会创新驱动发展、经济转型升级的重要动力。博物馆文创产业是国家对文化建设的重要部署。中共十九大报告中指出：加强文物保护利用和文化遗传保护传承，健全现代文化产业体系和市场体系，创新生产经营机制，完善文化经济政策，培育新型文化业态。基于此，博物馆文创产业的建设与发展成为国家提高文化软实力的关键一环。

2006年，我国首次提出"创意产业"概念，随之出台了一系列文化创意产业发展政策，提出"推动文化产业成为国民经济支柱性产业"。作为"十三五"的五大战略性新兴产业之一，2006—2016年文化创意产业增加值由5123亿元增加到30785亿元，占GDP比重从2.37%提升到4.14%。虽然文化创意产业取得了一定的成绩，但还未达到预期效果。要想进一步推动创意产业发展，首先要突破行业观念限制，推进文化创意的跨界融合；其次，要做好创意产业发展规划与管理，结合当地文化特色、文化底蕴和产业基础制定发展规划；再次，加强非营利性组织的作用，协助政府整合社会资源、培养人才；最后，打造多元文化交融的文化输出环境，充分利用高科技，营造创新性的文化氛围。2016年12月，国务院根据"十三五"规划纲要的有关部署印发了《"十三五"国家战略性新兴产业发展规划》，正式将数字创意产业列为与新一代信息技术、生物、高端制造、绿色低碳产业并列的五大新支柱之一。

2016—2020年，数字创意产业是文化创意产业的重要组成部分，是文化创意产业发展的助推器。所谓数字创意产业，是指科技创新与文化创意有机融合，驾驭数字技术的创意内容业和创意制造业。数字创意产业以科学技术和文化艺术为中心，以经济价值和文化影响为最终结果，以文化创意、内容创作、版权利用在内的数字内容创新为核心发展方向，赋能于周边产业领域并渐渐发展为新兴产业集群。数字创意产业结构（图2-14）包括：3个核心领域，即影视与传媒业、动漫与游戏业、数字出版业；1个新兴领域，即VR/AR产业；7个衍生领域，即文化与博物业、人居环境设计业、体育与健康业、设计业、玩具业、时尚服饰业、旅游业。

近年来，文化与博物业是数字创意产业呈爆发式发展的主要力量。2019年，博物馆文创IP出现了井喷式发展态势，数字技术赋能文创基因，重塑博物馆与用户关系，拓宽博物馆文化产业发展空间。在"互联网+文化"的视阈下，博物馆借助互联网开放的生态、协作的共享精神和以用户为中心实时传递信息的特征联合文创企业打造文创智慧云端平台，通过小程序、App和5G物联网线下终端系统帮助用户打造虚拟现实消费场景，满足个性化需求。例如，山东博物馆打造的"鲁博手礼"文创智造云平台，平台集人工智能个性化定制系统、线上交易体系、线下智慧生活馆、原创产品设计转化中心为一体，全面推动博物馆文化消费升级。山东博物馆拿出自己馆内珍藏的文物，甄选优秀创意人才进行文创产品开发与设计，在开发的过程中进行数据运算、设计升级和流程再造，充分利用数字化技术打造优质文创品牌。整个生产链条由智能文创定制系统、设计师云管理系统、智能化供应链系统、社会化分销系统、知识产权智能保护系统五大IT系统支撑，通过互联网进行文创产品设计图与制作图的智能合成，大数据后台派单，生产企业在线接单，智能仓储快速发货，一步到位，解决了很多不必要的流程，也节省了时间成本。

3个核心领域
影视与传媒业
动漫与游戏业
数字出版业

1个新兴领域
VR/AR产业

7个衍生领域
文化与博物业
人居环境设计业
体育与健康业
设计业、玩具业
时尚服饰业、旅游业

图2-14 数字创意产业结构

"鲁博手礼"销售模式也直接与数字化挂钩，它以微信小程序为销售端口，全系产品支持定制，实现"一件"定制、"一键"定制和"一见"定制。"一见"定制是说人工智能实时合成，所见即所得，不会出现货到不符合想象的问题。三个"一"的定制模式解决了博物馆文创成本高、易压货和销售难等痛点问题，从线上到线下整个产销流程所需时间也就5~7天，而通过线上留痕能尽快采集数据，了解市场需求。"鲁博手礼"文创智造云平台，在"无打样、无库存"的"二无"状态下以用户需求为中心进行个性化创造，升级消费体验，减少中间环节，降低生产成本，实现从想法到成品的暴风式制造，解决了个性需求与资金占用之间的矛盾，解决了元素供给方和设计师之间沟通的矛盾以及产品供给方和需求方之间沟通的矛盾。

除了产销端出现了创新发展，数字化让博物馆文创产品在体验端也发生了质的飞跃。山东博物馆将镇馆之宝商代青铜器"亚丑钺"授权给了腾讯，让其推出国内首款 AR 地图类手游"一起来捉妖"，游戏中的"亚丑钺"在保留基本文物形象特征的同时添加动态形象，形成全新文创 IP "亚丑丑"，赋予其养成属性，通过升级、养成来逐渐凸显它的王权、战斗特征。除了游戏内容引人入胜以外，全新的 AR 体验模式也让玩家产生身临其境之感。通过现实增强技术，"亚丑丑"在游戏中与玩家进行深度互动，玩家仿佛置身于游戏环境当中，与"亚丑丑"一起成长。数字化的手段丰富了博物馆文创新模式，手游成为新的文创产品热点，且手游也可以作为一个 IP 继续开发周边产品，形成一个良性的博物馆文创产品生态链。

博物馆文创作为数字创意产业结构中的重要一环，在数字化理念的指导下运用自身的文化资源宝库进行创新、创意开发，打造数字化运营模式，开发数字化体验产品，让博物馆文创产业焕发新的生机活力。与此同时，数字创意产业也因为博物馆文创的蓬勃生命而展现出了新的面貌，数字创意产业的发展也助推了文化创意产业的有机成长。

五、博物馆文创产品设计开发是社会教育形式创新的重要渠道

自改革开放以来，博物馆就如同雨后春笋一般蓬勃发展，其数量、种类和规模都在不断增加。博物馆具有搜集、研究、储存、展示、教育等功能。尤其是在社会教育方面，博物馆作为几千年文明的"大观园"，发挥着重要作用，在满足人民精神文化需求上功不可没。与学校教育对比，博物馆社会教育具有涵盖范围广、受众群体广、教育形式多样化等优势。《博物馆条例》明确规定，博物馆应该根据实际情况、自身特点来进行多种形式的社会教育和文化服务活动，积极参与社会文化建设和对外交流。

基于政策要求和博物馆的文化优势，博物馆在社会教育上应该积极开拓新模式，创新文化传播渠道和形式，充分挖掘博物馆的文化价值，让千年文化与文明在大众中广泛传播，让文化精神深入人心。博物馆文化创意产业是博物馆展开社会教育的重要渠道，博物馆文创产品以受众为中心进行创新设计与开发，以文化文物和文明精神为产品的核心，以

受欢迎的形象出现在大众面前。换句话说，博物馆文创产品是以受众最能接受的样子来进行文化传播，是博物馆展开社会教育的创新形式。

（一）社会教育

人类在生产生活实践中会进行生产技能和生活经验的传承，这就属于社会教育。社会教育与社会活动同时出现，是人类生存与发展的现实要求，是人类展开教育活动的逻辑起点。随着社会的不断发展与进步，社会教育活动不断分化出新的教育形态，与学校教育、家庭教育并行，影响个人身心发展。社会教育属于社会性教育，最原始的社会教育形态包括燧人氏教民众钻木取火、伏羲氏教民众渔猎、神农氏教民众稼穑等社会性内容；后来，随着文化理论内涵的形成，社会教育就成为区别于学校教育和家庭教育的社会环境下的文化与知识经验传递活动，博物馆的参观、学习就属于社会性实践教育❶。社会教育是一种"活"的教育，具有丰富、形象、终身的特征。

1. 丰富性

与学校教育、家庭教育相比，社会教育活动范围广泛，整个社会环境都可以当作教育的取材地，素材也来源于社会场景，被教育者更是在社会实践当中体悟、消化教育内容，理解文化知识和精神内涵，达到较好的吸收和内化效果。

2. 形象性

社会教育面向一般大众，青少年、成人甚至老年人等都是受教育对象，这意味着教育手段和教育形式必须灵活生动，以便达到各阶层受教育对象都能接受的效果。而社会教育的形象性主要体现在其教育活动多种多样，如陶瓷工艺体验，让受众体验陶瓷塑形、陶瓷绘制上色等工艺流程，在体验过程中直观地了解整个制陶工艺，掌握陶文化。

3. 终身性

社会教育属于终身教育。所谓活到老学到老，学习活动是一种终身性质的社会活动，分为积极接受和消极接受两种状态。无论想不想学习，人们每天都在接受新事物，都在通过认知世界产生新的感悟。

---

❶ 王慕然:《博物馆文创产品创意传播策略研究》，南京，南京林业大学，2018:9-12。

（二）博物馆在社会教育中的优越性

博物馆是一个国家文化展示、传承与发展的重要载体，是发挥历史教育功能的主基地。博物馆历史教育功能是博物馆社会教育的重心，国家历史文化是民族文化的重要组成部分，是民族自豪感和凝聚力的重要来源。中国是有着五千年悠久历史的文明古国，民众在历史教育中通过对历史的重温和剖析了解到伟大祖国的光辉历史，并从中汲取智慧和力量。因此，博物馆也是进行爱国教育的主要场所，教育民众正确认识中华民族勤劳智慧、艰苦奋斗的光辉历史，了解中华民族自强不息的奋斗历程，珍惜革命胜利给我们带来的幸福生活。

新时代教育不再以"教"为中心，"学"才是教育的灵魂。自主学习文化知识，将知识内化成自己的思想和思维，实现自身"质"的发展。博物馆社会教育是一种教养教育，以丰富多彩的历史文化知识作为载体，激发大众本身的求知欲望，积极引导、启发参与者进行自治素质教育。博物馆社会教育一般包括讲座、沙龙、DIY制作、亲子课堂、场景表演等教育实践活动，不同的社会主体在参与教育活动过程中获得知识，启发性、创造性地展开素质教育，从中获得公民基本素养和学习能力，提高文化素养和社会责任感。

知识走进生活，是博物馆展开社会教育的灵魂所在。博物馆发挥自身的服务功能，服务于文化知识内容和学习主体。走入博物馆，历史、文学、艺术、自然生物等学科知识都能在这里得到具体再现，每一件文物都是一个信息集合体，通过由来、工艺、功能、材质等信息，来深刻理解历史、政治、工艺、艺术等理论知识，进行从具象到抽象、再从抽象到具象的知识教育。博物馆以文化历史知识为中心，以数字技术和场馆活动为具象教育手段，观众在丰富的活动中深刻地学习传统文化知识，这是博物馆的魅力所在，也是博物馆开展的社会教育与其他社会教育活动相比独特的优越性。

（三）博物馆参与社会教育的多种形式

1.展览解读

展品的展出与讲解是博物馆进行社会教育的基础形式，讲解员讲解的内容主要围绕展品而展开，依托展品所展示的场景对观众因材施教，满足观众的求知欲。例如，故宫博物院的建筑群，每一座宫殿都有它的由来，也有独特的建筑特点。每一位讲解员或抓住建筑特点，或从匾额出发，又或者以宫殿主人为切入视角进行历史文化知识的传递，让观众从点到面地进行全面学习，生动而深刻地掌握历史知识。

2. 科普讲座

科普讲座是博物馆进行社会教育的另外一种主要形式，教学地点多设置在会议室、报告厅等专属场所，结合数字科技手段，进行语言、声音和视频等多种形式相结合的教学，有理有据地传递文化知识。科普讲座一般依托馆藏资源而展开，通过PPT、视频等阐述学术观点，借助展品来诠释某个知识点或者理论，让观众在一场讲座当中对某种文化现象或者某文物背后的历史文化加以了解。

3. 工坊制作

工坊制作是博物馆教育空间的重要构成，与展览区、沙龙区和讲座区等构成一个统一的教育主体。与其他教育区域相比，工坊制作的实践性较强，强调个人在创作过程中了解所创作内容的历史渊源，学习其中所表达的精神与情感。工坊制作一般会由一个主持人，负责主持制作流程，讲解制作工艺，帮助学员解决一些实际困难，让学员拥有更好的学习体验。

4. 融媒体导览

数字经济时代，新媒体技术被广泛应用于博物馆的社会教育工作当中。具体来说，博物馆会在每个展示区域放置一个电子导览屏，这块屏幕会介绍展区所有的展品。点开每一个展品，它会有相对应的视频短片来进行展品解读，描述展品产生的时代与环境。通过视听媒体解读，观众对展区展品会有一个整体认知，形成一个系统性的知识框架，在方便快速学习知识的同时为每一个展品的具体学习奠定知识基础。

5. 营地探究

博物馆中所摆放的历史文物皆来源于博物馆外，即进行考古、地质或者生物田野调查的文物起源地。考古学家和历史学家有很大一部分知识是通过挖掘、探索文物起源地获得的。因此，博物馆在社会教育过程中也经常会举行营地探究活动,还原考古学家的挖掘过程,模拟进行搜藏、分类标本等工作,让观众在遗址环境中参与博物馆社会教育,获得历史文化积累。

6. 流动展览与对话沙龙

流动展览与对话沙龙是博物馆进行社会教育的两种形式。流动展览是指策划主题展在不同的城市、城区进行主题展览学习活动;对话沙龙经常在青少年群体中开展,是指青少年围绕某一博物馆文化主题展开对话与交流,发散思维,进行创新思维碰撞,以达到深刻理解文化主题的目的。

7. 教具——文创产品

博物馆文创产品具有经济价值和社会价值,社会价值就包括文创产品传递出的文化教育价值。文创产品从某种意义上来说属于博物馆教具,是形象再现文化知识的产品。

(四)博物馆文创产品是创新性展开社会教育的渠道

博物馆文创产品是社会教育的生活化,与其他社会教育活动不同,博物馆文创产品强调自主学习,通过激发求知欲和探索欲来促使大众展开自主的学习活动,深入挖掘产品所描述的文物历史和文化内涵,在潜移默化中提升自身的文化修养和审美素养。

博物馆文创产品属于高级版的"言传身教"。新型的产品形态符合受众审美,相较于晦涩难懂的文言文或者陈旧的文物形态,这种创新型产品形态更能够与受众产生共情,让受众更容易理解产品的文化内涵。此外,当代文创产品以"萌"为起点,视觉趣味性十足。

一个创意性产品除了功能性以外,独具一格的设计会激发受众的探索欲,探索产品原型。例如,山东博物馆的"衍圣公·文曲喵"系列功能手办,它是以"潮玩"的形式讲述文物故事,设计灵感来源于明衍圣公朝服和一段孔子"鼓琴助猫取鼠"的趣事。看着这套戴着帽子的小猫咪,人们就会想:"为什么叫作'文曲喵','衍圣公'又是何意?"这种由内而外激发的好奇会让购买者主动去探索和了解产品背后的故事。

有时候产品简介也会帮大忙,就像"衍圣公",产品详情中会介绍衍圣公是孔子嫡长子孙的世袭封号。有些文创产品本身就承载着文化传递的价值，就像"博学切问"磁吸书签，何为博学，何谓切问，每天观之，达到"吾日三省吾身"的效果。博物馆文创产品是一种寓教于乐的社会教育产品，它将历史文化与日常生活紧密联系在一起，将文化知识融入日常的观、行、学、说当中，真正做到了文化的传播与传承。

第五节　博物馆文创产品设计开发基本情况

　　文化是人类生存与发展的精神家园，文化软实力是社会主义文化强国的重要表现，是提升中华文化国际影响力的必然通道。我国的文化软实力是指在马克思主义指导下，科学引导人们进行社会主义文化建设，提升文化自信心和文化凝聚力，扩大本土文化的影响力。博物馆文创产业是社会主义文化建设中的一环，博物馆文创产品的成熟以及文创产业的发展有利于中国文化的传播与传承，同时也是中国文化走向世界的重要渠道。

　　新时代背景下博物馆文化创意产品的开发也发生着日新月异的变化，根据受众多样化的文化需求，博物馆文创开发也要不断探索新的发展模式，加大开发力度，提高博物馆文化的影响力和传播力，实现博物馆文创产业的可持续发展。

一、博物馆文创产品设计开发是文化产业发展的大趋势

　　文化产业是适合大众消费的文化类产品，简单来说，就是将文化纳入产业发展体系，创造经济效益。文化产业一般归纳为三大类：一是文化与消费相对独立存在的文化产品行业，包括图书、报刊、影视、音像制作等；二是以劳务委托形式出现的文化服务行业，像体育、娱乐、策划等；三是向其他商品和行业提供文化附加值的行业，即装潢、形象设计、文化旅游等❶。文化产业与文化事业相对应，为社会公众提供文化产品和文化服务。随着社会生产力的发展，文化产业必然兴起与兴盛，社

---

❶ 戴燕燕：《文化创意视域下的产品设计方法论》，南昌，江西美术出版社，2019：15—18。

会必须提供人民所需的精神文化产品，以满足人民大众的精神成长需求。

21世纪初期，我国呈现出文化资源与文化产业发展不充分的状态，文化产业竞争力较差，文化资源优势并未转化成文化产业优势，文化产业一直是产业经济的薄弱环节。直到迎来数字经济时代，国家出台相关政策，扶持文化产业的发展。

文化资源开始与文化产业产生密切联系，文化资源成为文化产业发展的原材料，创意加工是文化资源产生经济和社会价值的手段。换句话说，文化创意产业是文化产业的灵魂所在，文化创意让优质文化资源产生了资源流通与经济消费，从而实现了文化资源到文化产业的转变，推动了文化产业的发展。

从2016年开始，文创产品上升到国家高度，政府非常重视文创产品所产生的经济效益，尤其是博物馆文创产品。到2021年，国家相继发布了许多与博物馆文创产业相关的政策文件，而国家的支持也确实使博物馆文创产业迎来了利好发展的态势。2019年，博物馆文创产品规模比2017年增长了3倍，日常淘宝天猫故宫博物院旗舰店的访问量高达16亿人次，是博物馆线下接待游客数量的1.5倍。2021年，仅北京11家市属公园新增文创空间就有二十余处，在售文创产品5400余种，文创总产值2亿元。由此可知，博物馆文创产品所带来的经济效益非常可观，是博物馆文创产业发展的动力。

同时，博物馆文创产品在开发和设计过程中不断试错与改进，形成了较为合理的产业发展模式。在"互联网+文化"的前提下，在内容生产方面，注重内容形式的创新与新科技的应用，打造符合观众审美的创意产品；在营销方面，利用各种流量端口进行与文创产品相关内容的输出，为文创产品造势与铺垫，渲染购买气氛；在销售方面，主要打通淘宝线上端口，配合直播卖货等新的消费体验模式，进行产品销售。博物馆文创产品经营模式的逐渐成熟也为文化产业的发展增添了一抹活力。总之，做好博物馆文创产品的开发与设计，既可以加快文创产业转型升级，助力文化产业扩大规模，又可以加快博物馆事业的前进步伐，提高博物馆的文化传播力和影响力。文化产业发展离不开博物馆文创事业的成熟与进步，而博物馆文创产品的不断研发与出新也为文化产业源源不断地注入了新的生命活力。

二、博物馆文创产品设计开发的现有种类

博物馆商店是博物馆文创产品的展示区，以前商店存在于线下，现在是线上和线下并行发展。从经营者的身份来看，博物馆商店一部分是博物馆的直属机构，另一部分是博物馆市场化经营的结晶。与其他国家相比，我国的博物馆文创产业起步较晚，但随着数字创意时代的到来，博物馆文创产品迎来了战略机遇。文创产品是博物馆文创产业蓬勃发展的前提和基础，厘清博物馆文创产品的种类有助于文创产品的进一步开发。目前，我国博物馆商店的文创产品繁多，涉及生活的方方面面，基本可以分为如下几种：

（一）邮政类

邮政系列产品是指纪念封、邮册、明信片等邮政类衍生品。这类产品不属于某个博物馆的专属，不同博物馆出品的邮政文创产品可以出现在同一家博物馆商店中进行销售，如故宫博物院的主题明信片也可以放在中国国家博物馆或者上海博物馆中售卖。这类产品属于文化旅游纪念品，购买者多为前来旅游的游客。

（二）联名类

联名系列产品是指与知名品牌合作的联名款衍生品，像联名银行卡、联名鞋、联名游戏等。例如，故宫博物院与某银行联名，利用故宫博物院的文化资源和知名度来打造一张充满个性魅力的银行卡。

（三）优品类

优品系列产品属于博物馆的特色产品，是博物馆文创产业最主要的销售来源。博物馆与文化创意生产公司合作，通过定制、设计与博物馆元素相关的产品，开发系列衍生品。这类产品多以饮食、饰品、文具、游戏、动漫、彩妆等形式出现。

1. 饮食系列

民以食为天。自古以来，中华民族就是一个美食民族，饮食文化博大

精深、源远流长。随着国民经济的发展和人民幸福指数的提高,人们对于食品的追求越来越热烈,文物与美食相结合,逐渐受到大众的青睐。以食品为载体,以博物馆具有代表性的器物和图案为元素,研发具有博物馆特色的文创食品,让大众在吃好、玩好、看好的同时对博物馆产生浓厚的兴趣,引导受众探索文物背后的故事,弘扬中华民族优秀传统文化。

高科技美食。美食与技术相融合,打开了饮食类文创产品的新世界。例如,中国国家博物馆出品的"国博棒棒糖"(图 2-15),这款棒棒糖采用语音导览功能,棒棒糖上加了骨传导新芯片,打开糖棒上的开关,手机蓝牙就会与棒棒糖蓝牙配对,此时用手机扫描包装背面的二维码就会进入小程序当中,跳转到文物详情页。此外,在品尝棒棒糖时轻咬糖果,耳朵中就能听到文物讲解的语音。

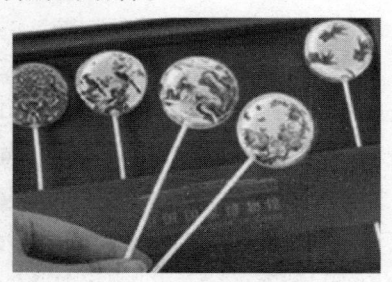

图 2-15 国博棒棒糖

视觉创意饮食。文物与美食相结合,除了好吃,还要好看。颜值经济是当前社会的一个主流,爱美之心人皆有之。一款好看的美食吃起来"赏心悦目",品尝美食不只要吃其中的"味",还要吃到美食背后的文化故事。例如,中国国家博物馆出品的"怡红群芳糕点",一共八款,包括桂花普洱味的"探春·杏花"瑶池仙品、栗子味的"黛玉·芙蓉"风露清愁、百香果味的"李纨·老梅"霜晓寒姿、花香普洱味的"湘云·海棠"香梦沉酣、红枣味的"宝钗·牡丹"艳冠群芳、青稞味的"香菱·并蒂莲"联春绕瑞、花香乌龙茶的"麝月·荼蘼"韶华胜极、陈皮乌龙味的"袭人·桃花"武陵别景,每一款糕点在颜色、形状、名称上相互统一,尽可能地展示了产品的文化内涵。看到一款糕点,一个红楼美人的形象就栩栩立于眼前。例如,红枣味的"宝钗·牡丹"艳冠群芳,宝钗是一个大富大贵、宽容智慧、乐观开朗的人物形象,"红色"淋漓尽致地表现了这一人物特点,红枣味也在呼应这一人物个性,甜而不腻、宜家宜室。回看标题,它用牡丹形容宝钗,给她定位为艳冠群芳,一个标题就代表了一个人物,极简而深邃,展现了中华民族的语言魅力。糕点从形态、颜色、味道再到名称,都与红楼八美人息息相关,既生动而深刻地表现了传统文化的美,又传承了优秀传统文化。

饮食用具文创产品。中华民族是一个注重细节美的民族,每一处细节都要交相呼应,美得浑然一体。根据这一点,博物馆在开发产品创意时就从美食联想到了美食容器,好物当由好器来盛。事实上,古人也特别注重美食器物的雕刻与创意,像古代酒器就有尊、壶、爵、角、斛等,尊有四羊方尊,四只卷角山羊,以脚踏实地的有力形象承担着尊体的重量,使这个上边长(52.4厘米)几乎与器高相等的器具显得挺拔、刚劲,丝毫没有头重脚轻之感,设计既科学又富有美感。古人对器物非常重视,这些器皿是文化传递或者身份地位的象征,充满了历史文化气息。所以,以器皿作为一个创意点进行饮食用具产品的开发与制作,是博物馆文创产品的又一个创新点。在古代器皿的美学设计原理的指导与借鉴中,创意人结合现代审美,深挖古代文化符号,利用丰富的文化资源打造融入日常生活的饮食器具,实现传统文化的生活化。例如,苏州博物馆出品的青瓷莲花杯,它以五代秘色瓷莲花碗为艺术灵感来源,一朵盛开的莲花,高雅出尘,利用特制釉色表现天空之净,质感细腻,边缘圆润。这只青瓷莲花杯从设计到做工都极为考究,生动形象地向大众表现了"釉"文化。

2. 饰品系列

饰品占据博物馆文创产品的半壁江山,小饰品是"萌"文化的重要体现,同时也是撕开博物馆文创产业口子的"功臣",如故宫博物院的"喵文化",一只可爱的猫赢得了数以万计大众的心。博物馆文创饰品包括围巾、首饰、摆件等,这些物品是人民群众离不开的生活用品。将文物元素、符号与生活用品高度结合,通过生活用品来展现传统文化艺术,提高大众审美,增强民族文化自信。

故宫博物院是饰品系列文创产品开发的主阵地,所销售的产品涉及发带、帆布包、如意锦鲤系列首饰、瑞启红福手绳、数点梅花天地心雪纺长巾、蝶报富贵挂饰钥匙扣、晴春蝶戏花丝胸针等方面。例如,"玉梅暗香"绮丝妙想·窄长巾,以蓝色为主基调,将元代王冕的《墨梅图》融入其中,点点粉白的美化与铁骨铮铮的干枝相映照,袭人的清气扑鼻而来。一条丝巾,简洁的轮廓、工整的线条,传统文化与现代时尚相融合,梅花的灵动高洁和清韵气质被彻底地展现了出来。一条丝巾既可以当作发带,也可以当作围巾,还可以用作包包配饰,多样的用途提高了丝巾的"出镜率",这也意味着文化传播率被大幅度提升。

3. 文具系列

文具是最早一批博物馆纪念品类型。早期文化旅游阶段,人们进入博物馆经常会买一些小东西带回家作为纪念,文具就是其中之一。游客经常买一些小文具作为伴手礼送给家里小一辈的孩童,那时候的文具外形简单,没有设计感,缺乏艺术性和美学气息。随着文化经济的崛起,文具系列仍然是博物馆文创产品的重要组成部分,但是文具却发生了翻天覆地的变化,无论是颜色、外形、工艺等都透露着巧思。

高颜值的博物馆文具文创周边产品蕴藏着博物馆千年的底蕴,展现着独一无二的中国美学文化。将文化内涵与时尚元素混搭,文具成为博物馆打卡的独特文化印记。伴随着博物馆文创产品开发的不断创新与进步,博物馆文具周边的样式也越来越多,像文具盒、手账、笔、贴纸等。其中,贴纸对于中华文化有着独到的展现,是文创产品的一道靓丽风景线。许多爱好贴纸艺术的博主纷纷购买博物馆文创贴纸,手工制作《清明上河图》《桃花源记》等国宝级文物和传统文学作品,进一步传播我国传统文化。

4. 彩妆系列

"她"经济是当前时代经济的重要特征之一,女性消费者是绝对的消费主体,博物馆文创产品在开发与设计之初将很多产品定位为20~30岁的女性消费者,以她们为主体选择文化创意主题,设计开发符合她们审美的文创产品,彩妆系列就是文创产品的一个重要主题系列。近几年,彩妆是经济快速增长的行业之一,因此各大博物馆争相进行彩妆产品的研发,设计传统古典艺术美学与当代时尚美学相融合的产品。例如,三星堆博物馆联合某品牌推出的"三星堆彩妆系列"(图2-16),青铜纵目眼影盘、鱼凫唇泥、青铜纵目礼盒、扶桑若木眼影盘及太阳轮腮红五份青铜秘宝，奇诡的青铜、流彩的金器等超现实主义造型透着神秘的美学风格，就像图腾密码，让人爱不释手；又如，三峡博物馆推出的穆夏系列彩妆——"沐浴夏光"九色眼影盘，结合"穆夏—欧洲新艺术运动先锋"特展，从外形到眼影颜色都是穆夏元素的集合。

（a）"沐浴夏光"九色眼影盘　　　（b）青铜纵目面具

图2-16　三星堆彩妆系列

  作为博物馆文创大IP，故宫博物院也开始进军彩妆界，口红、眼影、腮红、指甲油，一应俱全。"凤仪天下"眼影颜色的设计灵感来源于故宫博物院的藏品银镀金嵌珠宝如意簪，蓝色和金色两种色彩交相呼应，端庄中透着一丝俏皮，贵气中又带着一点可爱。相较眼影，"花容月貌"系列腮红更是别出心裁，这款腮红借鉴《出水芙蓉图》和《花鸟画册》两幅画作，一张"清水芙蓉面"将淡雅演绎到极致，腮红面饼有牡丹和荷花两种造型，粉中带娇，媚而不俗，将古代女性的青春神韵和画作的精髓传神地表现了出来。最出彩的是《千里江山图》系列和宋代汝窑瓷器系列的指甲油，以画作和瓷器的颜色用料作为创作的素材，将中国独有的颜色艺术刻画得美轮美奂。宋代汝窑瓷器系列指甲油，以宫墙红、郎窑红、胭脂红等红色为基调进行颜色调配，如冰透亮，色彩艳而不俗；《千里江山图》系列指甲油更是将江山千里落于指尖，青山绿水环绕于五指之间，一抹春意猝不及防地撞入人的心房。目前，彩妆系列已然成为各大博物馆文创争相抢夺的一处高地，用彩妆的美来诠释中国传统美的艺术。

  5. 动漫系列

  "圈地自萌"一词来自二次元文化。之前，二次元世界是一个小众世界,并没有得到大众文化的认可,喜欢二次元的人组成一个"圈子",即网络社交圈,这是二次元的精神家园。大家在这个圈子里发表自己的看法,分享自己的热爱,参加与二次元有关的娱乐活动,久而久之,就形成了"圈地自萌"的状态,简单来说就是一个大家庭的自娱自乐。

如今,二次元的"圈地自萌"已经被打破,大家从圈子里走了出来,二次元也成了大众文化的一部分。这一点,从动漫的崛起就可以看出。近两年,动漫文化备受重视,无论是国家层面还是企业层面,都在着力发展动漫产业,动漫技术也在进步与发展。由于动漫受到青年群体的追捧,因此年轻化的博物馆文创将动漫看作周边产品开发的一个系列,将传统文化精神和经典故事用动漫的形式表现,让大众在故事场景中理解文化内涵和思想精神,培养爱国主义情怀,坚定文化自信,传承国家经典。例如,故宫博物院开发的《故宫回声》,一座宫一群人,13491箱文物,为了避免战火而辗转万里。整部动漫以"离家是为了回家"为主题,在特定的历史背景之中讲述离奇曲折的文物保护故事,亲情、友情、家国情全部融于其中,用画面生动讲述故事,用人物形象来填补空白的记忆,用语言来展现中华民族的民族精神。《故宫回声》中有这样一个画面,一个蓄有胡子、眼神疲惫的男子仰望天空,他说:"江禾你知道吗?回到故宫的那一天,看到那么多古物全都完好无损,父亲哭了,像个孩子一样。"这是一个父亲和一个孩子的隔空对话,片片飘零的枯叶落在青石板上,既萧索又有一种尘埃落定之感。一个画面就展现了中华儿女不屈不挠的精神,为了保护文物献出了自己最宝贵的生命,甚至牺牲亲情、爱情。一段艰苦的岁月换来的是文物再次焕发青春,民族希望的种子重燃。这样一部动漫,使观看者从中感受到了强烈的爱国主义情怀,感受到了国家信念和民族信仰,更体会到了一个国家不能没有文化,没有文化的民族没有根基。因而动漫系列是博物馆文创产品开发的重要板块,它是民族精神和文化思想再现的重要表现手段。同时动漫系列的开发还可以打造博物馆文创周边产品链,将动漫当作IP再次开发,如手办、摆件等。

6. 游戏系列

游戏是近些年的一个焦点,尤其是数字技术逐渐走向成熟,电子游戏如雨后的小蘑菇，星星点点，充满生活的角角落落。游戏不再是不务正业的象征，实际上游戏用得好，还有助于人的成长。一个最简单的例子，素质教育课堂上游戏就成了一种行之有效的教学手段，有些学校会开发一款学科游戏，将学科知识与游戏形式相结合，寓教于乐，激发学生的创造性思维思想，实现高效学习。"游戏+"是当前内容产业的主旋律之一，许多内容创作者通过设计、开发游戏来阐述自己所要表达的观点，输出高品质内容。博物馆文创产品中的游戏系列就是"游戏+博物馆文化"，将某个文化主题进行内容开发，再通过游戏的方式呈现在大众面前，让文化成为日常解压的手段，寓文化于乐趣中。

游戏作为博物馆文创的一个模块经常以小程序的形式出现，与微信、支付宝或者别的 App 联动，或者在官网网页中呈现，这种方式非常方便快捷易推广。例如，故宫博物院出品的小游戏"太和殿的脊兽"，把太和殿屋脊上的脊兽顺序打乱，游戏者需要将它们放到正确的位置，如果选择错误，小脊兽是无法拖曳到屋脊上的。在玩的过程中游戏者就可以认全这些脊兽，同时还知道了它们排列的正确位置。目前，虽然游戏与动漫系列文创产品没有文具、饰品等销售火热，但是它们的教育价值更高，文化传播力也更广。厚积而薄发，终有一日，游戏系列和动漫系列文创产品会成为博物馆文创产业的中流砥柱。

三、博物馆文创产品设计开发的商业模式

就现在而言，我国博物馆文创产品开发模式仍处于探索阶段，尚不成熟。"外包公司+博物馆"的商业模式是博物馆文创的主要模式，外包公司主要负责产品设计与开发，博物馆负责销售。但是，资金从何而来？一般情况下，资金由产品供应商来提供。但是，博物馆文创产业与一般性企业不同，博物馆是将自己的文化资源委托给开发设计公司，没有产品供应问题。而且，博物馆不属于一般企业，作为事业单位，它的资金主要来源于国家拨款和个人捐赠，所获得的资金多少与其规模、层级成正比。这些资金就是博物馆与外包公司连接的桥梁。博物馆与外包公司的合作流程大致如下：

博物馆启动 IP 开发授权，将文化资源开发权授予合作的外包公司，

外包公司通过理解文物而进行创意形象设计，完成设计稿件之后和博物馆确认、敲定最终设计方案。当确定最终方案之后，外包公司就会联系制作公司进行产品制作和加工，产品制成后公司会派遣专业人员到博物馆文创中心进行销售服务。或者，由博物馆文创中心制定营销方案，多平台统一发售。

除了"外包公司+博物馆"的商业模式，还有一种自主经营模式。不过这种商业模式一般出现在博物馆"巨鳄"身上，如故宫博物院，即完全把握文创产品的设计、销售等环节，对文创产品开发拥有最大的话语权。

销售是博物馆文创产业的重要环节，以前博物馆的文创产品是通过商店进行销售的。随着时代的发展，博物馆文创产品紧跟时代脚步，采取"线上+线下"的销售模式。线上销售以开设淘宝天猫旗舰店为主，线下会建立一些具有"网红打卡"特质的实体店。目前被故宫认可的线上商店一共有五家，分别是天猫的"故宫博物院文创旗舰店"、微信端的"故宫博物院文创馆"、淘宝的"故宫淘宝·来自故宫的礼物"、天猫的"故宫博物院出版旗舰店"和网页版的"故宫商城天猫店"；线下部分有"上新了·故宫"主题博物馆文创快闪店、故宫淘宝体验馆和故宫角楼餐厅灯，走进线下店铺，就是一场文创的视觉盛宴。

在"线上+线下"的销售模式中，线上是主要的售卖渠道，线下的作用是体验，线下博物馆文创产品销售商店更像是一个文化旅游商店，大众可在此进行文化体验，进行一场视觉享受。同时，线下店铺还兼具宣传的功能，用于上新产品的宣传和造势。线上商店的功能与线下相比更加突出经济性，它的主要目的是售卖商品，获取利润。

目前，博物馆文创产品开发的商业模式已趋于成熟。然而，随着技术的变革和大众消费习惯的转变，博物馆文创商业模式也需要与时俱进，在现有基础上一点点改变，慢慢走向时代前沿，成为引领时代消费的商业模式。

四、博物馆文创产品设计开发中存在的一些状况

天上的繁星数得清，自己脸上的煤烟却看不见。虽然博物馆文创产业正在向着正确的方向稳步前进，前途是光明的，但是发展道路却是曲

折的。博物馆文创产业作为一个新生事物必然会经历一段螺旋式上升的过程，去其糟粕，向阳而生。但要想道路走的长远，就需要了解博物馆文创产品开发基本情况，了解产品开发的整个过程，从现象看出本质，解决矛盾，实现博物馆文创事业的良性发展。

（一）"头"重"脚"轻

目前，博物馆文创产品开发出现了明显的"两极分化"，国家级博物馆在文创产品开发上遍地开花，而中小型博物馆文创产业的生命光火特别微弱。众所周知，这几年博物馆文创产业成为一个"风口"，许多博物馆参与其中，但是溅起的浪花也就几朵而已，如故宫博物院、中国国家博物馆、河南博物馆等。那些中小型博物馆虽然也推出了相应业务，可是因为观念落后、创新创意不足、资金投入量少等原因，导致市、县级的基层博物馆文创产品开发相对滞后，产品吸引力不足，没有收获良好的销量和流量。接下来，整个博物馆文创事业的发展应该多关注中小型博物馆，给予其一定的重视和关心，让市、县级博物馆中的文物也"活"过来，让每一座博物馆成为城市文化"宣传大使"，成为城市文化的标杆。这样顶部博物馆文创产业发展过快，而尾部博物馆劲头不足的"头"重"脚"轻现象才能得以改善，博物馆文创事业才能平稳发展。

（二）"词"不达意

文创产品的初衷是挖掘文化内涵，继承和弘扬传统文化。这意味着文创产品有一个核心设计原则，即紧抓文化内涵、深刻理解文物特征与故事。但是，目前许多跟风博物馆为了创意而创意，将文物改得面目全非，其实是一种本末倒置、词不达意的行为。文创产品在开发的过程中要紧贴博物馆的精神理念，在文物学习上狠下功夫，透彻理解文物背后的故事以及文物造型所蕴藏的细节。只有这样，将传统文物与时尚美学完美融合，才能创造出感动大众的精品。

为什么故宫博物院能够成为博物馆文创产业的头部大哥？根本原因就在于故宫博物院的文创团队理解了故宫文物的文化内核，他们将文物的精神内核形象而传神地展现在了大众面前，使故宫文创产品成为区别于其他博物馆文创产品的一道靓丽风景线。

所以，一些博物馆应该摒弃急于求成的心态，不要一味地在意博物馆文创产业的"红利期"。沉下心来，搞好文创产品开发团队，钻研、挖掘文物潜在的文化魅力，将文物的特色与大众审美巧妙地揉进创新的造型之中，创造出独一无二的好产品。这是一个内容为王的时代，再华丽的产品如果徒有其表，也无法打动受众的芳心。"始于颜值、终于品质"才是新时代博物馆文创产品开发的主题，文创产品要有颜、有料，消费者才会买单。针对"词"不达意的博物馆文创产品开发状况，一些博物馆应该拿出态度与决心，行动起来，改变开发思路，打造具有本馆风格和特色的、具有文化内涵和精神理念的、具有"吸睛"造型的文创好产品。

（三）可持续动力较弱

博物馆文创产品开发除去销售环节以外，专业化的设计与营销也是重要一环，根据博物馆实际情况，打造了解文物的设计团队与营销团队，做好产品内容与产品宣传工作，博物馆文创产业才能形成一个完整、可持续发展的文创产业链。目前，一部分博物馆停留在最初级的产品设计—生产制造—销售的产品开发闭环中，缺乏专业的创意开发与设计人才，缺少与公众对话的宣传团队，闷头做事，却达不到预期效果。

此外，大数据也是博物馆文创产业链的关键环节。大数据时代，用户数据是产品开发非常重要的资料与依据，了解用户特点，掌握用户喜好，以用户的需求为出发点生产、制造产品，产品才有可能"爆"。如果说内容创意是博物馆文创的根基，用户数据则是文创的血液，只有将两者相结合，博物馆文创才能"火"起来。在大数据的建设上，数据网络平台和数据管理评估系统是两条主线，一方面通过数据网络平台分析用户行为与需求，及时更新用户数据信息，推动产品有效更替；另一方面通过数据管理评估系统对用户数据、场馆资源进行分析，加强馆藏品与用户信息管理，对数据信息进行考核评估，增强数据的可靠性和时效性，为博物馆文创产品开发及时提供有效资料信息。

给博物馆文创提供有效的用户数据是大数据平台存在的价值和意义。但是，大数据的存在有利有弊，它除了是博物馆文创产品开发的优势条件以外，还是"抄袭"者的助手。流量时代，复制已经成为日常，原创内容极其宝贵，尤其是博物馆文创产品，每一个原创产品的背后都是无数工作人员日日夜夜付出的成果。但是，当一个产品爆火之后，许多人就想从中分一杯羹，模仿、抄袭，以低廉的价格卖给消费者。这对博物馆文创产业是一个打击，它在一定程度上冲击了博物馆文创产品市场。因而，博物馆文创要建立版权保护平台，加强对文创产品的版权管理，提高藏品的版权价值，严格规范文创产品市场，保护用户的实际权益。

由此可见，博物馆文创产业链要不断地完善，数据平台的建设、产品创意开发团队的搭建、营销团队的重视、版权保护平台的建立、销售端口与生产制造厂的创办等方面均需要照顾到位，形成一个完整且完善的闭环，提高博物馆文创产业的运作效率，促进博物馆文创产业的可持续发展。

综上所述，可以看出博物馆文创产品开发正处于蓬勃发展阶段，虽然有些小的问题需要注意，但是整体呈现前进的趋势。博物馆文创产品的开发创新推动了创新产业与文化产业的进一步发展。

第三章 不同视角下的博物馆文创产品设计开发

… 第三章 不同视角下的博物馆文创产品设计开发

第一节 不同类型博物馆文创产品设计开发

近年来,博物馆文创产业得到了一定程度的发展,虽然尚处于起步阶段,但是博物馆文创产业给不同类型的传统制造业带去了新的生机与活力。博物馆文化创意产业有比较深的内涵与外延,既涉及博物馆事业,又涉及传统制造业与文化行业,彼此之间是一个相互融合、互相作用的关系链条(图3-1)。

图 3-1 博物馆文化创意产业与传统制造业、文化行业的关系链条

博物馆文创产品的开发不仅关联博物馆,还与传统制造业和文化产业息息相关。首先,文创产品是以博物馆文物为原型的设计类艺术产品;其次,该产品的分类和功能归属于传统制造业,它服务于人民生活的方方面面;最后,博物馆文创产品还与影视、旅游、演艺等动态呈现文物背后故事的方式有关,依靠影视、演艺等生动展示产品。总体来说,博物馆文创产业因为高关联、低能耗和高附加值等特点大幅提高了传统制造业产品的文化艺术感,也丰富了影视、游戏、演艺等文化行业的内容,同时保护和延续了传统文脉,增强了国家文化软实力。

博物馆文化创意产业发展意义重大,其所开发的不同类型的文创产品丰富了人民生活。随着市场经济的繁荣与发展,人民生活水平逐步提高。现阶段我国的主要矛盾变成了人民日益增长的美好生活需求和不平衡不充分的发展之间的矛盾,人民日益增长的美好生活需求即人民对文化的渴望、对艺术的向往、对精神的追求。尤其是"90后""00后",他们生活在一个物质生活相对丰富的年代,因此他们不会为吃饭、穿衣而发愁，精神上的享受成为他们追求的主要生活目标。这也是近些年文化产业繁荣发展的主要原因，人们渴望构建丰富的精神世界，让自己的生活更加充实。这就要求涉及食品、饮料、服装、纺织、家具等关乎人民生活方方面面的制造业创新升级产品生产理念，将文化元素、精神符号加入所开发的产品当中，让产品在既有功用性的前提下丰富自身的文化性和艺术性，让人们获得美的享受。

文化创意产业相当于一个大型"装饰公司"，通过文化、创意对美容行业、服装行业、家居行业、食品行业等不同行业进行美化与升级，让不同行业所输出的产品，不仅质量高，而且观赏性强。博物馆文化创意产品就是一个具体的体现，是美化后的产物。各种带有传统文化元素的彩妆、饰品、摆件、文具等符合人们的生活需求，这些产品既充实了人民的生活，又令人们获得了较愉快的精神享受。

一、博物馆文创产品的类型

由于博物馆文化创意产业与传统制造业的关联性，博物馆文化创意产品的开发也会受到传统制造业发展方向和理念的影响，其本质上是受到社会发展变化和用户需求的影响。由于受到多方面因素的影响，博物馆文创产品的开发类型经历了一个演变过程。发展至今，博物馆文创产品共演变出了三种类型（图3-2），每一种类型都为博物馆文创产业做出了贡献。

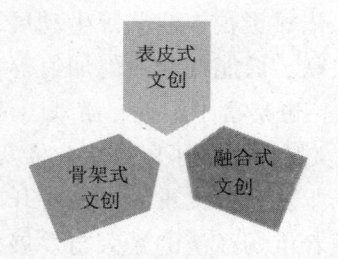

图 3-2　博物馆文创产品类型

（一）表皮式文创产品

表皮式文创产品诞生于博物馆文创产业 1.0 时代，这一时期的文创产品尚停留在试探性开发阶段。众所周知，受互联网发展的影响，我国的产业结构发生了重大变革，新媒体行业作为一个新兴行业"平地起高楼"，快速抢占了经济市场。互联网企业和新媒体给了传统行业一个打击，传统行业通过"互联网+"思维纷纷转型升级，改变生产思路和销售方式。这种产业变革和经济转型直接影响了消费者的消费行为和消费习惯，网络消费和文化消费在某个瞬间成了整个社会的主流消费形式，消费者越来越看重产品的文化艺术特征，也越来越依赖于网上购物模式。在这种社会经济发展背景下，博物馆周边产品的生产与销售模式也进行了转型与升级，周边衍生品以文创产品的形式再次融入消费浪潮当中，并引起了消费者的关注。

在比较早的时期，博物馆文创产品还未受到消费者的过多关注，博物馆文创产品的开发要求也比较低，就是简单粗暴的复制粘贴。博物馆文创产品以镇店之宝或者文物精品为原型，提取其中的文化元素和图案颜色，并按照一定的比例复刻到产品造型轮廓上，此时的产品形状就是缩小版的文物。由于创意成本低、文化内涵少，博物馆文创产品的竞争比较激烈，很难从众多文创产品中脱颖而出。而且，这种类型的文创产品价格相对高昂，观赏性和收藏价值远远大于实用价值。由于产品定位不符合大众的生活需要，文创产品在销售初期并不被大众所追捧。

此外，在博物馆文创产业 1.0 时代，表皮式文创产品还包括形象、图案和元素的印制。除了按比例仿制以外，表皮式文创产品还会开发一些马克杯、便利贴、书签、T恤等有旅游纪念意义的纪念性文创产品。这些文创产品是将文物的形象、图案或者一些文化元素进行提取，将其印制到马克杯、T恤、笔记本等不同纪念类文创产品上。这类文创产品的价格较为低廉，但是机械化的印制缺乏新意，消费者也不买单。

仿制和印制的方式让表皮式文创产品走向了两个极端，没有照顾到不同消费者的使用需求。此时的文创产品还不具备较强的文化输出特质，只是博物馆收入的一个组成部分。由于跨界幅度小，开发成本低，一些中小型博物馆目前仍然以表皮式文创产品作为文创开发的重点。

（二）骨架式文创产品

骨架式文创产品是博物馆文创产业 2.0 时代的产物。2018 年中国博物馆文创产业迎来了转折点，国家确立了一些博物馆文化创意产品开发的试点博物馆单位，受国家政策的扶持，博物馆文创产品的开发动力十足，文化创意逐渐受到重视，博物馆文创产品开发管理者在产品定位和开发思路上做了一些改变。相对应地，表皮式文创产品逐渐式微，骨架式文创产品开始兴起。骨架式文创产品重视文化与创意，文创产品从简单的粘贴复制变成了创意性文化元素的提取与加工，通过整体提取、局部截取和元素整合等不同的设计方法来组织和布局所提取的文化元素和文化符号。与此同时，设计创意人员也在产品外型轮廓上格外关注，借助一些创意点丰富了产品的外形。

创意组合文化元素和创意设计产品外型轮廓是骨架式文创产品开发的核心要点。例如，曾经获得过故宫文化产品创意设计大赛铜奖的宫门箱包系列产品，此产品以故宫博物院的宫门作为产品设计原型，宫门门钉和金铺首是主要提取的创意元素。设计师将这些元素结合箱包的外形进行了排列组合并设置布局，金铺首在正中间，金色的宫门门钉环绕四周，呈现出众星拱月的样子，庄严又活泼。设计师还专门将故宫宫门最具有象征色彩的故宫红作为箱包的主体颜色，一抹亮眼的故宫红是中国信仰和传统文化的代表色。除了创意性组合文化元素，宫门箱包系列还对箱包的外形轮廓进行了细节性的变动，箱包的四周被修饰成了圆弧，弱化了方正、呆板的气质，整体风格偏向年轻化。这款箱包采用骨架式设计原理，既具有美感又非常实用，受到了年轻人的欢迎。

骨架式文创产品令博物馆文创走向了应用场景生活化的时代，所有的文创产品全部回归到生活中，给消费者提供生活帮助。这就让文物不止"活"了过来，还"走"向了家家户户，雨伞、手机座、杯垫、背包等与人民生活紧密相连的文创产品被相继开发，每一样产品都兼具颜值与实力，文创产品颇具时尚感和个性。因此，文化元素提炼并与人民生活对接是骨架式文创产品开发的主要特征，从摸得到的实物到看得见的创意，博物馆文创产品深受人们喜爱，年轻一代消费者彻底被博物馆文创产品吸引，博物馆文创产品受到了他们的偏爱。从长远来看，骨架式文创产品具有可持续开发的潜能。骨架式文创产品以用户为中心，将博物馆这一小众文化通过创意性的现代表达转变成大众文化，实现了传统文化的大众化。由于创意是艺术的血液，创意不枯，艺术不死。骨架式文创产品以创意为核心，对传统文化进行创意加工并以生活化的方式呈现在受众面前，实现了生活的艺术化。骨架式文创产品消除了艺术与大众认知间的差距，让艺术变成了日常，这符合中国人民精神生活需求，满足了人民的文化生活需要。因此，骨架式文创产品是博物馆文创产品的主要类型，带动了博物馆文创产品的持续发展。

（三）融合式文创产品

融合式文创产品是博物馆文化与各行各业的融合，是博物馆文创产业发展到 3.0 时代所形成的一种文创产品类型。博物馆文创 3.0 是博物馆向前踏步的跨界阶段，该阶段打破了行业壁垒，以流行文化为导向，以文化共享、设计众创为理念，逐渐建立了"博物馆+"模式，"博物馆科技""博物馆+美妆""博物馆+游戏""博物馆+餐饮"等。正是因为新模式的产生与发展，融合式文创产品登上了博物馆文创产品的历史舞台。融合式文创产品形态多样，包括数字化形态、传统实体形态及空间服务形态等。

融合式文创产品的数字化形态是指数字化文创产品是博物馆文化与科技相结合的产物。随着信息技术的大爆炸，数字技术被广泛应用于各个领域，博物馆在发展过程中也受到了数字技术的帮助。数字技术可以令展陈的文物进入了虚拟空间，让文物开口说话。所以，在博物馆文创产品的发展过程中积极引进数字技术，研究数字技术在文创产品开发中的应用策略，通过科技手段打造富有沉浸感和体验感的文创产品，开发高级形态的文创产品。例如，敦煌研究院的"数字丝路"计划，敦煌研究院利用"博物馆+科技"模式，通过数字化技术手段生产了敦煌动画剧、"敦煌诗巾"小程序等数字产品。这些产品与传统文创产品有所不同，它们通过声音、语言、画面等方式具象地展示了文化故事和文化内容，给人以沉浸式体验。数字化产品的功用不再是满足实际生活需求，而是满足人类的精神生活需求，消费者所获得的东西从柴米油盐变成了喜怒哀乐。

融合式文创产品的传统实体形态是指博物馆与传统行业相融合，如

"博物馆+餐饮""博物馆+美妆"等，博物馆向不同的品牌借力，丰富文创产品形态，提高博物馆的品牌文化传播力和品牌效应影响力。传统实体形态的融合式文创产品属于博物馆的跨界融合，即博物馆与不同的品牌展开合作，如中国国家博物馆与欧莱雅联名推出"千秋绝艳"系列口红、湖南省博物馆与长沙银行及茶颜悦色联合推出信用卡"喝呗卡"等，博物馆与比较有名的品牌相互借力，通过文化共享、设计众创和开发众筹实现创意和文化的最大化利用，提高产品的影响力和传播价值。

融合式文创产品的空间服务形态是指与文创产品相关的服务性消费活动，是微缩版的文化创意产业园区。有人曾说博物馆文创产业的未来是服务空间，以文创产品为依托，提供空间场景服务，就如同故宫角楼咖啡。目前，融合式文创产品的空间服务形态也逐渐多了起来，许多博物馆都通过自己的网红产品或者联合其他博物馆的文创产品拓展、布局其他产业规划，打造现代元素与传统文化相融合的建筑空间，为消费者提供文创产品服务。

二、不同类型博物馆文创产品的设计开发

不同类型的博物馆文创产品有不同的开发特点和开发方法，表皮式、骨架式、融合式文创产品的产生和发展环境不同，开发思路和策略也有所差别。

（一）表皮式文创产品设计开发

表皮式文创产品是现代文创产品类型中的一个分支，此类产品以仿制和印制为主。结合这一特点，表皮式文创产品的开发可以通过情景复原设计法进行开发与设计，将古代文化元素与现代文化元素创意融合，运用复制、微缩、放大或者改变功能等手段将古代文物带到现实生活中，让文化走向大众。具体来说，表皮式文创产品设计开发需要遵循如下原则：

1. 文化性原则

文化性原则是表皮式文创产品开发的核心原则。表皮式文创产品是文物的再现，纪念性和观赏性比较强。在表皮式文创产品开发之前，大

众一般都是去博物馆参观比较喜欢的文物，隔着玻璃去欣赏文物，不能触摸、不能拍照。这就导致大众与文物之间始终保持着一定的距离，难以产生亲切感与真实感。表皮式文创产品通过等比例缩放、仿制和印制等方式将文物"搬"到了现实生活中，让传统文化、古代文物回归实际应用场景中，大众再也不用隔着玻璃罩、屏幕去欣赏文物，文物从某种程度上来讲变得可触碰、可拍摄。可以说，表皮式文创产品是商品形式的文物。

与其他类型的文创产品不同，表皮式文创产品是历史和艺术的载体，是文物的现代化表达。在开发过程中，文创产品要以历史知识、传统文化的传播为主要目的进行开发与设计，深刻体现文创产品的文化属性，让收藏在博物馆中的文物填满现实生活。因此，表皮式文创产品的开发要以文化性为原则，将文化元素或者文物整体组合、排列到产品外型或者轮廓中，让文创产品充满文化气息。例如，中国国家博物馆设计的乾隆御题如意U盘，这款产品直接采用清代乾隆御题如意的原型设计，让传统文化融进了现实。

2. 审美性原则

中华民族是一个美的民族，无论朝代如何变迁，人们对美的追求永远不变。晋代爱好飘逸灵性之美，唐代爱好丰肥浓艳、热烈放姿之美，宋代崇尚个性意韵之美，现代人的审美更加多元化。因此，审美性原则是表皮式文创产品开发要遵循的重要原则，设计师要学会将古人赋予文物的设计美感和细节美感传递与表达出来，让传统之美融入现代美学，让消费者感受更加多元的美学观念，让消费者心甘情愿地把文物带回家。

有些文物并不符合现代审美观点，不容易被社会大众所接受。由于表皮式文创产品是文物的直接应用，如果不在原有的基础上加以修饰或者不选择具有美学价值的文物，表皮式文创产品就不会被大众所认可。早期的表皮式文创产品就是如此，因为缺乏审美情趣，产品平平无奇，消费者并不买账。

所以说，表皮式文创产品要以审美性为原则进行开发与设计，将审美观念和审美理念融入元素选取、图案选择当中，设计出比较具有美感的文创产品。

3. 创意性原则

产品的同质化是消费者不再喜欢的重要原因。当一款产品刚刚推向市场的时候，由于产品外观与众不同，许多消费者因为它的独特性而选择购买，产品就成了爆款。

但是，当爆款出现以后，许多厂家纷纷效仿，产品的独特性就消失了，消费者就失去了购买的动力。由此可见，创意对于一款产品的重要价值。现代社会，大众喜欢用购买的产品标榜自己，这些产品就是消费者自身的标签。

因此，文创产品具有标签功能。而从某种角度来讲，标签就等于创意。消费者为标签而买，实际上是为创意消费。因此，表皮式文创产品要以创意性为原则进行产品的开发与设计，将创意想法体现到产品设计之中，丰富产品样式，促使文创产品充满朝气。

（二）骨架式文创产品设计开发

骨架式文创产品开发是基于文化元素提取进行创作，而形成的一种文创产品开发类型，以文化为纸，以创意为笔，抒写一幅秀丽风景画。骨架式文创产品是元素表征和材料特性相互结合而成的文创产品，元素表征是设计师关注的重点。

元素表征一般由三部分构成（图3-3）：内在属性、外在属性和功能属性。内在属性主要是产品的造型特征，包括形态、色彩和材质；外在属性是产品所要表达与展现的内涵，包括历史信息、历史背景和历史故事；功能属性即产品的象征功能、实用功能和审美功能。

图3-3 骨架式文创产品元素表征构成

第三章　不同视角下的博物馆文创产品设计开发

以这些属性元素为线索，设计师就可以有理有据、游刃有余地搜集产品资料信息，提取文化元素，根据一定的原则设计出具有美感和实用性的文创产品。

1. 内在属性的设计开发

内在属性，即造型属性，是由产品形态、材质、色彩、大小等相互协调所构成的，突出视觉效果的产品属性。形态是产品的根本造型元素，由点、线、面共同组成。从内容角度来看，形态分为两部分，一部分是造型轮廓，一部分是填充图案。造型轮廓和填充图案都可以从文物元素中找到灵感，或者直接采用所截取的文化元素。例如，三星堆博物馆出品的三星堆·川蜀小堆麻将版·万事大吉明盒，设计师分别采用铜大立人形象、戴发簪圆顶头像形象、铜兽首冠人像形象和铜戴冠纵目面具形象。无论是轮廓还是图案都直接提取文物的面部外形当作文创产品的主要形态。除此之外还有三星堆鱼传尺素手镯，在做产品形态设计时设计师以三星堆金杖上的纹饰图案作为造型灵感，提取其中的箭元素当作产品造型的填充图案，在轮廓上则选择了自主创意设计。

除了外形，色彩也是文创产品在进行造型设计时需要注意的重点。色彩是人类视觉最重要的部分，是视觉中最响亮的语言符号，色彩是外形的灵魂，给外形赋予了情感。东方色彩体系以中国传统的"五行说"为基础，包括青、赤、黄、白、黑五种正色，这五种颜色与西方光学色彩中的七彩色光遥相呼应，这就有了设计采纳的基础。在做产品设计时，设计师经常用位图软件Photoshop对设计元素进行色彩的提取并记录相应的RGB数值，东方色彩体系可以通过混合、调制而变成七彩色，这就为设计师运用传统色彩提供了条件。因此，在进行产品造型时，设计师经常采用文物原色或者根据文物造型选择一些与之相适配的颜色来更好地展现产品或者表达情感。例如，三星堆博物馆设计的三星堆·蜀佑符，虽然灵感来源于较为肃穆沉重的金面罩青铜人头像、铜鹰形铃、青铜兽面等，但是设计师并没有沿用原型的色彩，而是根据产品寓意进行了彩色创意。就像天作之合的爱情，设计师以桃粉色为主颜色，填充到外形当中，令造型瞬间就产生了粉红的幸福感。

而在选择材质和产品大小设计时，设计师主要根据造型和美学的基本原理让产品具备视觉美、触觉美、工艺美、肌理美和色彩美即可。

2. 外在属性的设计开发

外在属性作为产品的内涵属性是文创产品实现教育功能的关键属性。产品内涵指产品的精神和理想，作者一般会通过历史背景、历史故事或者历史人物的经历，将所思、所想、所感转化成设计语言，表现在文创产品之中。外在属性是文创产品当中不可缺少的一部分，是骨架式文创产品焕发新意的关键所在。设计师一般会选择用意象或者直接提取文物的文字符号来表现某种寓意，因此产品的内涵属性会指导外形和颜色选择。也因此，产品的内涵属性在一定程度上决定了产品的造型属性。外在属性的开发取决于社会意志、文化思潮和设计师的个性特点。一款有文化、有灵魂的文创产品是设计师个人意志的再现，也是一定文化潮流的再现。在进行产品内涵开发时，设计师要听取大众的声音，通过用户需求来科学地选择文物，透过文物所表达的历史信息来进行个性化表达，从而让所设计出的文创产品成为独一无二的文化产品。

3. 功能属性的设计开发

骨架式文创产品的功能属性是指产品的使用方式和操作方法，这是产品的基础属性。开发功能属性是骨架式文创产品开发过程的重中之重。如果说外在属性赋予文创产品视觉价值，那么功能属性则赋予文创产品生命价值。功能属性的开发可以从实用功能、象征功能和审美功能三方面入手。实用功能要从使用方式和应用场景的角度来进行设计与开发，设计师一定要回归到市场和用户当中，根据产品类型的市场表现和用户反馈来分析，站在人体工程学的角度去开发产品，找到符合用户使用习惯的使用方式，找到用户急迫需要的应用功能。关于象征功能和审美功能，设计师可以将这些功能的表达与阐述归结到造型、装饰、图案、色彩和材料上，通过这些具象的文化元素来表达抽象意义，让文创产品给人以直观感受，直白地感知文创所表达的审美和象征意义。

(三) 融合式文创产品设计开发

融合式文创产品与骨架式文创产品设计与开发的侧重点不同，骨架式文创产品是从产品本身来探讨设计开发方法和要点；融合式文创产品则是从设计开发主体来谈论开发的策略。融合式文创产品由三种形态组成，即数字化形态、传统实体形态和空间服务形态，不同形态有不同的融合主体。数字化形态是博物馆与科技融合的产物，科学技术一定是开发中的重点关注对象。设计师要与掌握人工智能技术、3D打印技术、虚拟现实技术的技术公司或者开发人员互相合作，将这些技术合理地应用到产品设计与开发之中，设计出具有趣味性、互动性和体验感的数字文创产品。

传统实体形态则是博物馆与品牌商合作的结果。跨界合作是文博创意产品的生命力所在，联名推出的文创产品能够最大化地利用彼此的品牌效应，进一步提升合作主体双方的品牌价值。因此，博物馆文创产品在开发时一定要兼顾品牌合作方的用户属性和产品定位，根据品牌合作方的产品定位和产品功能需求来定位文创产品的功能属性。与此同时，品牌方还要与博物馆合作提取文化元素，将品牌元素与文物元素有机组合，同时注重产品的文化内涵与质感格调，创造出具有辨识度且实用性高的文创产品，形成品牌文化形象与传统文化相辅相成的产品效果。

融合式文创产品的空间服务形态是以文创产品的多样性和主题性为原则进行开发的，博物馆需要与文旅机构、餐饮机构等商业机构展开合作，将博物馆的主题文创产品搬到线下商店当中，建立主题文化馆，消费者可以在主题文化馆中享受吃、喝、玩、乐等不同的物质精神和文化情感体验。与文创产品的直接开发不同，空间服务形态式的文创产品开发实际上是商业活动或者商业模式的建构，博物馆文创主体要与相对应的机构展开深度合作，从建筑地点选择、建筑风格搭建、文创主题设计、文创产品开发以及营销服务等不同的层面考虑，形成一套较为完善且实用的开发流程，形成文创服务宫殿。与传统文创产品相比，融合式文创产品的生命延伸到了空间维度，而与消费者的互动也延长了文创产品的生命长度，这对博物馆文创产业的长久发展大有裨益。

总而言之，博物馆文创产品的开发可以从产品类型的角度去考虑，不同类型的文创产品在设计与开发时的思路不同，设计与开发的主体也不尽相同。研究不同类型的博物馆文创产品，有助于拓宽文创产品开发路径，创新文创产品开发思维，让文创产品摆脱开发思维的桎梏，从而增加文创产品的多样性，让文创产品迸发出新的生机与活力。

第二节 "互联网+"与博物馆文创产品设计开发

伴随着经济全球化的发展和产业的不断变革，数字经济登上了历史舞台。不可否认，数字经济是全球未来发展的方向，是经济发展的主要动力之一。互联网的诞生成就了数字经济，"互联网+"概念的提出促进了数字经济的飞速发展。当前，人类的生产生活都以一根网线为依托，通过这根网线满足人们生产、生活、消费、出行与娱乐等需求，互联网彻底与人们的日常生活融为一体。

互联网时代的到来，使人们的生产方式和生活方式发生了变化，"互联网+"就是生产方式转变的集中表现，万物互联，任何产业都需要借助互联网来获得更好生存。2020年政府工作报告表明，国家将继续推进"互联网+"的进程，加快打造数字经济，创造新的经济优势。"互联网+"必将以锐利之狮的姿态推动各行各业向前发展，势不可挡。

"互联网+"是这个时代的主旋律，行业要想发展就必须拥抱互联网，利用互联网的优势来创新行业发展模式，打造各行各业的"航空母舰"。相应地，如果无法适应互联网的生存法则，一些行业、企业则会快速地消失在时间洪流中，而另一些新的行业、企业会涌现出来。博物馆文创的成功就是合理利用"互联网+"的典型案例，"互联网+"博物馆，创新博物馆运营模式，创造IP产品，使博物馆重新焕发生机。那在博物馆文创产品开发过程中，是如何利用互联网为自己谋福利的？笔者将厘清与之相关的一些概念，包括"互联网+"、新文创和整合性博物馆文创设计服务流程等，打通几个概念之间的关系，从而解读互联网是如何应用于博物馆文创产品开发过程并发挥积极作用的。

一、"互联网+"

"互联网+"最早提出于2012年的第五届移动互联网博览会，此时"互联网+"被认为是全网跨平台互动与用户场景结合而产生的一种化学公式，需要企业思考如何用好创新、创业工具。到 2015 年，国家首次制定"互联网+"行动计划，将现代制造业与云计算、大数据、物联网以及移动互联网融为一体，实现工业互联网化❶。实际上，"互联网+"是互联网化的延伸与升级，强调互联网与各个产业的跨界融合。"互联网+"是我国工业信息化的标志，是全国进入信息消费时代的信号。不言而喻，"互联网+"是时代的主题之一，是产业转型升级和创新发展的力量。"互联网+"到底是如何在各行各业中发挥作用的？从定义出发，理解"互联网+"的特征，看"互联网+"如何在行业发展中游刃有余，提供帮助。

"互联网+"具体指互联网与传统行业挂钩，借助信息技术对传统行业进行升级转型，让传统行业适应新时代经济发展态势，解决传统行业发展疲软问题，提高全社会行业的创新能力，解决生产动力不足的问题。

（一）概念

"互联网+"是通过互联网平台利用通信技术与各行各业进行跨界融合，推动产业转型升级，创造新产品、新业务和新模式，建构万物互联新生态。知识经济创新 2.0 时代，科学与信息技术成为经济发展的中坚力量，由此而衍生出了经济社会发展新业态，最典型的就是自媒体经济。因为科学技术和信息技术的发展，智能手机登上历史舞台，不仅改变了社会生活习惯，而且改变了经济发展形态。重工业退居二线，文化产业初露锋芒，腾讯的微信公众号、字节跳动的今日头条等 App 培养了一批意见领袖，这些意见领袖手中握有大量的流量，流量变现养活了一批自由职业者。此时的自由职业者以生产优质内容为生存手段，知识经济由此而萌芽。

直到字节跳动开发出抖音这款产品，知识经济才迎来了黄金时代，年轻一代纷纷涌入自媒体行业，有意识地经营自己的账号，输出美妆、图书、零食等各行业的知识，通过广告、带货"恰饭"吃。自媒体行业的兴起给传统行业带来了巨大的冲击，如纸媒行业，因为喜马拉雅、微信公众号、B 站等各平台均在进行知识输出，这些知识以用户需求为中

---

❶ 董红艳：《"互联网+"背景下博物馆的文创产品营销创新分析》，文物鉴定与鉴赏，2022（3）：94-96。

心，针对性强，可读性高，纸媒行业根本竞争不过，如果纸媒行业不转型，就只能走向死亡。不只纸媒行业，整个传统行业都面临着自媒体的冲击，面临着网络世界的考验，如果此时无法找到变革的方法，传统行业将再无出头之日，彻底被新兴行业所取代。

基于大趋势，国家提出"互联网+"的概念，将互联网融入传统行业之中，让传统行业快速融入新时代。互联网创新技术逐渐成了传统行业新的经济增长点，一方面，互联网用于生产端；另一方面，用于销售端口，利用大数据搜集用户信息，了解用户需求，将用户画像反馈到生产端，生产制作符合用户需求的产品。与此同时，利用互联网进行产品营销，创作高传播率的优质内容，引起大众狂欢，从而提高产品热度，增加产品的销量。互联网时代，每一件产品都有可能成为"爆款"，所以各行业都要与互联网深度融合，拥抱互联网经济时代，实现传统行业的创新发展。

"互联网+"最主要的是强化互联网思维，用万物互联的视角看世界，玩转数字信息技术，利用云计算、大数据、物联网等与现代制造业跨界融合，从而拓宽互联网在行业应用中的深度和广度。"互联网+"的深入研究使得公共服务领域和行业产业发生了翻天覆地的变化，中国经济发展形态进行了全新升级，信息化的中国经济由此开启[1]。医疗、汽车、保险、快递、文化、制造业、电子商务等领域都反响强烈，"互联网+"重塑了经济结构，人人互联、物物互联、业业互联。"互联网+"塑造了通向未来的服务型经济。

（二）特征

"互联网+"与通信行业、移动互联网行业和计算机行业息息相关。通信行业为"互联网+"提供基础设施保障，宽带、5G等为各个行业加快产业升级、调整产业结构提供技术知识，与此同时在销售服务端提升了用户体验度。通信行业是"互联网+传统行业"的前提条件。移动互联网行业是撬动传统市场存量的工具，它为传统行业灌输互联网思维，使传统行业重视用户感受，更加深刻地理解用户。

---

[1] 赵艳东，马璁珑，张雯：《"互联网+"视域下博物馆文创产品设计策略研究——以天津博物馆为例》，绿色包装，2021（11）：112-119。

移动互联网在"互联网+传统行业"中扮演着撬动用户、盘活存量的角色，它让传统消费者变成企业的忠实用户，增加用户黏度，扩大行业的粉丝消费基数，确保销量。计算机行业与信息技术密不可分，云计算、大数据等技术的快速发展与渗透促进了软件行业对运营和服务平台的建构，基于数据的运营模式被快速应用到各个行业，为行业发展提供了数据支持。由此可见，"互联网+"是立于通信行业、移动互联网行业和计算机行业之上的企业转型与创新概念，它必然拥有三个基本特征：

1. 体验场景化

"互联网+"的优势和特征之一，就是体验场景化。以前，传统行业都是在线下生产和销售，消费者进入门店当中挑选自己所需要的生活用品。此时的产品还只是货架上冷冰冰的商品，它非常缺乏立体感和情感温度。一个较为华美的包装就是最大限度的展示，消费者只能想象、猜测它的样子和作用，购买体验非常差。例如，一款小零食，它是甜的，还是咸的，辣的？单凭外包装，你并不能准确判断它到底有多甜，有多咸，又有多辣？它是由什么食材制作而成，只能靠自己去搜索和收集信息，这样选择每一款商品的时间成本就会很高。但是，如果给这款零食设计一个体验场景，这些疑问是不是就解决了呢？这也是进入21世纪以后，创意营销、内容策划等创意行业兴起的原因，因为人们需要更高的精神追求，需要在满足物质需求的同时得到精神享受。电商从萌芽到飞速发展，有人说它改变了人们的生活习惯，不妨说正是人们需求的升级促使了电商这一富有想象力的行业的出现。

不可否认，电商是"互联网+"的催化剂。随着信息技术的发展，一些商人看到了网络在商业发展中的极大作用，他们感觉如果把商铺搬到网络上，在网络中盖一座高楼大厦，里面是琳琅满目的商铺，就不用再交店铺租金等费用，这样可以极大地节约成本。这一大胆的想法基于网络得以实现，如淘宝，淘宝就是一个大型商厦，里面是各种招商店铺。可是，这么多店铺，怎么能让消费者看到自己家的店铺呢？这就需要运营，需要生产能够吸引眼球的优质内容，即创意。网络是一个虚拟空间，产品展示全部依靠图片，这些创意者从图片出发，想到了场景体验。他们拍摄小视频、做直播、创造产品详情页等，目的就是让消费者产生体验。虽然摸不到产品，但是能够经历和感受。也是因为场景体验，电商给店铺带来了极大的冲击。举个简单的例子，销售服装的电商，他们开一场直播，请不同身材的人来试穿同一件衣服，其中总有一个人与你身材相似，你就可以通过直播想象自己上身穿的样子，从而决定买还是不买，这就是一场体验。可是，到了线下，你不可能把所有的店铺衣服都试一个遍，只能是从中挑选认为合适自己的，进行试穿，浪费时间还不一定有结果。所以，互联网的场景体验特别节省消费者的时间成本。又如，某款零食，它到底好不好吃？你可以通过评论来决定自己是否要买，评论区会有人详细写出这款零食的特点，并且根据自己的饮食喜好来对其打分，这么科学的数据，谁会不拿来使用呢？所以，基于互联网而产生的电商促进了场景化消费体验的升级与发展，同时也让场景体验变成了每一位商人的必修课。

当"互联网+"概念提出之后，互联网和各个传统行业相融合，传统厂家要做的第一点就是学会构建体验场景，否则永远无法掌握、用好"互联网+"。尤其是伴随着 VR/AR 技术的出现，场景体验所占地位越来越重[1]。众所周知，随着短视频热度的爆发式增长，未来必然是一个以视频为主导的图像时代，大家甚至纷纷研究起了元宇宙，足以证明场景体验的重要性。一款产品要想卖得好，它必须建构一个能够符合受众喜爱的场景，假如这个场景正好戳中了大众的痛点，那么它将"一发不可收拾"地快速走红，成为"爆品"。例如，有段时间爆火的一款糕点——脏脏包，如果它只是一家店铺的新品，如果没有网络发酵，它不可能火一个夏天。正是因为脏脏包的做法和吃法被制作成视频上传到自媒体平台，引来无数人的关注和许多人的点评，脏脏包才能快速进入大众视野，这就是互联网、大数据的力量。这就是所谓的"互联网+"，传统行业通过网络化的运营，通过场景体验来击中消费者的内心，让消费者心甘情愿买单。

如果没有场景体验，就没有"互联网+"，场景体验是"互联网+"非常重要的特征。目前，"互联网+"的场景体验是一种营销方式，有线下与线上结合体验和线上体验两种模式，线下与线上相结合模式是指线

---

[1] 赵艳东，马璁珑，张雯：《"互联网+"视域下博物馆文创产品设计策略研究——以天津博物馆为例》，绿色包装，2021（11）：112-113。

上进行宣传，线下组织一场活动进行真实体验，如 AR 眼镜，线上可能会有一个视频场景，让你代入视频主角，想象自己戴着 AR 眼镜玩游戏的样子，同时商家还同步组织线下展示，你可以真正用 AR 眼镜进行真实体验，这种虚拟和真实体验相结合的营销场景体验，让消费者全方位地了解产品；另外一种是线上体验，即通过一些评测视频、直播视频或者广告视频等来构建消费体验场景，让消费者感同身受。这两种场景体验模式都是为了营销，为了让消费者获得更好的购买体验。相对地，实体店的场景体验就不够丰富，而且单一乏味，很难激发消费者的购买兴趣。因而，传统行业需要融入互联网时代，"互联网+各行各业"才是企业创新发展的有效路径。

2. 网络协同化

"互联网+"未提出之前，产业组织架构一直是垂直整合架构，根据商家与商家之间的产品供需、价格浮动和区域方位等形成互动产业群体，围绕产业群形成以上下游产供销路径为线索的产业链。直到大数据、互联网以及人工智能技术的出现，产业组织架构发生了变化，出现了网络协同架构，企业发展迈向了网络协同化时代。

何谓网络协同化？"互联网+"是一种基于互联网系统的多对多互动，即网络协同化。Web 1.0 时代，网络协同化是指投资与消费一对多在线统一协调；Web 2.0 时代，网络协同化是在移动互联网基础上实现的，此时的投资与消费展开了以"关注和点击"为主要内容的多对多互动；到了 Web 3.0 时代，网络协同化是指投资和消费的社交网络服务互动，即在社交平台端活动。基于互联网的发展，网络协同化也在不断进步，展现出不同的特点。如今，大数据、互联网与人工智能高度融合创新，网络协同化又有了新的定义。

数字技术时代，网络协同化是指一个集合工程、生产制造、供应链以及企业管理的先进系统，该系统将分散在不同区域的生产设备资源、智力资源和各种核心能力聚集到云端系统平台之中进行统一管理和调配，帮助厂商实现高质量、低成本运作❶。网络协同化有一套基本的运作结构

---

❶ 陈璐：《技术、产品与价值：数字文创在我国博物馆行业中的应用及发展研究》，教育传媒研究，2022（2）：57-59。

和模式（图3-4），最底层是产品全生命周期，包括智能研发、精益生产、智能服务和智能管控，其他结构组成部分完全围绕产品全生命周期而展开，为实现产品全生命周期的功能而服务。这些工业应用AppS，包括互联企业层、企业层、产线层和设备层，会整合形成云端应用工作室，即云端应用集成环境，而云端应用工作室会帮助企业经营和管理者做出科学的决策，这就是所谓的网络协同化运作程序。

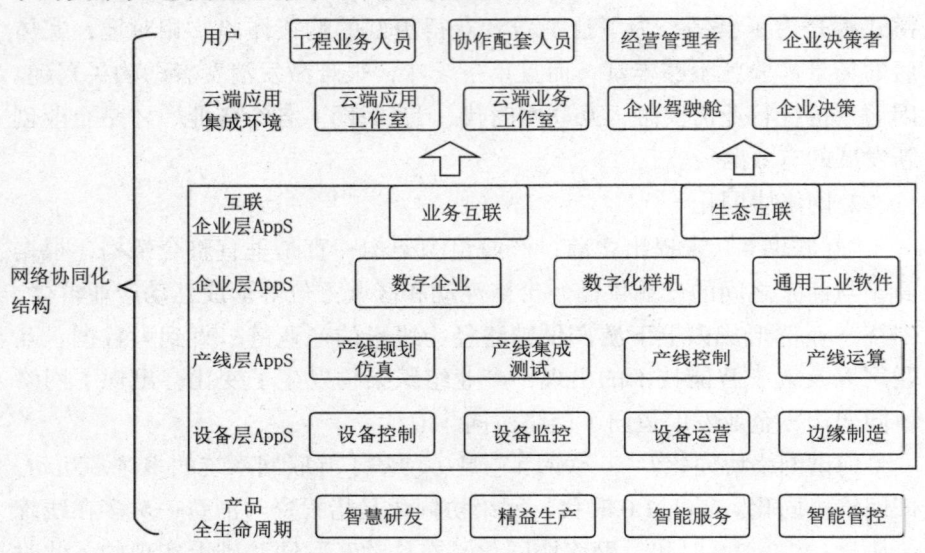

用户	工程业务人员	协作配套人员	经营管理者	企业决策者
云端应用集成环境	云端应用工作室	云端业务工作室	企业驾驶舱	企业决策
互联企业层AppS		业务互联	生态互联	
企业层AppS	数字企业	数字化样机		通用工业软件
产线层AppS	产线规划仿真	产线集成测试	产线控制	产线运算
设备层AppS	设备控制	设备监控	设备运营	边缘制造
产品全生命周期	智慧研发	精益生产	智能服务	智能管控

图3-4 网络协同化结构和模式

目前，只有少数企业可以应用数据智能化扩大产品和服务供给端，如阿里巴巴。而一些中小企业没有财力和技术支撑研发，所以仍停留在初级的大数据云计算阶段。但网络协同化是"互联网+"向前发展的必然结果，因为厂商要想获得利润就必须准确预测扩大产品和服务的供给端和需求端，就必须获取和消化厂商之间以及厂商与消费者之间互动所生成的海量数据，而这就需要商家有能力挖掘和处理历史数据，同时有掌握现有数据和预测未来数据的能力。所以，网络协同化必将社会化、普及化，以便更好地掌握客户选择偏好和期望效用。网络协同化除了在生产线上得以充分表现之外，与运营端的关联度也非常高。阿里巴巴、腾讯等在智能化数据平台设置上构建了买卖交易的在线客服、存货管理、物流安排乃至于提高点击率、关注度和网红等，并且在在线支付上设置了担保交易、消费保证和信用评级等。这些复杂的场景之所以能实现，是因为网络协同化的产生。依托网络协同平台，电商平台或者是传统企业可以构建利于自己的较为复杂的营销场景，让所有的场景服务于产品，为产品造势。如果没有网络协同化的出现，"互联网+"不可能出现和发展，它可能还只是雏形状态的互联网，单一地服务于厂商的某一个功能需求，而不会大面积地被应用到企业生产与营销当中。所以，网络协同化也是"互联网+"较为显著的特征，它作用于"互联网+"的创新性活动，为企业发展的创新提供帮助。

3. 数据智能化

数字经济时代的雏形就是"互联网+"。"互联网+各行各业"，本质上就是各种行业建立互联网思维，对互联网平台、云计算、人工智能、大数据和机器学习等产生自己独特的理解，从而应用到各自的生产、创造当中，为行业发展注入新鲜血液。具体来说，以互联网（包括物联网）为平台、以大数据为要素，以云计算、机器学习、人工智能等为手段，商家利用这些手段对影响产品和服务的市场数据进行搜集、整合、分类、加工和处理，以确定产品和服务的供求数量和价格。

为什么要利用互联网进行数据采集？工业化时代"远古"时期，科技水平没有达到形成互联网的高度，数据一般通过半人工半智能的方式搜集、整合、储存、分类、加工和处理，将已经发生的部分信息转化成数据，作为生产加工的参考依据。也就是说，人们对于某个产品并不存在全面认知，依靠部分数据所作出的判断和推理，存在片面性，此时以数据思维来进行经济活动不太靠谱。到了工业化后期，数字经济时代到来，大数据成为产生活动中必不可少的工具。在大数据推演活动中，人类逐渐形成"时空统一、同步并联、客户拉动、实时评价"的互联网数据思维，利用量大、完备和多维度的大数据特点进行数据的搜集、加工和处理，大数据思维正在逐步取代依据部分数据进行判断和推论的因果逻辑思维，工业化生产变成了数字化工业生产。此时，大数据所提供的信息相较之前精准了许多，使得商家在产品认知和决策上科学了许多。

与传统数据采集相似，大数据思维也是一种因果思维。不一样的是，大数据所提供的信息准确且不带有主观判断，在厂商生产中是关键生产要素。以网络信息为载体，厂商需要投资多少、生产多少、怎样生产、生产什么东西等，经过大数据筛选所产生的关键生产要素——核心信息来进行整理和判断，就可以得到一份较为符合市场需求的投资生产方案。将这份投资方案应用到生产当中，所产出的产品不至于出现较为紧张的供给矛盾，不至于出现库存积压过剩。

未来数字技术更加完善，大数据、互联网与人工智能技术将全方位融合，为生产而服务。此时，大数据分析和人工智能将极有可能给生产者提供更加精细、完备的信息。随着生产者不断升级和强化"算法"技术，厂商数据智能化将进一步发展，互联网也将进一步扩张和延伸，真正成为一张覆盖世界的大网。数据智能化平台将应对更加复杂的场景和生态，互联网、5G通信、人工智能、GPS定位系统、传感器、社交媒体等将科学整合，成为一个超级信息技术整体，对消费场景、应用场景、制造场景等相互交织的复杂场景进行大数据分析，挖掘场景所传递的信息并加以分类加工，并与整个生态相联系，得出一份多维度、综合分析的全面精准数据，为商家与商家、商家与消费者网络协同化奠定基础。此时商家利用云平台、云计算、区块链等就可以准确预测产品以及服务的供求数额。

除了在生产端发挥作用，大数据在销售端尤其是营销端口同样重要。"互联网+"是自媒体冲击的产物，而自媒体所标榜的就是自我营销，通过有趣、有内涵、有价值的内容来获取人气，将自己营销、推广出去，从而获得更多的粉丝支持，粉丝经济也由此诞生。粉丝经济与数字经济关联紧密，联系两者的正是互联网。

因为互联网的诞生与发展，出现了自媒体行业和电商行业。而自媒体行业与电商行业跨界合作的前提和基础是粉丝经济，当博主拥有一定数量的粉丝基础之后电商运营者就会找到博主，让其为自己打广告或者是分销产品。也因为粉丝经济，许多博主后来转型去做电商。

如图3-5所示，整个运行闭环中有一个关键环节，即内容生产，电商需要产品内容生产而自媒体需要个人内容生产，以达到推广的目的。

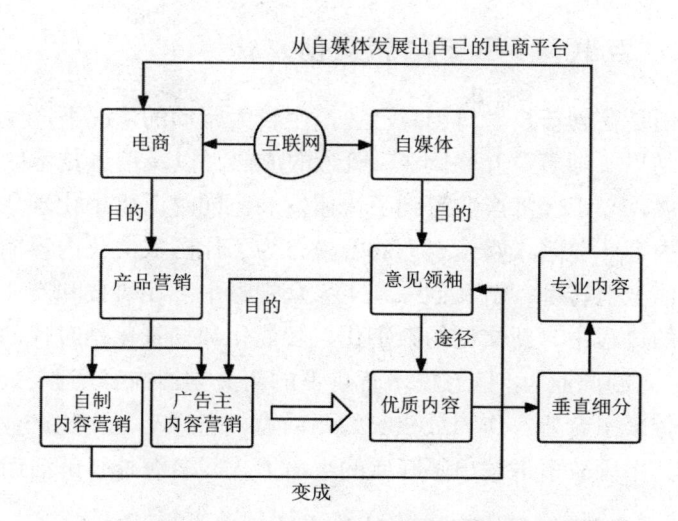

第三章　不同视角下的博物馆文创产品设计开发

图 3-5　以内容生产为中心的自媒体和电商发展图

如何才能生产出优质内容？这就要依靠大数据分析，运用大数据分析用户的年龄、用户的习惯、用户的兴趣、用户的生存地域、用户的人际关系、用户的购买行为等，通过智能分析得出一个结论，该结论就是内容生产的方向，即营销策略。

每一篇优质内容的背后都有一张数据网，一篇点击量10万多的公众号文章是因为它有一个能够引起无数人共鸣的主题思想，而这个主题经常来自于数据分析报告。

同样地，商家在做产品运营时也要进行数据分析，了解过往购买用户的所有信息。为什么购买这款产品？在什么情境下买的这款产品？这款产品给用户带来了什么？用户是否进行了复购？用户是怎么知道这款产品的？是否在其他平台进行过类似产品的购买？这些信息都要进行搜集、整理、分析和加工，从而得到一个立体的用户画像，真正掌握用户的需求，从而制定营销策略，通过不同的渠道进行产品宣传和推广，让用户最终买单。

这就是基于计算机而产生的互联网技术的应用，也是"互联网+"的基本特点——数据智能化，即用大数据、云计算、人工智能等代替人为的数据搜集与分析，大数据分析所获得的数说据更加准确、全面，也更具有时效性，大数据分析为行业的经济增长做出了贡献。

二、"互联网+"下的新文创

新文创是在创新技术对创意产业产生较大驱动的情况下产生的，是技术赋能的结果。随着"互联网+"概念的成熟，以及信息技术的广泛应用与创新发展，知识经济产业得到了快速发展，同时泛娱乐化现象也日益严重。文化内容产业陷入娱乐至上的窘境，为了让国家文化内容输出从娱乐至上向价值至上转型，新文创来到了大众视野中。在科技和产业革命如火如荼进行的过程中，新文创的数字化、智能化和场景化是时代的要求，即"互联网+文创产业"。信息技术背景下的新文创给内容产业、创意产业、文化产业带来了希望，作为最核心的驱动力，它推动了文化产业升级，让中国文化、中国故事迸发出了旺盛的生命力，闻名海外，鲜活而耀眼。

（一）"互联网+"下新文创的产生

"泛娱乐"是2011年由腾讯提出的概念，是基于互联网和移动互联网的多领域共生，打造明星IP的粉丝经济，实现文化多业态融合和联动。随着腾讯、爱奇艺、优酷等网络视频平台的发展与成熟，文化消费成为这些巨头关注的焦点❶。所以，阿里巴巴、百度等互联网霸主提出泛娱乐战略，整合全平台资源，全产业链布局，打造娱乐帝国。"泛娱乐"战略被业界称为"互联网发展八大趋势之一"。2018年，广州召开的中国国际互动娱乐大会上，三七互娱和工信部联合发布了《2018年中国泛娱乐产业白皮书》，总体概述了泛娱乐产业发展特点和融合发展情况❷。总的来说，泛娱乐战略以互联网为核心，主要集中在网络游戏、网络影视、网络直播与短视频、网络动漫和网络文学等内容板块领域，这些板块相互关联、互相成就，共同组成泛娱乐文化方阵。

在泛娱乐生态环境中，IP内容过分依赖流量，流量成了内容评估的主要标准。为了获取较多的注意力，内容运营走向低质化的恶性竞争，过分强调娱乐效果。因为以经济效益作为目标去运营文化产业生态，所以传播内容浅薄而低俗，尤其是短视频的出现，一些网络草根为博眼球

---

❶ 钱琰彬，王安霞：《新文创视域下博物馆文创产品设计探析》，艺术研究，2021（1）：28-31。

❷ 延博：《博物馆IP的建构与传播路径研究》，西安，西北大学，2021：8-10。

而毫无底线，为了点击率而失去了对内容的敬畏，所生产的内容没有一个明确的边界。过度娱乐化让整个世界都开始了娱乐至死的狂欢，人们沉溺在这些低质内容中无法自拔，逐渐丧失了思考和判断能力[1]。尤其是所输出的内容主要围绕游戏、影视、动漫、文学等当前主流文化板块，而这些板块恰巧是文化领域的主要结构内容，是中国文化发声与创新的主要输出口。这些内容板块的泛娱乐化，导致了文化的娱乐至死，一些媚俗、低质量的文化内容在广泛传播过程中严重影响了大众的审美，扭曲了价值观念，抹黑了中国传统文化。

近年来，国家相继出台了一系列政策，严格监管网络平台，净化网络环境。例如，"清朗"专项行动，全年聚焦影响面广、危害性大的网络问题进行整改，打击网络直播、短视频领域的乱象，全面清理"色、丑、怪、假、俗、赌"等内容的短视频，重点关注 MCN 机构和旗下账号炒热点、欺骗误导网民、发布三俗信息等行为，全面清理涉及政治经济、文化历史、民生科普等领域的谣言信息，强调网络平台的主体责任，规范网络传播秩序，营造文明健康的网络舆论气氛。由此可见，过度娱乐化并不是文化产业发展的未来之路，文化产业尤其是文化创意产业应该以输出优质内容为前提，以传承优秀传统文化为己任，在搞好经济效益的同时兼顾社会责任，实现文化产业的可持续发展。

基于修正网络文化乱象，党的十八届五中全会提出了创新、协调、绿色、开放、共享五大发展理念，新文创就是这五大理念的集中体现。随着互联网经济的发展，信息技术已经成为文化传播的土壤，"互联网＋文化"是文化产业创新发展的大环境，此时新文创应运而生。新文创是技术赋能、价值至上的文化发展理念，是文化数字化、智能化、品牌化、场景化的新形态。在 2018 年 4 月举行的腾讯新文创生态大会上，腾讯集团副总裁程武基于数字文化产业发展规律，提出了"新文创"概念，实现"泛娱乐"升级。新文创旨在构建具有文化价值承载力的 IP，利用数字技术和创新科技塑造全新 IP 表现形式，生态化地连接多元文化主体，如与故宫、敦煌等文化机构合作，将优质内容以影视、游戏、动漫、音乐等内容形式

---

[1] 杨诗怡：《文化消费视角下博物馆文创产品转型设计研究》，无锡，江南大学，2021：15—18。

表现出来，数字化地推广中国文化，传播中国声音。

（二）"互联网＋"下新文创的发展路径

中国特色社会主义进入全新时代以后，我国社会的主要矛盾变成人民日益增长的美好生活需要和不平衡不充分发展之间的矛盾。为了解决这一矛盾，我国将充分发挥文化产业在国民经济中的特殊作用。新文创是中国文化产业的创新理念，是中国文化数字化转型的具体表现，是"互联网＋文化"的必然产物。由于新文创是在数字创新与发展环境下形成的，互联网特性显著。要想实现新文创产业的绿色健康发展，"互联网＋"背景下新文创的发展要注重以下五大路径：

1. 创新路径

创新是社会经济发展的核心动力来源，对于新文创来说也是如此。新文创一定要做好创新工作，包括技术创新、产品创新、文化生产创新，从而发展、蜕变出新文化、新模式。新文创的创新之路要做到两点：一点是传统文化产业创新，另一点是文化科技深度融合的内容形式创新。

2. 协调之路

协调发展才是文化产业可持续发展之路。目前，新文创的开发主要集中在几大互联网巨头企业，他们掌握先进的技术、优质的资源和创新性人才，已经有文化垄断的态势，这并不利于文化产业的平衡发展。新文创要注重文化生产与文化消费的协调、文化产业的协调，缩小中小企业与大企业之间的差距，通过文化产业供给侧结构性改革，促进我国文化消费的升级，推动文化产业的整体性发展。

3. 绿色之路

新文创是绿色低碳型新兴产业，具有绿色环保、资源节约和高附加值的特点，是文化产业的战略化推进。故而，新文创必然要走绿色发展之路，注重绿色健康、有价值意义的文化内容的传播，选择有爱、有内涵、有知识的内容作为 IP 开发对象，将文化这种环保型资源的价值发挥得淋漓尽致，推动文化产业升级，助力中国经济的绿色成长。

4. 开放之路

只有悲剧才是永恒的。为什么？因为悲剧能最大限度地激发观众的想象，悲剧将文学的生命延续到了观众的生命当中，成为观众永远的记忆点，所以悲剧是永恒的。那如何让文创产品所输出的文化成为观众永恒的记忆呢？那需要让消费者参与文创产品的创作过程。一方面，新文创要进行一种开放性的文化创造，它应该与消费者建立联系，让消费者参与文创产品的形成与发展过程，让产品与消费者一起成长；另一方面，新文创要走开放经济之路，让中国文化走出国门，提高国家文化软实力。

5. 共享之路

文化艺术源于人民生活，最终也要回归大众怀抱。新文创应该以人民为中心进行文化产品的创作与输出，想民之所想，急民之所急，以人民的文化审美需求为中心进行素材的挖掘和产品的制作，并实现文化产品与成果的共享。

三、博物馆文创产品设计开发过程中"互联网+"理念的应用

众所周知，故宫文创产业是"互联网+博物馆"成功发展的典型案例。故宫博物院一位六百岁的"老人"通过互联网完成了转型，成了一个生机勃勃的"网红"，其中一半的功劳归于创意，另一半是互联网思维在发挥作用。

所以，"互联网+博物馆"已经成为博物馆事业发展的共识。随着博物馆文创产业的不断完善与升级，"互联网+博物馆"的思维已经上升至新文创思维，未来博物馆的文创产品开发要秉承新文创理念，以系统化、战略性发展思维链接更多元和更广泛的文创主体，构建跨界融合的数字文化生产体系，获得博物馆文创产品的双项赋能，实现文化价值与产业价值最大化。

（一）整合性设计服务流程

新文创理念下的博物馆文创产品开发，可以理解为信息化、智能化、大数据等完美融合下的制造产业的文化化和文化创意的产业化。博物馆文创的核心是出售文化，既然是出售文化，博物馆文创产品开发就涉及商业模式、运营团队、创新资本、内容生产、各方营销和政策法律等一套完整的生态体系，而在这套体系中与"互联网+"休戚相关的当属内容

生产和各方营销，也就是最重要的生产和创意环节，也可以称为整合性文创设计服务流程。

整合性文创设计服务流程一共分为六个环节，即品类定义、元素提炼、产品设计、打样试制、供货监管和门店入库（图3-6）。

品类定义
区域人文
消费人群
趋势研究
社会背景
品类范围

元素提炼
文化要素
风格意向
主题策划
原型收集
元素创新

产品设计
专利分析
创意设计
细节深入
包装整合
成本核算

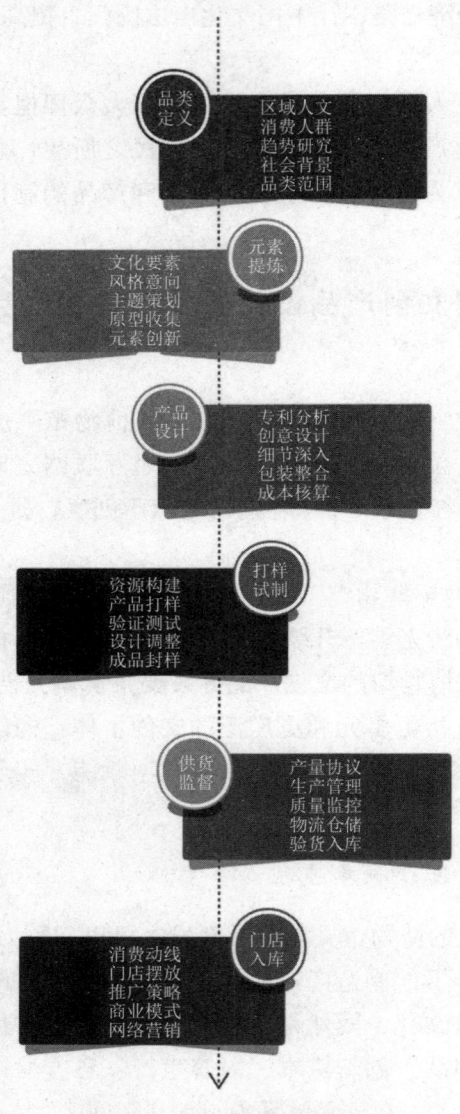

打样试制
资源构建
产品打样
验证测试
设计调整
成品封样

供货监督
产量协议
生产管理
质量监控
物流仓储
验货入库

门店入库
消费动线
门店摆放
推广策略
商业模式
网络营销

图3-6 整合性设计服务流程

1. 品类定义

化妆品、水杯、餐具等都属于商品的某个品类，产品要想卖得好，必须有一个好的分类标准，准确识别不同产品的功能和性质，这样才能找到产品的卖点，产品才能成为合格的商品。博物馆文创产品也是如此，在博物馆文创产品设计之初要进行品类定义，通过大数据、云计算等数据搜集整理工具，进行区域人文、消费人群、趋势研究、社会背景、品类范围以及趋势研究等一系列内容的调查与研究分析，搞清楚博物馆文化资源可以区分成几大品类进行开发。例如，上海博物馆就利用大数据调查将馆藏资源分成"用""行""美""玩"四大类进行开发，还标注了各个品类的开发比重，"用"占比最大，分为18%的学习用品和26%的生活用品。经过品类定义，博物馆馆藏就被赋予了商业开发价值，每一件器物都可具象成衣食住行等领域的商品品类，为文化符号开发和产品设计夯实结构基础。

2. 元素提炼

一款博物馆文创产品的成形并非一蹴而就或者灵光一现，它是一个长期思考与积累的过程，是人们有意识的创意行为。产品真正进入设计环节之前有一个元素提炼环节，也就是灵感创作环节。灵感来源于理性思考和文化资源的搜集与提炼，一般工作人员会进行文化要素、风格意向的确定，进行主题策划和原型收集，再经过元素创新得出一个新的产品雏形。这一环节依然要依靠数字技术，元素提炼需要依靠对既有用户的分析和市场需求的解读，从而选定风格和文化要素，同时也依靠互联网工具，如三维扫描和设计软件，进行原型的采集和元素创新。

3. 产品设计

博物馆文创产品开发中的产品设计环节一般包括专利分析、创意设计、细节深入、包装整合和成本核算等环节，每一个环节都有互联网的参与。正如同数字技术对影视剪辑的影响，艺术也走向了数字化创作之路。文创产品在设计过程中也越来越离不开电子信息技术。例如，专利分析环节，随着知识技术竞争的白热化，专利越来越受到重视。专利分析就是对专利说明书、专利公报中的海量信息进行筛选、加工、分析，利用统计学方法将碎片化信息整合成具有预测性的报告，为产品开发提供参考。这一任务依靠人工短时间内是无法完成的，而信息技术的应用节省了专利分析的时间和人力成本，提高了工作效率。除了专利分析环节，创意设计、细节深入、包装整合和成本核算等过程无一不依赖数字化科技。数字化科技让文创产品开发过程变得更便捷、更高效。

4. 打样试制

打样试制的一般流程为：资源构建、产品打样、验证测试、设计调整和成品封样。整套流程都是基于互联网而实现的。互联网让世界变成了一个地球村，也让生产与销售"消失"了地域界限。同样地，打样试制也实现了一体化，从资源构建到成品封样，虽然经历了不同的程序、不同的工作人员，但是通过云系统、网络平台，不同工作人员互相合作、各司其职，共同服务于整个流程，大大提高了文创产品开发的效率，减少了不必要成本的浪费。

5. 供货监督

供货监督是为了保证物资供应正常稳定、满足公司生产经营而制定的作业流程，包括产量协议、生产管理、质量监控、物流仓储和验货入库。供货监督流程一般有一套属于自己的现代化管理系统，如生产管理和质量监控都需要数字监控技术，通过智能管理来操作、调控生产流程，检验产品质量，而物流仓储和验货入库一般都有自己开发的或者购买的订单跟踪系统，协调仓储、入库等问题，从而实现网络化供货监督。

6. 门店入库

门店入库是整合性设计服务流程的最终环节，是产品开发的终端。博物馆文创产品开发的最终目的是进行门店入库，销售并产生文化价值和经济价值。门店入库并不是简单地将产品放置到门店中，它包括消费动线、门店摆放、推广策略、商业模式和网络营销等部分，整个结构框架都是为了销售而服务，消费动线一般指消费者的活动，它与门店摆放都需要依托精准的用户需求和用户习惯数据，从而制定符合消费场景、引导顾客消费的消费动线以及适宜的门店摆放策略。而推广策略、商业模式和网络营销更是博物馆文创产品运营的重中之重，整个互联网思维贯穿始终。

从整合性设计服务流程结构框架分析可以看出,博物馆文创产品的开发是以用户为中心,围绕用户数据做文章,得出用户需求,从而挖掘文化符号,创新性地打造文物衍生品,以满足人民的精神文化需求。用户运营就是一种典型的互联网思维,不止如此,从产品的设计稿到打样封样再到验货入库,这么复杂的生产场景依赖云平台管理系统来操作和完成,既运用了互联网思维,也应用了信息技术手段。因而,随着文化产业的升级与转型,博物馆文创产品的开发已经与互联网思维融为一体,互联网技术的应用已经成为文创产品开发时的常用技术,数字化可以说已经成了博物馆文创产品开发时的常规操作。

(二)"互联网+"理念下博物馆文创产品设计开发策略

随着产业革命、技术革命以及文化理念的变革,博物馆文创产品开发要以新文创理念为核心,充分利用数字技术在文化创意产业中的突出作用,深度挖掘和释放文化资源,实现博物馆文创产品开发的跨越式发展。

1. 天堑变通途——联合设计开发

数字化符号的传播新体系对我国传统文化的传承意义非凡,它打破了传统产品与新兴产品之间的技术壁垒,加快了文化产品的数字化,改变了传统文化"酒香巷子深"的窘态。中国作为文明古国,文化底蕴深厚,优秀传统文化源远流长。然而,传统文化一直处于传统内容形态,对年轻一代的吸引力不足,长久以来传统文化的关注度较低,数字技术的出现解决了传统文化保护难、宣传难和传承难的痛点。在新文创理念下,博物馆文创产品在开发时除了格外关注传统文化资源的搜集与整理之外,还特别重视产品的现代化表现形式。如果文创产品不符合现代审美,就无法融入主流文化传播环境,所开发的文创产品将是一个失败之作。因而,博物馆文创产品在设计开发时要高效利用数字技术,激发博物馆文物的潜能,为博物馆文创的继往开来开辟道路。

具体来说,博物馆文创产业在发展过程中应该利用数字化生产的特点打通整个产业链条,积极促进多方合作,对文物资源进行数字化处理与整合,生产出创新性强、增长速度快、发展潜力大和对高科技依存度高的文创产品，释放出巨大的内容生产力。例如，阿里巴巴实施的"天猫新文创"计划，以"完美不必无缺"为主题聚焦打量残缺的不完美文物。有数据显示，残缺文物数量占据博物馆全部文物数量的 70% 以上，正是因为许多文物残缺、破旧，观赏者缺乏兴趣，所以博物馆文化日渐衰弱。如今，这些残缺文化被当作文创主题，阿里巴巴联合甘肃博物馆、荆州博物馆、法门寺博物馆、国家图书馆、白银市博物馆、耀州窑博物馆、兰州市博物馆、三星堆博物馆、秦始皇帝陵博物院 9 家博物馆，有 23 家品牌认领与自己契合的残缺文物进行产品开发并上线，像 Athief 甲骨文印花短 T、不完美国宝联名 T 恤、EZON 多功能专业运动手表、三星堆祈福神官系列盲盒、GOTO 博物馆联名限量鞋盒等。由于博物馆文创产品开发与多方合作，此次天猫新文创主题及联名货品打造的话题斩获 PC 端、移动端等四个视窗位置，登上微博热议话题榜第四位，霸榜一天，单话题曝光量高达 1.5 亿。超高的话题量和关注度让残缺文物释放了本身的魅力，让文物以不同的形式延续。博物馆文创产品相较于个人开发，联合合作的形式更具有生命活力，无论从创意角度还是宣传角度，联合开发都更加具有爆发力。

2. 走出单一视野——多元场景

新文创的直观呈现是场景可视化和交互体验，一般借助数字技术建立视频、动画等可视化方式来进行文化传播，对用户进行多重感官刺激，提高传播效率。借鉴新文创的场景可视化和交互体验理念，博物馆在进行文创产品开发中应该积极将文化与科技相结合，运用全新技术连接文物和生活，以全新的体验方式来塑造、雕刻文物衍生品，使其具备实用性、知识性和趣味性。因而，博物馆文创产品不应该只重视实物的开发，还应该看重影视、动漫和游戏等虚拟产品的开发，打造数字文化产品，让文创产品变成一个体验场景式文化消费品，继而依托这些产品开发周边商品，形成文化衍生品产业链，实现多元化的产品开发，释放巨大的内容生产力。

例如，故宫博物院，它除了挖掘文化遗产符号元素进行衍生品的开发，如文具手账、摆件、饰品等实用性生活产品以外，还特别注重其他形式的开发，如与影视行业跨界合作的《我在故宫修文物》《上新了·故宫》等纪录片和综艺节目的开发，还与"奇迹暖暖"游戏进行联袂合作。像《上新了·故宫》，它不仅宣传了故宫博物院的品牌形象，还以视频的方式成功向大众推介了文物衍生品以及文物本身的魅力；而"奇迹暖暖"将文物衍生品以数字文化的形式展现在大众面前，以"清代皇后朝服"和"胤禛美人图"为主题的多款故宫珍藏华服上线"奇迹暖暖"游戏，让"暖粉"们进行正宗的宫廷风体验，沉浸式体验传统文化魅力。

除了以数字化形式呈现文创衍生品外，AR/VR 技术也积极参与文创产品设计开发，复制合成虚拟现实场景，让用户的感官模拟参与真实场景，给人以身临其境的体验感。作为强化空间认知的技术，AR 和 VR 巧妙融入文创产品，刺激用户多重感官联动体验，进一步拓展文创产品形式，打造多元文创产品场景。像湖北省博物馆与腾讯合作开发的元青花四爱图梅瓶，用内置 AR 软件的手机扫描瓶身就会出现真人大小的 3D 立体华服美女，有金色纱衣着身的周敦颐爱莲动画美人，端庄大方、富贵优雅；有陶渊明爱菊动画人物，一身天青色紧身长袍，一柄折扇，一副遗世独立的君子形象，观众能与这些好看的动画人物进行合影互动，交互性和体验感极强。未来，数字化文创产品是博物馆文创产品开发的大趋势，文创开发要注重文化与科技的创意融合，以增强博物馆文创产品的生命力。

3. 一般变主流——AI 巧融产品设计开发

数字经济发展至今，数字化技术的不断创新与成熟给新文创带来了智能化转变的思路，AI 与文化相结合，打开了博物馆文创产品开发的新思潮。在智慧金融、智慧城市和智慧医疗的引领下，文化产业也积极思考引入人工智能，全方面介入新文创，打造升级版的文创新环境。随着不断尝试，人工智能开始向文化领域多维度、多层次地渗透，文化越来越具有科技感。在此背景下，博物馆文创产品的开发也应该紧跟时代潮流，利用高科技来进行产品的开发与设计，增加文化科技附加值，实现博物馆文创的智能化开发。

人工智能时代也是 AI 时代，语言识别技术、图像识别技术、机器人、专家系统等都可以助力博物馆文创产品开发，并成为文创开发的新思路。

第一，人工智能可以应用于文创产品设计开发的品类定义、元素提炼、供货监督和门店入库等环节，利用智能化手段处理内容生成、分发、精准推荐和智能审核等问题，深刻变革整个博物馆文创产品开发的整合性设计服务流程，提高设计与开发效率，降低生产运营成本，重塑整个博物馆文创产品开发产业的生态架构，打造智能化、一体化的文创产品开发产业链。例如，在博物馆文创产品开发前期，开发什么文物、塑造什么形象，这些都可以通过 AI 算法进行前期素材搜集、信息处理、文本编辑和数据监测，代替人工完成海量的、重复性的信息搜集工作，解放创意人员，让创意者将更多的精力放在创意发挥阶段。

而且，AI 挖掘文物信息数据更加精准，它会分类聚合消费者的偏好和兴趣，以受众的精神需求为中心来读取和分析数据，从中得到符合主流价值的信息，给创意者提供数据支持和帮助。就像抖音、淘宝等利用 AI 算法智能分析用户画像，为用户精准推荐内容一样，文创产品在开发初期也同样借用人工智能获得较为准确的用户画像和心理分析，从而找到文化资源挖掘的切入点，找出能够"爆火"的文物原型来设计衍生品。

第二，AI 可以成为文创产品设计开发的灵感，将科技与文化巧妙融合，打造富有科技感的文物衍生品，创新产品形式，提高文创产品的科技感和未来感。就像成都蜀菁馆开发的 3D 效果蜀锦蜀绣作品，利用 AI 图像处理技术让作品栩栩如生，博物馆在进行文创产品开发时也应该大胆创新，充分利用 AI 技术来增加文创产品的科技附加值。例如，中国国家博物馆推出的"会说话"的棒棒糖，品尝棒棒糖的时候轻咬糖果就能听到有关文物的讲解，新鲜有趣又富有科技感。既然能创造出"会说话"的棒棒糖，那就说明科技能与文创产品巧妙融合。也许不久的将来，博物馆文创衍生品不仅能"说话"，还能"穿越时空"，利用 3D 技术、AI 技术和 AR/VR 等打造虚拟现实场景，开启产品的某个开关，它就像游戏一样带你进入另一个世界，娓娓道来它的前世今生，增强受众的体验感，同时提升产品的文化价值。

总而言之，"互联网+"是博物馆文创产品开发的核心理念之一，互联网已经融入文创产品开发的每一环节，无论是开发、生产还是销售，都有互联网思维的参与。与此同时，科技与文化的创新结合是未来博物馆文创产品开发的方向，打造具有国际竞争力的中国文化符号和科技感的文化形式，让中国的文创产品输出海外，增强博物馆文创产业的竞争力，提高我国数字文化全球传播力。

第三节　设计事理学角度的博物馆文创产品设计开发

2021年4月发布的《2021中国品牌授权行业发展白皮书》显示，自2015年博物馆授权从2%上涨到了18.7%后，博物馆文创产品开发在其中发挥了关键作用，以体现精神文化内核为中心的博物馆文创产业推动了中国文化产业的变革与升级。

一直以来，博物馆文创产业都在文化创意产业中占据核心地位，博物馆文化资源丰富，体现了中国发展的主流价值观，是文创事业发展取之不尽的灵感源泉。近些年，博物馆文创产业备受重视，也有了一定的成长和进步，但是博物馆文创产品受美学影响较深，过分重视产品造型设计，在文化理念和材质结构等探索上存在一定的局限性。

随着社会的进步和经济的发展，文创产品应该从单一的视觉审美满足中跳脱出来，将文创产品看作富有时代性、文化性和创新性的多维产物，让产品成为一个时代文化的延续。基于此，通过设计事理学中"事"和"物"的脉络分析，站在设计事理学角度探讨博物馆衍生品从"物"本身延伸到"物"以外的"人"的设计思路，提出设计事理学理论指导下的中国博物馆文创产品的开发与设计方法，让博物馆文创产品在富有审美性、功能性的基础上具有文学性和时代性，成为富有时代精神特征的精致物品。

一、设计事理学

设计事理学以"事"为核心，只有做事才需要工具或者物体，就像先有物质而后产生意识，"事"是"物"存在的前提[1]。设计事理学以"事"为基础，倡导设计与生活紧密联系，从生活的细节中发现问题，观察现

---

[1] 李杨：《基于设计事理学的博物馆App界面设计研究》，广州，广州大学，2019：12-13。

象，了解问题所产生的内因和外因，找到平衡内外因的那个点，从而解决问题，这就是设计事理学中所谓的"事理"。在"事理"分析中，"事"是"物"之所以能存在的"外部因素"，"物"的存在还有"其然"之说，即内部因素，内部因素只有适应外部因素，事物才能向前发展。所以，"外部因素"是先决条件，是"内部因素"创造的依据。

（一）外部因素和内部因素

设计是一个极其复杂的行为，有人按照设计事理学将设计中所面临的问题按照逻辑区分为外部因素和内部因素。外部因素从"事"出发，一般包括人物、时间、地点、事由等，内部因素则是指"物"本身的属性，如技艺、材料、工艺等。外部因素和内部因素共同组成了设计的整体关联系统[1]。该系统是一个运输系统，最终目标就是设计所要得到的结果。简单来说，设计事理学将设计划分成了"目的"和"目的手段"，"目的手段"就是设计所需的外因和内因。

人是设计的中心，所设计的产品最终要服务于人。然而，一千个人眼中就有一千片不同的落叶。人是最复杂而又善变的，要想设计能够满足人需求的物，就必须充分分析围绕着物所产生的内部因素和外部因素。举个简单的例子，古人为了生存会制造石刀，石刀所产生的外部因素是野兽以及人的生存，内部因素是锋利，石刀本身必须足够锋利。所以，外部因素就是去分析人为了适应环境所需的物，内部因素则是围绕人的自身需求而进行的物的刻画。随着社会经济的发展与进步，外部因素的作用越来越突出，但是也不能忽视内因的作用，内因决定了物的质量。一直以来，设计就是在外部环境的局限下，依据物本身的性质动能决定内部因素，最终研发出所需的产品功能。设计是一个内外因不断平衡，创造产品的过程。当然，产品可能是有形的实物，也可能是无形的服务。

（二）"物"与"事"

设计事理学的本质是探究"物"与"事"，以及它们的内在关系（图3-7）。"物"是设计产品，"事"则包含人与物。"事"是一个非常复杂的系统结构，动态展示人与物的各种对应关系，包括价值观、情感、

---

[1] 唐林涛：《设计事理学理论、方法与实践》，北京，清华大学，2004：15-17。

习惯和目的等。在"事"系统的内部，人与物以及其他各元素之间都存在着复杂的关系。物是人目的的载体，同时物又反过来影响人的行为，行为与文化、环境、信仰等息息相关，而长期的惯性行为又会成为习惯，习惯又会导致人对物产生依赖，这是一个非常大的生态闭环。在整个"事"系统中，各种元素相互依赖、互相决定彼此的变化状态。

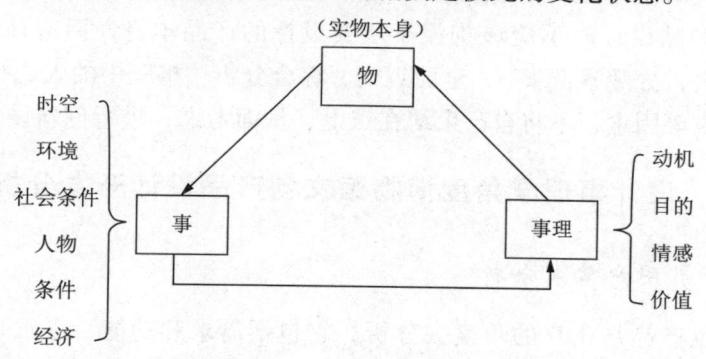

图 3-7　"事"与"物"关系图

"事"是"物"的前提，"物"则客观反映"事"系统中的其他因素在当下时空中的状态，从钻木取火到火柴，从蜡烛到点灯，真实再现人在特定时空下使用物的状态。由于"事"决定"物"，设计师在创造产品之初就需要将产品当作"物"放在整个"事"的系统中进行整体分析，从使用者、时间、空间、情感、行为习惯、社会等因素出发综合调查研究，来决定产品的设计方向和思路。

具体来说，在设计过程中需要先从"事"出发，"实事"是指分析观察使用者在不同时空、环境、心态等因素影响下的需求，在整个使用者的使用行为过程中确定目的，即产品的目的；之后，根据当下所拥有的科学技术手段、材料、工艺等来确定产品的材质、外观等，这被称为"求是"。整个"实事求是"的过程就是设计的过程，观察问题、分析问题和解决问题。此外，还有一个验证环节，将所设计的样品应用到现实生活中，检测"物"的质量，看看它是否符合设计之初的目的，使用是否能发挥它所预想的功用。例如，清洁地面，农耕文明时代可能每个人除了忙于农事就是居家生活，所以有很多的空闲时间扫地。但是，随着时代的发展和社会生活的改变，人人都是"996"上班族，根本没有时间打扫卫生。扫把和拖把这些清洁工具就需要改进，这些需要人工进行操作的产品就需要改进。设计者考虑到现代年轻人的生活需求和生活习惯，将扫把变成了"长脚"的机器人，一键开启，扫地机器人就可以打扫屋子。这就是从设计的"物"到设计的"事"再到设计的"物"的一个良性循环。

设计事理学是一种设计方法论，它告诉大家一个全新的设计思维，在进行产品设计时不应该拘泥于所要设计的产品本身，而应该从"物"跳脱出来，去观察"事"，全面观察、综合分析"事"中的人、社会、情感、时空等因素，不将自己束缚在点上，从面考虑，进行创新设计。

二、设计事理学角度博物馆文创产品设计开发分析

（一）用户需求分析

一款产品从用户的角度去分析，它包括需求和功能，需求是设计者所要发现的问题，功能是设计者在解决问题。所以，一款产品的设计与开发是一个从发现问题到解决问题的过程。发现问题是解决问题的前提和基础，一款产品从发现问题而生发萌芽，由解决问题而产生存在。一般情况下，设计师往往舍本逐末，从解决问题的角度出发过分看重产品的功能设计，将所有的关注点集中在"物"上面，如产品的材料、用途、造型等，这些是在有了一款产品概念的时候，模型塑造阶段应该考虑的问题，而非设计之初就将目标放在功能设计上。

博物馆文创产品开发应该将目标锁定在发现问题上，即"事"的分析。"人"是"事"的核心元素，了解了用户需求，才能从琳琅满目的文物中挖掘中心元素和符号，进行创意设计。用户需求一般分为网站需求、财富需求、品牌需求和社会需求。网站需求是信息技术时代所生成的需求，是指网站具有独特资源，能够满足用户的学习、工作和生活需求；财富需求是一种物质生活需求，满足人的日常生活所需以及自我价值的实现；品牌需求包括功能性品牌、规模性品牌、技术性品牌、情感性品牌和精神性品牌需求；社会需求是指胜利需求、安全需求、尊重需求、自我实现需求等。简单来说，用户需求就是自我需求，从人出发来谈论人的需要。

社会上的人可以有不同的分类形式，不同群体有不同群体的需求，从特殊性走向一般性是用户需求研究的中心。设计者要学会从复杂的、多样的社会现象中分析、总结、归纳出用户的需求点，从而找到产品开发的核心竞争力，设计出优质产品。以故宫博物院为例，它将用户群体主要定位成 20~30 岁的女性，这一阶段的女性是家庭生活的守望者，撑起了家庭的半边天。目前，该年龄段的女性可以分为悦己型、居家型、育儿型和娱乐型，悦己型女性特别注重身体护理、女性护理等，个人护理是她们的主要需求；而对居家型女性来说，家人的健康和饮食问题是她们关注的焦点；育儿型女性多体现为吃喝、玩乐、学习三不误；娱乐型女性的主要需求就是乐趣，如打游戏、玩平板、拼图等。根据这些不同人群的消费需求，故宫博物院文创产品在开发之初就定下了产品品类，包括故宫萌物、故宫香氛、故宫彩妆、故宫家具、故宫饰品、故宫伴手礼、故宫陶瓷、故宫文具等产品以满足女性的不同需求。由于消费者人物画像构建得比较清晰和完整，用户需求明确，所以故宫博物院文创产品快速打开市场，刮起一股故宫文创风。

博物馆文创产品设计是一场永无止境的比赛，竞争对手就是用户需求，只要用户需求发生改变，设计师就要同步进行优化创新，生产符合时下用户要求的产品。所以，博物馆文创产品开发是一件永远不会完成的事情，它是一个不断前进的过程，在过程中留下一串串的脚印。用户需求则是这场无限循环的节点，它是每一次循环重复"设计"这一动作的开关，只要用户有需求，需求有变化，设计师的设计使命就永不停歇。

（二）产品风格分析

产品风格是物质与文化双重作用的反映，是时代主题与社会主导性审美取向的代表。文创产品设计需要感知社会潮流与其背后所反映的大众心理，才能把握新机遇，构建长久的品牌发展生态。简单来说，博物馆文创产品在开发过程中要注意贴近当前流行文化风格，使产品具有社会大众性和时效性。如何能够洞悉流行风格？一般可以从消费动机来看，消费动机分为刚需和非刚需（图 3-8），刚需是指功能实用性，希望产品便捷、实惠和功用丰富，是用户选择一款产品时的心理活动；非刚需包括感官感受和心理感受，感官感受包括外观好看、外观个性、材质质感、产品互动，心理感受是分析产品的收藏性、新鲜感、流行性、文化认同和彰显个性。流行风格从非刚需而来，非刚需中蕴藏的用户偏好让设计师洞察到消费者的用户画像，进而感知产品的风格需求，进行产品风格定位。

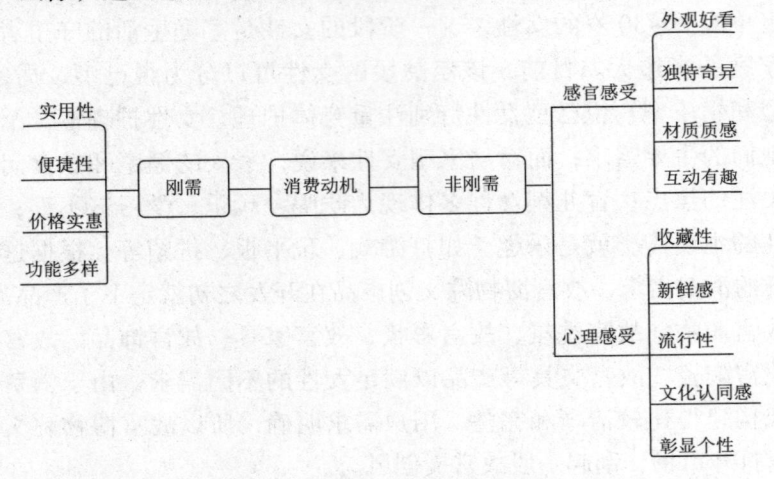

```
                                              ┌─ 外观好看
                                              ├─ 独特奇异
                                     ┌ 感官感受┤
                                     │        ├─ 材质质感
   实用性 ┐                           │        └─ 互动有趣
   便捷性 ┤                           │
          ├─ 刚需 ─ 消费动机 ─ 非刚需 ┤        ┌─ 收藏性
   价格实惠┤                          │        ├─ 新鲜感
   功能多样┘                          └ 心理感受┤─ 流行性
                                              ├─ 文化认同感
                                              └─ 彰显个性
```

图 3-8　博物馆文创产品消费动机分析

当下的艺术生活充斥着波普艺术、朋克风格、孟菲斯风格、萌系风格和新中式风格等多种风格的产品，博物馆文创产品着重用色、元素、造型、剪裁工艺等方面的描摹来绘制符合时代的风格。

那么，流行风格怎么折射到文创衍生品上呢？流行元素嫁接是衍生品形成主流风格的方法。例如，敦煌研究院在博物馆文创产品开发上就将敦煌壁画、彩塑、丝绸等文化元素与波普艺术风格相嫁接。波普艺术风格是商业美术形式的艺术风格，经常用于商品招贴电影广告、报刊图片拼贴组合上，又称为新达达主义。简洁的线条、锐利的轮廓和高饱和度色彩是波普艺术的显著特征，此外元素叠加和漫画卡通形象借用也经常出现在波普艺术中，给人以大胆、新潮的印象，极具个性化。这种粗线条、浓色彩的特点与敦煌文化元素符号极为相似，两者融合起来毫无违和感，既能彰显敦煌文化特色，又能满足大众对于波普艺术风格的审美需求。

以敦煌研究所的文创衍生品为例，文创产品让人一眼就能识别，仔细观赏还能从中看出敦煌文化的特点。这就源自敦煌文化与波普艺术风格的结合，像文创滑板极乐系列，敦煌壁画中的极乐世界描绘了当时宫廷显贵的奢华生活，呈现了繁复、庄重、奢靡、浮夸的视觉效果。抓住这一文物艺术特点，设计师用密集版面编排来体现神秘和庄重，利用图案的复制、对称和拼贴来体现波普艺术典型手法，用极其丰富、鲜亮的色彩和复杂的图案来体现敦煌风采，从而设计了符合现代审美的图案形象。

又如故宫博物院的新中式风格，新中式风格是现代流行风格，也是中国在发展过程中出现的一种融合现代设计语言和传统古典文化符号的一种风格，是传统文化现代化的具体表现。这种风格在实践中已经赢得了受众的喜欢，与敦煌博物馆的衍生品风格不同，新中式风格不是基于已有的流行风格去设计，而是根据传统艺术和现代语言表达特点独创出来的一种风格，从视觉、心理和材料肌理上体现了中国人的审美需求。例如，清明上河图书签套装，以新中式风格为出发点，折纸经过雕刻和剪裁变成三维空间，繁复的纹理增加了现代感和设计感，镂空图案却古色古香，突出了汴河两岸建筑、场景神采，既有传统文化神韵，又有现代感，人虽置身于现代却又能感受到古代的场景。

在博物馆文创产品开发过程中，衍生品拥有自己的风格是成功的关键。设计事理学将设计变成一个发现问题和解决问题的过程，除了弱化设计的复杂性，更重要的是凸显设计的创新功能。设计是一件围绕创新、创意而展开的活动，文创产品拥有自己的风格就代表它有创意、有新意。当然，独特风格不等于另类，所以，博物馆文创产品开发时要注意和时下流行风格相结合，考虑用户偏好度和接受度，用用户喜欢的风格靠拢文物元素，使文物的元素、符号和流行风格巧妙嫁接，形成博物馆文创产品自己的风格。

（三）用户体验分析

自互联网产业发展以来，"用户"就成了热词，研究用户需求、用户行为、用户心理和用户体验是互联网企业每天工作的核心内容。其中，用户体验是产品开发和设计效果的评测标准。互联网企业以带给用户比较好的体验为中心进行产品的开发和设计，用户体验是产品开发的目的。用户体验之前有一个体验经济概念，最早出现在《体验经济》中，是继产品经济、商品经济、服务经济后出现的第四个经济阶段。由体验经济概念中延伸，唐纳德·诺曼最早提出了用户体验，他认为用户体验涵盖人类体验系统的各方面设计，如工业设计、图形设计、界面设计等，既包括界面中的用户体验，也包括产品形态中的用户体验。随着互联网经济的发展，用户体验的概念逐渐向感受靠拢，是指使用者在操作或使用一件产品或一项服务时的所做、所想和所感。"做""想""感"成了用户体验的核心。一个成功的产品意味着它能让用户有行动、有想法、有感受。

  博物馆文创产品是一种偏重文化情感属性的功能性产品，其承载着文化传承功能，所以博物馆文创产品特别注重用户的体验效果。用户在使用博物馆文创产品过程中，能够产生"做""想""感"是设计师在进行产品开发时需要认真考虑的地方。以设计事理学为中心，设计师所要解决的体验问题，实际上是突出产品的"动"感，让产品不只是视觉性产品，而是一个视觉、听觉、情感和行动等多维度的产品。所以，设计者要从情感、信仰、喜好、认知印象、生理和心理反应、行为和成就等各方面来思考一款产品的设计思路，让产品变成一个用户体验过程，从中获得情感、喜好、行为和成就等方面的体验。这就是设计事理学所谓的从"事"出发研究产品，再让产品回归到"事"之中，接受检验和反馈。

  随着互联网思维向博物馆文创产品开发的渗透，文创产品逐渐重视用户体验，在产品设计时有意识地开发数字文化产品和趣味体验产品，提高产品的体验附加值，实现文化的传播和情感的延续。例如，河南博物馆出品的"散落的宝物"——考古盲盒之文物修复系列产品，该系列产品以用户体验为中心，注重交互性和互动性，将游戏探索融入产品当中，让用户在趣味体验中学习考古知识，感受文物魅力。同时，这种有趣的产品很容易引发话题，产生人与人之间的互动，增强产品的文化传播力，增强产品的可持续存在价值。

  例如，一位 B 站 up 主收到了朋友送的一个考古文创修复盲盒，他将整个体验过程记录了下来。首先，在一块土里挖出文物碎片，找到唐代侍女俑陶瓷模型；其次，将碎片清洗干净并按照说明书将附赠的修复工具石膏粉、白乳胶和金粉混合，调出一摊"金泥"；再次，他发挥自己的创意,在"金泥"中加入一点夜光涂料,还用工具敲掉了陶片的一角,在仕女俑的胸口位置留出一个小洞;最后将仕女俑细心粘好,按修复步骤用胶条捆好固定,等待干燥;干燥后,他用之前包裹陶片的泥土塑了一个底座,粘上细碎的干花,然后用软陶泥另外捏了一个迷你仕女,将其粘在之前特意留出的小洞里,制造出一幅"仕女俑上的仕女赏花"立体图。

视频发布到网上,引起了观看者的讨论和欣赏,对该产品进行了二次发酵与传播。在整个动手过程中,用户发散思维,在原有产品基础上进行了加工和创意,产生了心理满足感和成就感。这就是博物馆文创产品3.0版本,产品以人的体验为出发点,具有极强的交互性和互动感,尤其是数字文创产品的发展,像线上挖宝小游戏、博物馆益智文化小游戏等,这一优势更为明显。

博物馆文创产品开发是一种人文性的产品开发,它所提出的是一个概念,一个能给人带来精神需求的文化概念。从用户需求、产品风格和用户体验等切入点来进行设计事理学的文创产品分析,找到与众不同的博物馆文创产品开发思路,让衍生品作为博物馆文物的精神延伸,能够真正触及用户的精神和情感层面,实现产品的文化价值。

三、设计事理学角度博物馆文创产品的设计开发思路

设计事理学角度,设计的对象从设计"物"逐渐演变为设计"事",设计要通盘考虑整个博物馆文物背后的内部因素和外部因素,找到使它们关系达到和谐的那个平衡点,深入思考需求问题背后隐藏的原因,充分利用资源来创造出符合大部分人利益的产品。

设计者往往无法改变客观存在的各种外部条件,只有尽可能利用现有的资源条件进行设计,使设计师的主观能动性起决定性作用。博物馆文创产品开发要求设计师对已经掌握的信息进行综合创造性利用,要考虑使用者的需求,帮助他们解决问题。如图3-9是设计事理学方法论指导下博物馆文创产品开发设计思路框架图,衍生品的设计从外部因素和内部因素两方面出发,通过内、外因素中物理和事理的分析来确定博物馆文创衍生品的设计思路。

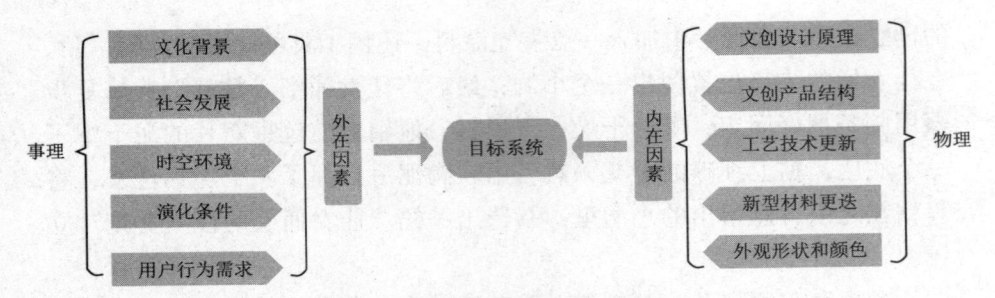

图 3-9　设计事理学方法论指导下的博物馆文创产品开发设计框架图

根据市场上已经出现的博物馆文创衍生品，以设计事理学为中心，博物馆文创产品开发呈现如下状态：

（一）深挖外部因素，呈现符号化和情感化

从博物馆文创产品开发的角度分析，设计事理学中的"事"包括文化背景、社会发展、时空环境、演变条件和用户行为需求等方面，设计师在进行文创衍生品的设计时要格外关注外部因素的影响，尤其是用户行为需求，综合五点因素找到产品设计目标。基于此，在设计博物馆文创产品时不应该单纯地提炼文化元素，而应该将文化元素、符号的提炼融入社会分析、文化背景分析、环境分析和用户行为与心理分析之中，全面考虑外部因素的影响，从方法论层面改变只考虑产品造型、产品材质等内部因素的行为，将文化内涵、故事更好地融入产品当中，借助博物馆文化衍生品讲好中国故事。

博物馆文创产品呈现符号化特点。结合设计事理学分析，博物馆文创产品的符号化从文创外部因素着手，从文物的外观出发进行不同形式的处理。在进行衍生品外观造型设计时采用制器尚象原则，即观物之象、触类旁通，如上古有巢氏观鸟巢之象而教民巢居。古人在制造器物时通过对世间万物的观察、分析和总结，善用具体的形象、感知的意向和领悟的道象进行创作，有所取象的同时也有所寄寓。如今，设计者在开发文创产品时沿用古人的制器尚象，通过对博物馆文物的器物造型感知和文化内涵的深刻剖析来领悟文物所传递的"魂"，抓住这个"魂"和现实生活中的主流价值观、受众的审美和精神需求进行外形的设计和细节的创新，呈现一个形神兼备的文化衍生品。

敦煌研究院出品的"敦煌天龙八部守护盲盒摆件"就是设计事理学方法论指导下的产品开发成果,是文物符号化的具体呈现。敦煌天龙八部守护盲盒摆件的设计灵感来源于佛经中的八种生灵,包括天众、阿修罗、龙众、迦楼罗、乾闼婆、紧那罗、夜叉、摩呼罗迦。因为天众和龙众工作出色,这八个人被称为天龙八部。敦煌壁画上经常看到天龙八部的身影,他们样貌威武、个性十足,拥有高超的技能。设计师通过对这八个人物的画像和日常生活的观察,将天龙八部的人物特点与现实中的一些形象相结合,以迎合人的现实需求。像歌乐女神的原型是紧那罗(图3-10),能歌善舞的颜值担当,推崇享乐至上。她的口头禅是"人不爱美,天诛地灭",技能是变美变美。设计者结合当前的社会环境和文化环境来设计紧那罗这个摆件,使其兼具傲娇、爱美等文化符号特点,将传统人物符号和当代文化符合巧妙融合,创造了灵性、生动的人偶。每一个人偶身上都有一个内心深处的自己,是直击灵魂的好产品。

图3-10 敦煌天龙八部守护盲盒摆件之紧那罗

博物馆文创产品呈现情感化特点。设计事理学特别重视"人","事"是"人"的相关反映,"人"是"物"要核心解决的问题。一件产品持续性获得好评,经久不衰,必然是因为它给人带来了很好的体验与感受。与商品属性特别强的产品相比,博物馆文创产品属于文化性和经济性兼备的产品,更加强调文化传播。所以,博物馆衍生品除了具备实用功能以外更注重表现它的文化属性,给人以精神和心灵的陶冶。

博物馆文创产品被设计伊始,首先要挖掘出文物的人文气息和精神内涵，贴近时代与生活，将文物特有的时代文化属性与现实生活相结合，创新性地表现符合新时代的人文精神。从人文关怀的角度研究新时代的人，人们虽然生活在物质丰富、信息发达的环境中，但是却经常感觉到空虚和孤独，传递温暖和陪伴成了一种常见的文化现象，如养宠物。因为二次元的发展，"萌文化"被大众所推崇，许多精致、可爱的小商品被开发出来。这一切都表明产品设计特别注重对人的关怀，突出产品的情感价值。抓住这一时代特点和人的情感需要，博物馆文创产品设计呈现出了情感化的特点，格外重视交互式的趣味性开发和产品的萌感设计。例如，陕西历史博物馆出品的"盛唐风·一纸千年系列"，唐朝作为文化强盛的朝代，艺术包罗万象、美不胜收，特别是文物的纹饰，充满生命活力。一纸千年系列·和纸胶带从《簪花仕女图》的鎏金折枝花纹银盖碗、鎏金鸿雁纹银匜、鎏金鹦鹉纹提梁银罐、鎏金飞狮纹银盒里的纹饰元素和《观鸟捕蝉图》的少女唐妞、观鸟捕蝉情景中获得灵感设计，纹理清晰美观，图案吉祥大气，充满文化寓意。

　　当今手账文化流行，年轻人特别喜欢用贴纸做手账，陕西博物馆的"盛唐风·一纸千年系列"贴纸正好符合人的情感和兴趣需求，将美艳复古高贵的花纹图案充满想象力地构建成图画，还有可爱的 Q 版唐妞，古灵精怪，或逗犬拈花，或戏鹤扑蝶，或静立遐思，细节充实，画面感强。这些细节元素设计都能给人以特殊的情感体验，人们在裁剪、粘贴、构思和成图的过程中体会到了做手工的乐趣，同时有满满的成就感。此外，在运用贴纸的过程中，由于贴纸的特定年代文化感强，人们还会对当时的文化有所理解，从而利于自己构思贴纸图画作品。这款贴纸集手工情趣、文化欣赏和情感体验于一体，充分展示了博物馆文创产品的情感化特征。

　　站在设计事理学角度来说，虽然目前博物馆文创产品开发具有符号化和情感化特征，但是还未完全吃透设计事理学当中的"事"，分析问题和解决问题的方式出现了同质化现象。目前，市场上已经开发的博物馆文创产品的品类雷同，产品功能和造型相似，逐渐缺乏新意。结合博物馆自身的办馆宗旨、博物馆文物属性和主要研究内容，设计师应该创新性思考，突破现有品类的约束，创造出更丰富的、符合人类需求的优秀博物馆文创产品。

（二）深耕内部因素，注重科技创新和材质变化

内部因素是指材料、工艺等集中于"物"本身的属性因素。根据内部因素原理，设计师在对"物"的原型进行分析、提炼之后，应该结合当代工艺特点和材质特色进行具体分析，运用技术创新性地塑造产品，再回归到现实生活中进行检验和认证，以测试产品设计定位是否准确以及产品的受欢迎程度。因此，在内部因素原理指导下，外观设计与呈现是一个基于目标的闭环处理系统。在确定了文创产品设计主题和提炼核心元素之后，设计师根据所得到的信息进行符号转化、外观呈现和工艺材料的选择。目前，数字化信息技术发展迅速，数字化产品已经成了博物馆文创产品开发的主流方向，因此有些产品可以省去工艺材料的选择环节，着重考虑外观呈现问题。

当前，社会数字化开发已经崭露头角，关注文化与科技融合，塑造数字化文创产品是一个大趋势。违背时代主题，终将被时代淘汰。随着数字艺术设计的兴起，虚拟现实技术、多媒体交互和网络艺术语言是设计学研究和关注的焦点，从设计事理学角度来看这是一场"事"的变革，是社会和经济环境的变化，是人的行为习惯的改变，设计师必须看到并迎合这种改变，将科技元素加入产品开发当中，从而突破实物产品形式的局限，实现产品创新。例如，湖北省博物馆开发的数字文创产品掌上智慧博物馆 App，App 中有导览、宝库、娱乐、发现等板块，兼具馆藏精品展示、在线教育、娱乐和交流等多种功能。此款 App 以人性化的"听""玩""赏"为设计思路，加入了语音导览、文物益智游戏和原创动画等丰富内容，兼顾人文性、趣味性和视觉体验。又如，故宫博物院开发的"御猫鲁班探秘故宫"小程序，从一只猫的视角带领大家观赏故宫未对外开放的区域，交互体验感特别强。数字化文创产品具有传统文创产品所不具有的代入感，超强互动和体验更有利于用户进行文化感知和情感交流，文化传播力和感染力剧增。

虽然数字文创产品是未来趋势，但不可否认，线下实体产品仍然是当前博物馆文创产品的主要呈现方式，是文物的"记录员"。随着科技的进步和社会的发展，古代建筑正在被大量的新式建筑所取代，一些珍贵的历史材料、工艺正在被新兴材料和工艺所迭代。为了保存这些古老的文明智慧，文创衍生品成了一个很好的载体。

设计师在进行博物馆文创产品开发设计时可以注意提取古代文物造型元素，在原有材质的基础上进行加工和升级，模仿性地创造新的材料，使其既有原型的影子，又独立存在，创新性地保护和传承文化遗产。例如，故宫建筑组件中的瓦当，琉璃材质和纹样工艺是它的精髓，应该进行传承和弘扬。但是，由于工艺过于繁复，与现代的简约美有所冲突，因此设计师特别对瓦当外观进行简化，将外观的特点与现代材质相融合，制成了瓦当音箱，与瓦当相似而又独立，样式新颖，独具风格。这款产品受到了用户的好评，让"瓦当"艺术融入了现代环境。变化后的材质虽然不能完美复刻文物，但是它是文物的证明，让文物不至于在历史长河中消失。与现实需求相结合，对文物的材料进行更迭和替换，是博物馆文创产品未来的发展之路。

第四节　市场品牌思路下的博物馆文创产品设计开发

品牌是一种概念标签，作为社会流行文化和主流价值取向的风向标，在当今社会备受重视。一个品牌往往代表着一种时尚文化，如迪士尼、可口可乐、阿玛尼等品牌，它们是企业文化的象征，代表了企业向大众所传递的价值观念。苹果作为一个品牌，向大众传递了创意创新和科技创新概念。"我就是与众不同。"苹果产品依靠大胆创新和勇于冒险的精神征服了用户和世界，成为当前科技信息产品中的标杆。一个生产产品的企业要想一直存在且具有较大的公众影响力就必须创立自己的品牌，从品牌营销的角度去设计、宣传产品，输出自己的产品概念，让产品在激烈的竞争中脱颖而出。

当前，中国的大小博物馆仍在不断地生长和发展。博物馆文化的兴盛是国家所期望的，是民族文化崛起的象征。但是，随着博物馆的不断建立，不同博物馆衍生品也开始抢占文化创意产业市场份额。一家博物馆要想成为消费者眼中的"独宠"，就必须建立自身的品牌形象，向大众输出自己的文化理念和文创产品概念，形成具有竞争力的、独一无二的文创衍生品。同时，站在市场品牌的角度去研究博物馆文创产品的开发思路，就能发现概念和营销的重要性，从而提高营销策划水平，扩大博物馆的品牌影响力，增强文创产品竞争力。

一、市场品牌

市场品牌的含义比较广泛，它是一种无形的资产，又是一种错综复杂的象征，还是一种差别化的标志。作为一种无形的资产，市场品牌具备自身独特的个性和内涵，它标榜标新立异，反映自我，是企业无形的文化和价值资产；作为一种复杂的象征，它是属性、名称、包装、价格、历史、声誉和广告风格等的集合，是一款产品的整体形象；作为差别化标志，它是企业产品区别于行业内其他竞争产品的工具[1]。美国市场营销协会认为品牌是一个名称、术语、标志、符号或设计，或者是它们的结合体，用以识别某个或某群销售商的产品或服务。

过去，品牌的目的是提高销售额；如今，品牌仍然有这个目的和作用，但是它更多的是承载企业文化和形象，是产品根植消费者心中的手段。品牌企业与普通企业相比，它总能持续不断地向社会输出更有效的产品和服务，获得自身的可持续发展。对于博物馆而言，品牌是承诺，是信任，是文化概念，是价值导向，是社会公信力、文化审美和创意创新的代表。它就像一张闪亮的名片，吸引受众几乎不假思索和分析地涌入博物馆。博物馆的品牌化，无形中增强了文创产品的竞争潜力，提高了社会知名度。

二、博物馆品牌化的价值

由于国家对文化产业的重视和博物馆文创产业所带来的红利，我国几乎所有的博物馆都有属于自己的文创产品，各个博物馆也将很大一部

---

[1] 蒋登雨：《博物馆文创产品品牌个性对购买意愿的影响》，广州，暨南大学，2020：5—7。

分精力用在博物馆文创产品的开发上。博物馆本身作为一个很大的知识产权资源地,是人类千年社会实践所凝聚的社会文明,寓言、歇后语、典故、话本等精神文明成果和壁画、字画、器具等物质文明成果都能在博物馆中找到。博物馆领域就是文创产品的"灵感麦田",博物馆可以进一步引申为文创作品的统称。博物馆衍生品所蕴藏的文化价值是市场上同类产品所不具备的,公众在使用衍生品的功能时也获得了博物馆文物所传递的文化信息,博物馆的品牌形象由此而生。随着博物馆文创事业负责人对自身博物馆 IP 价值的认知,博物馆品牌化已经成了必然趋势。如同故宫博物院,随着对 IP 资源的挖掘和创新,文创衍生品受到了大众的青睐,故宫博物院逐渐品牌化,使人想到博物馆衍生产品,就想到故宫。建立博物馆品牌对于博物馆的生存发展极为重要,品牌化是博物馆文创产品发展壮大的必由之路。

(一) 脱颖而出,增强竞争实力

博物馆是一种非营利性组织,它为社会文化发展服务,为社会教育服务,是人类了解人文历史的途径。博物馆的品牌化意味着博物馆管理体制改革和发展战略的转型升级。与一般性企业通过市场营销和经营策略打造独特品牌不同,博物馆担当着文化传播使命和公共服务责任。但是,随着社会经济的变革和科学技术的发展,博物馆不得不开拓创新,寻找新的生存途径。一直以来,博物馆都在进行衍生品的开发,但是产品不够新颖,无法博取观众的眼球。

如今,"互联网+"模式在各行各业遍地开花,拯救了一批传统企业,也成就了一些新兴企业。此时,博物馆也开始与时俱进,积极引进"互联网+"发展模式,参与到市场运作当中,打造既具有市场属性,又带有社会公益属性的新博物馆。在互联网思维和创新思维的影响下,博物馆撕开了文创的口子,开始发展带有博物馆特性的文创产品。该产品在市场中运作并接受市场的检验,赢得了受众的认可。为了打造"网红"产品,增强产品竞争力,博物馆文创开发部门不断创新,先后经历了传统文创产品 1.0 时代、视觉文创产品 2.0 时代和互动性文创产品 3.0 时代,由于深扎互联网环境,博物馆文创产品也开启了营销模式,处处都能看到营销的影子。

在建立了营销思维之后，博物馆开始认识到自己大 IP 的身份，开始有意识地进行品牌营销，打开博物馆的知名度，这就是博物馆品牌化意识的萌芽。同样，博物馆的品牌化发展也依赖互联网营销策略，除了自身创造带有鲜明特点的优质产品以外，营销还是塑造品牌的主要渠道。

以故宫博物院为例，在进行文创产品开发之后，它成立的淘宝店，将产品放在线上平台销售，以期获得更多的用户。但是，"好酒也怕巷子深"，虽然产品具有丰富的文化价值，审美感强，但是凭借淘宝单一平台的引流并没有激起多大的水花。后来，故宫博物院开通了微信公众号，开始建立自己的私域流量。一篇名为《雍正：感觉自己萌萌哒》的文章一经发布，就获得了 10 万+的浏览量，雍正"萌"的形象一下子广为人知，改变了故宫以往的高冷形象，故宫开始具有"网红"体质；后来，《朕有个好爸爸》的文章彻底让康熙帝成为"网红"。故宫微信公众号这种后现代解构主义迅速俘获了大众的芳心，彻底改变了故宫在人心目中迟暮、严肃的形象。从此，故宫文创产品的销量居高不下，故宫彻底出名了。

但是，故宫博物院并未停滞不前，它朝着品牌化的方向继续进发，迎来了故宫文创产品 2.0 时代，也就是视频化时代。故宫博物院先后推出了《我在故宫修文物》《上新了·故宫》等纪录片和综艺节目。通过视频化的展示，人们对故宫博物院有了更加全面的了解，故宫人、故宫事、故宫中的文物，栩栩如生地展现在了观众面前。故宫不再是一个冷漠的宫殿，它充满了人文情怀和生命气息，使人们对故宫产生了亲切感，从而塑造了专业化、生活化的匠人形象。再到后来，故宫博物院开始建立线下体验店，衣食住行形成了一个文创产品销售矩阵，线上和线下互动的体验模式让故宫博物院真正走向了品牌化道路，故宫博物院由此成为一个成功且独一档的文创品牌。

由此可见，品牌化是博物馆增强竞争力的重要途径。以品牌化的策略发展博物馆文创产业，可以使博物馆文创产品在众多博物馆文创产品中脱颖而出。因为，一个博物馆在品牌化的过程中会向大众输出自己的品牌概念和品牌故事，赋予自身一个人物形象。一个人格化的博物馆，一个深受大众喜爱的博物馆，相比一个普通的博物馆，更加深入人心。在拼命争夺受众眼球的互联网时代，博物馆的品牌化无疑是让自己在林立的博物馆中崭露头角的有效方法。

（二）广为人知，传递文化使命

古往今来，品牌让一个企业广为人知、屹立百年。这是因为品牌为人们带来了归属感，陪伴人们成长，给予人知识、温暖和自信。它有时候会成为大众的信仰，这就是品牌的力量。因此，博物馆需要塑造自己的品牌形象，实现品牌化。这样，博物馆所输出的文创产品就不单单是一个产品，它可以给人以心灵的寄托。例如，迪士尼最大的资产不是迪士尼乐园项目，而是可传承、可发展、可持续的品牌文化和品牌价值。一个伟大的品牌是一个无限延展的画布，消费者和品牌建设者共同将这块画布填满人生的色彩。参与感和共情力是一个好品牌必须具备的要素，而博物馆品牌通过文创产品的创新开发能够给人以互动体验，让文创产品参与大众的成长，让产品成为人生命的一部分。就像宫崎骏系列文创产品，《龙猫》系列、《千与千寻》系列等，每一个小产品都是电影主题的延伸。人们购买、收藏这些产品不是因为它们好看，而是它们充满了故事，给人以温暖和想象，是人们前行路上的一份力量和一份指点。所以，品牌化文创产品，尤其是品牌化博物馆文创产品更像是一种精神寄托，它虽然精致好看，符合大众审美，但是更重要的是它能给人心灵以慰藉。

为什么这么说呢？与传统文创产品不同，博物馆文创产品来源于博物馆这个巨大的IP，博物馆中蕴藏着千年的故事，数不胜数。这些故事都璀璨生辉，折射到了人的生命中。例如，故宫博物院出品的《故宫日历十二载典藏版》（图3-11），几千年的风景浓缩于一本日历，道不尽的故事，讲不清的风情，说不完的精神。它是文化象征，吹响了捍卫精神文明的号角，它是几代故宫人匠心、创新和艰辛的见证者和亲历者。《故宫日历十二载典藏版》表面是在介绍故宫藏品，实际上是将文化搬进了千家万户，每一件藏品背后都有一个美丽的故事。《故宫日历十二载典藏版》创新地选取了十二生肖为主题，从2010年到2021年，每年一个生肖和一个主题文物。一整本日历聚沙成塔，用12个主题来阐述"情"，家国情、天下情。

　　翻开日历，时光仿佛回溯。试问自己，2012年在干什么？发生了哪些事？那一年的故宫又有怎样的故事在上演。一本小小的日历，仿佛连接了多个时空，曾经的"龙时代"、曾经的自己、当下的自我。读史使人明智，一本小小的日历渗透了龙文化，浇灌了容合、福生、谐天、奋进的中华龙文化精神，了解、感知龙时代的拼搏、奋进和艰辛，反思、追忆过去的自己，激励当下迷茫、疲惫的自己。时间来到距离自己最近的2021年，一份风调雨顺、国泰民安的祝福让人心暖，一个福牛与农耕文物让人感受到脚踏实地的力量。也许这就是文物的力量，质朴的文物、简单的造型却能传递精神情感，给人以慰藉。

图3-11　《故宫日历十二载典藏版》

　　正是因为品牌化运营的思路，故宫博物院才能创新生产出如此美好的产品，《故宫日历十二载典藏版》是个具有强大共情能力的作品。首先，它将时间线拉长到近12年，用户经历过每一年，每一年都有不同的故事发生，形成一个与时空的互动；其次，它巧用十二生肖，每一个人都有一个自己的生肖属性，与自身相关的事、物，尤其是亲密如生肖很容易调动人的情感，被当作送给自己的一个祝福，让人珍惜；最后，一本日历，12个生肖，12个主题，每一个主题都是一种情感和精神的延续，给人带来鼓励和慰藉。通过巧妙构思，一个产品就此融入了人的生命情感中。这就是品牌化设计所赋予产品的感染力，从打造品牌的角度设计产品，使产品具有很强的故事性、互动性，让产品与人的成长建立强大的联系，让文化精神融入人的生命发展中。同样，一款好的产品也能回馈品牌，让博物馆文创品牌更加具有知名度。所以，博物馆的品牌化发展，既能提高自身的知名度，也有利于传统文化的传播。

（三）稳扎稳打，保证产品质量

品牌是消费者对企业的一份信任，它像是一个综合评分体系，是产品、服务、文化价值等多维度打分的结果。以前，说到品牌，更多的与时尚相关联，如迪奥、香奈儿。由于产品做工精致、样式符合审美，这些企业名称被品牌化，迅速成了行业的标杆。所以，博物馆文创产品的品牌化，不得不关注产品本身，注重产品质量和内涵。产品和品牌具有一个双向互动关系，品牌的压力促使产品更加关注细节和质量，关注内涵和精神的塑造；优质的产品又是打开品牌知名度，树立品牌形象的决定性因素。因而，品牌化的博物馆文创产品必须回归产品本身，设计师必须要在概念和产品细节上创新和深加工，让一款产品如同文物一般经得起考究。尤其是当博物馆文创产品具有一定的品牌影响力之后，受众对产品的要求会更高，博物馆必须向着产品开发、产品质量和产品创新等高层次不断努力。

以苏州博物馆为例，苏州博物馆的品牌化经历了一个较为长期的过程。2006年由著名建筑大师贝聿铭设计的苏州博物馆正式向受众开启大门，2012—2013年"明四家系列"展览带火了苏州博物馆文创产品，2016年苏州博物馆开始考虑并实践商业授权，2019年苏州博物馆有了IP开发和运营意识，经过一步步的发展，苏州博物馆的品牌形象越来越丰富，越来越成熟。苏州博物馆并不是一个华丽的空壳，2013年苏州博物馆第一次尝试从工业设计和整体策划的角度推出文创产品；2019年，苏州博物馆有意识地建立IP生态平台，经营苏州博物馆品牌，以博物馆为中心围绕设计师、制造商、版权代理和馆属公司建立了生态产业链，将博物馆授权文化内容再生产，最大化地展开产品策划和创意，把文物内所蕴藏的内容真正解读出来，而不是浮于表面，去打动人，以实现文创产品的增值。

自从品牌化运用模式开启后，苏州博物馆开始授权破圈，建立IP生态平台，跨界合作让文创产品更加精致和细腻。由于跨界合作连接了很多创意人和创意团队，他们对产品细节考究的态度和概念故事挖掘的深刻性保障了文创产品由内到外的高品质。例如，贝聿铭的建筑密码创意3D解谜礼物套装将大师的著名建筑浓缩到一本立体画册中，是一件高度还原的创意产品。设计师费尽心血，将建筑学科知识融入几百道手工工序和几百片建筑零件里，建筑学的基本原理暗藏其中。仅仅八个对页就让苏州博物馆、美国国家美术馆（东馆）、香港中银大厦、法国卢浮宫、日本美秀美术馆、德国历史博物馆浮于眼前，购买者仿佛真的来到了这些建筑圣地，围观建筑的全貌和细节。令人意想不到的是，每座建筑页面上都有一位Q版贝聿铭，且有一个相关联的知识主题，图画上的贝聿铭会"指导"大家学习人文艺术、空间逻辑、环境美学、光学和材料学等学科知识。此外，整本书还巧妙地将抽拉、翻转、滑道等互动方式融入书页设计当中，用户在翻书的过程中参与了建筑的建设，对建筑的原理理解帮助巨大，同时增加了产品的趣味性和互动性。更用心的是，设计者还巧妙构思了建筑谜题，线索分别藏在书中和小程序上，有意识地将产品与信息技术相关联，拓宽产品的生命线，让阅读者更好的解谜。

这款文创产品在同类型产品中竞争力极强，做工精细考究，融入趣味性互动环节，结合线上解谜，建筑知识丰富，是一款优质产品。与此同时，这款独特、优秀的产品打响了苏州博物馆的知名度。由此可见，一款优质产品是吹响博物馆品牌的号角，品牌化运营让博物馆更加强调产品质量与产品创新，在确保文创产品不被消费者诟病的基础上让消费者眼前一亮。

三、博物馆文创产品品牌化设计开发思路

博物馆品牌化运营对于博物馆来说是一个重塑自我的过程。与闭门造车不同，站在市场的角度去运营博物馆和开发博物馆文创产品，就必须有一个开放、包容、创新、发展的心态，积极拥抱社会出现的新事物，以探寻的目光看待博物馆文创产品开发，永远保持一颗青春、好奇的心。与传统的博物馆经营理念不同，市场品牌化运营要求博物馆更新自己的开发理念，从品牌逻辑思维的角度梳理产品开发思路，树立以人为本的

产品设计理念,创新产品形式,打造传播矩阵,迎合市场需求和文化教育理念,走出一条可持续发展的博物馆文创产品开发之路。

(一)建立正确的品牌逻辑思维

品牌逻辑思维是产品设计的核心逻辑,失去品牌逻辑思维的支撑,品牌化的博物馆文创产品开发就失去了航向。因此,品牌逻辑思维是产品开发的"定海神针",它保证文创产品开发走在一条正确的道路上。品牌逻辑思维有两种模式:从外向内的品牌逻辑思维和从内向外的品牌逻辑思维。

1. 从外向内的品牌逻辑思维

从外向内的品牌逻辑思维是一种被市场化的产品设计逻辑,以市场为导向,跟风、迎合市场需求。这种品牌逻辑思维注定会引起产品同质化,或者说是小品牌的逻辑思维方式。从外向内的品牌逻辑思维无时无刻不告诉消费者:他家有的产品,别家也有。那么,这种产品怎么在市场上获得竞争优势呢?他们往往以价格低廉取胜,采用一些成本较低的原料去模仿别人的产品,无论从情感需求还是从财富需求来讲,消费者往往愿意买单。由于这种品牌逻辑思维的存在,一些小企业确实养活了自己,也促进了市场经济的发展。

当前社会,很大一部分品牌在产品设计端和销售端遵循从外到内的逻辑思维,导致产品没有灵魂。此时的产品只能被定义为功能性产品,不具备企业精神和内涵,不属于品牌化产品。举个简单的例子,这些产品一般不会举办产品发布会,一个简单的详情页足以讲清产品是什么,有什么功能,价位如何,外观怎样。这种从外向内的品牌逻辑思维不利于市场的创新发展,"偷懒"化的生产方式让许多企业的生存轻松了许多,这就导致同类型、同款产品泛滥成灾,缺乏新意。而产品的同质化也打击了创意企业的生产积极性,"抄袭"带来的利润比原创还高,何苦原创?这也是为什么近些年知识产权保护备受重视的原因。国家鼓励、提倡企业进行创新,创新是企业的生命力,是国民经济增长的加速器。所以,从外向内的品牌逻辑思维并不是博物馆文创产品品牌化所需要的逻辑思维,遵循从外向内的逻辑思维进行产品开发,博物馆文创产品将陷入窘境，因失去新意而失去市场竞争力，甚至被迫退出文创市场。

2. 从内向外的品牌逻辑思维

世界知名品牌大多采取从内向外的品牌逻辑思维，从解决问题的角度设计产品。从内向外的品牌逻辑思维由黄金圈思维（图3-12）发展而来，坚持"Why—How—What"的思考顺序，先设置目的和概念，之后思考具体操作的方法和措施，最后呈现出现象和结果。所以，从内向外的品牌逻辑思维是从"为什么"的角度出发探寻"怎么做"，最后找到"做什么"，这样生产出来的产品是基于概念而产生的产品，具有故事内涵和精神价值。

如果说美国苹果公司联合创始人乔布斯拥有的是从内向外的品牌逻辑思维，那么普通的推销员拥有的便是从外向内的品牌逻辑思维。乔布斯会告诉受众，"我们做的每一件事都是在挑战现状，我们热爱标新立异"，而推销员会告诉受众，"这是我们的电脑"，一个在销售概念，一个在销售产品，这就是从内向外和从外向内的品牌逻辑思维的区别。从内向外的品牌逻辑思维所设计的产品是物质和精神的双丰收，它强调精神层面的作用，一款产品中包含着设计师的精神和思考，折射着产品理念。

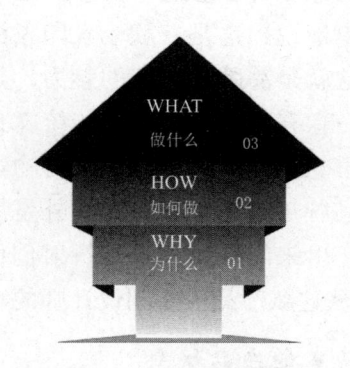

图3-12 黄金圈思维

在开发博物馆文创产品的过程中，要建立由内向外的品牌逻辑思维，在产品研发之前思考"为什么"，找到产品开发的目的和意义，由此赋予产品精神内涵。当设计者找到设计产品的理由后，开始探索博物馆当中的文物，从中发现符合想法的原型，进而打磨出一款独一无二的产品。

博物馆文创产品有两个杠杆，一个是文化知识，另一个是创意创新，创意创新是博物馆文创产品杀出重围的关键。缺乏创意，文创产品就沦为了功能性产品。由内而外的品牌逻辑思维是培养创意的温床。创意并不是灵光乍现，而是量变积累到一定程度的质变成果。由内到外的品牌逻辑思维训练是一遍遍打磨人的思维的训练，当创意者的思维训练到达一定程度之后必然会出现"点子"，找到产品研发的突破口。

例如，针对苏博结构木质拼图，设计师说："建筑之美，可以用眼睛欣赏、用照片记录，抑或用画笔绘下。感受建筑，还可以在立体拼图中，亲自动手还原。苏博结构木质拼图将为你提供一段沉浸感受贝老建筑设计思想的时光。这一刻，你也是建筑师。"设计师的这句话点出了"Why—How—What"从内向外的品牌逻辑思维，建筑之美是"为什么"，亲自动手还原是"如何做"，立体拼图是"做什么"。设计师为了让用户感受建筑之美，从动手的角度设计产品，最终呈现出了立体木质拼图。此外，拼图图块还原木质本色，体现了设计师的环保精神。

很明显，这是一款带有鲜明设计师标签的产品，它不是生产加工的产物，而是创意的结晶。用户在拿到这款产品之后，在拼装的过程中能够解读出产品所蕴藏的兼容并蓄思想，能够从建筑拼图中"看到"中西方建筑融合之美。简单地说，这是一款令人印象深刻的产品，让人一下子就记住了生产者。这就是品牌化生产的魅力，是从内向外的品牌逻辑思维的成果。同时，一款有灵魂的产品是传统文化弘扬的重要载体，有利于文化知识和精神思想的输出。所以说，博物馆文创产品的品牌化开发一定要建立正确的品牌逻辑思维，从内向外发散性思考问题，寻求解决之道。此时，所生产出来的产品很容易折射创作者的思想和理念，就像人们常说的，"我能从这款产品中看到设计师的影子"。

（二）树立以人为本的产品概念

人类在社会发展进程中扮演着重要角色，是历史的创造者，是世界的搭建者。一切的经济活动、社会活动和生活活动都是为人的生存服务，精神娱乐文明由人而来，也服务于人的发展和成长。与其他生物不同，人是知识学习型生物，在不停的学习中创造着物质和精神文化，所以文创产品应以人为中心，从人类获取产品创意智慧，又通过创意向人类传递文明思想和文化知识。博物馆文创产品的品牌化开发坚持以人为本的产品开发理念，摒弃以物为本，才是发展之道。"公众需要什么？我们能为公众做些什么？"是博物馆文创产品开发中绕不开的问题，消费者才是这场创意活动的主角，是创意的主导者。

博物馆文创产品立意深远，它不以营利为唯一目的，人的文化性变革才是博物馆文创产品的初衷。博物馆具有社会教育功能，它是文化传播和精神教育的主要场所。所以，博物馆文创产品的开发必然要以人为中心，关注人的精神需求，所生产出的产品富有温暖气息又温暖人心。

所有知名品牌的品牌化历程都充满了人文主义思想，它们很注重为用户服务，注重向用户传递某种精神和思想。例如，华为用自己的行动向消费者传递了逆境中突破、忧患中生存的精神和爱国主义精神。虽然它所销售的是手机，但是手机生产的过程充满了挑战。当消费者拿到这部手机的时候，它除了具备日常的通信、娱乐功能以外，还在向用户传递品牌精神。有些品牌是通过自身的发展来塑造品牌形象，传递人文精神的，有些品牌是通过服务来让消费者体会到某种精神的。例如，迪士尼乐园中的每一个童话人物形象在与观众互动中传递友爱、热情和欢乐的情绪，传递积极乐观的精神。如果不是以人为中心开发产品和用心服务，迪士尼乐园不可能受到全世界的欢迎。

基于此，以人为本的博物馆文创产品开发应该做到两点：产品人格化和服务人性化。

（1）产品人格化让产品富有人文气息。以用户需求为中心打造具有人文精神内涵的产品。从人出发，回归到人，方得始终。产品设计时应该想到人的需求，包括生活需求和心理需求，用文化和功能来满足人的需要。用心设计的产品给用户美的体验，用户才会认可。博物馆在以一些文物形象为灵感进行产品构思时应该想到用户，思考所生产的产品能为用户解决什么问题。例如，敦煌博物馆出品的九色鹿系列小丝巾在设计之初就被定位为送给女性消费者的"礼物"，礼物是人类情感互动的锁链，一个小小的礼物就能温暖一颗心。作为礼物，它不仅精致好看，还充满了文化气息，以《九色鹿经图》为原型，寓意吉祥的祥瑞图腾九色鹿当选为设计主元素。一款简单大方的丝巾，用来当作礼物表达情感恰到好处。这款产品处处透露着为消费者着想的温馨气息，赢得了广大消费者的好评。

（2）服务人性化有两层含义，一个是产品服务，另一个是销售服务。第一种，产品服务是指产品本身给用户带来的服务体验，包括包装设计、产品功能设计、产品外观设计等细节。例如，新疆博物馆出品的共命鸟对筷的产品细节设计非常到位，充满服务意识。筷尾处镶嵌根据传统文化元素所设计的图案，不会脱落；筷头则使用磨砂材质的材料，入口安全且不易出现磨损；整个筷身则进行了高密度设计，主要为了防尘除垢。对于一款入口的产品来说，卫生很重要，而共命鸟对筷的设计完全保证了安全性，产品设计贴心，全程为使用者着想。第二种，销售服务是指产品在销售环节所带给用户的服务。围绕消费环节而展开的服务必然令体验者印象深刻，增加产品品牌好感度。

在信息服务时代，产品的"物"心论已经过时，以"人"为中心全力打造用户参与度更强的品牌服务环境是新时代的主题思想。博物馆文创作为我国的新兴产业应该积极与时代贴近，以"人"为中心去设计和开发产品，制作出人格化和服务性的产品，让用户对产品产生信赖，借助这份信赖来维系博物馆与消费者之间的关系，从而潜移默化地影响消费者的审美观念和文化素养，实现文化教育目的。

（三）创新趣味互动的产品形式

创新是品牌保持鲜活的秘密所在。有些人好奇迪士尼存在了这么多年，为什么一直屹立不倒？迪士尼并不是一成不变的迪士尼，1907—1937年，米老鼠、唐老鸭等经典形象被设计出来；1938—1965年，迪士尼创新表现形式，与电影相结合，迪士尼形象在世界各地开始传播；1966—1988年，迪士尼开始在世界范围内建立梦想乐园；从1989年开始，迪士尼以影视为中心开始布置产业矩阵，出品影视产品，以影视产品中的人物形象为中心进行衍生品开发，形成一个创意生产王国。迪士尼就是创意创新保鲜品牌的强有力证明。

博物馆品牌不是终身制，在瞬息万变的信息社会，博物馆即使有强

第三章 不同视角下的博物馆文创产品设计开发

大的文化储备作为后盾也要积极创新，不断更新，让产品和消费者之间永远维系着一个"趣"字。信息技术时代，互联网产业造就了一个词——交互性，一款产品的交互性越强，消费者的产品体验度越高，产品越容易得到认可。尤其是数字化技术的升级，图、文、声、像等成为日常应用语言，人们越来越习惯沉浸式娱乐和学习生活。基于体验习惯的变化和品牌需求，博物馆可以创新产品形式，从开发传统实物产品转变成开发数字化产品，重点突出产品的趣味互动性。目前，博物馆文创开发已经将目光投向了数字化产品，积极利用网站、小程序和 App 等作为产品输出口，与互联网企业联合破圈，实现数字化产品的宣传与应用。

例如，《王者荣耀》官方与山东博物馆达成合作，推出数字文创"王者荣耀·稷下学宫"（图 3-13），游戏世界中的王者大陆上出现了稷下区域，该区域正在出现新的英雄和新的故事。稷下学宫是战国时期出现的特殊高等学府，《宋子》《田子》《蜗子》等历史著作相继问世。在王者荣耀的游戏世界里，稷下学宫成为一个高频率名词，游戏体验者既认识了稷下学宫，又在体验年轻召唤师的过程中了解了战国时期出现的文化英雄。这款数字化文创产品以稷下为触点，让消费者在互动体验中学习春秋战国时期的历史文化知识。游戏是博物馆数字文创产品开发与创新的重大突破口，除了山东博物馆与《王者荣耀》合作，敦煌研究院也与其展开互动，推出遇见飞天定制皮肤，充满敦煌色彩的皮肤为传统文化赋予了新的生命意义，中国文化符号惊人的美得以被中国人发现和认同。

图 3-13 王者荣耀·稷下学宫人物之曜

以游戏的形式开发数字文创产品是当前博物馆利用科技创新的主流。当然，除了游戏形式外，3D 数字藏品在技术条件支持下近些年也开始崭露锋芒,如博物馆联合支付宝在新春期间推出了"集五福"活动,发布在支付宝的数字藏品平台上的3D数字藏品眨眼之间就被抢购一空。3D数字藏品是利用科技对文物进行技术化处理和艺术化加工,使其在屏幕上复原原貌或者复原产品生产和使用的场景,让消费者和文物进行一场别开生面的跨时空互动,对文物产生深厚情感,对文物背后的故事进行深刻体悟,从而拉近消费者和文物的情感距离,培养消费者对民族文化的热爱之情和自信心。此外,AR/VR技术也被应用于数字文创产品的开发中,文创产品的创新正在向虚拟现实进发。总之,品牌化下的博物馆文创产品一直走在创新的路上,博物馆+金融、博物馆+科技、博物馆+互联网,博物馆文创的跨界合作越来越广泛,产品的形式也越来越丰富,一直在刷新人们的眼球。创新产品形式,不断增强产品的互动性和趣味性,文创产品才能像不断蓄电的电灯,持续发光发亮,品牌效应也会越来越好。

(四)打造跨界IP传播矩阵

2016年是文创领域的发展分水岭,2016年以后文创开启了IP化发展路径。以博物馆为大IP,以文创产品为宣传对象,以新媒体矩阵为宣传渠道,形成一个品牌宣传网,提高了文创产品的热度,提升了博物馆品牌知名度,增强了传统文化的感染力和影响力。品牌与宣传休戚相关,一个品牌打响知名度,产品质量是核心,但是也脱离不了广告和宣传。一个好的宣传,才能塑造一个成功的品牌形象。开发一款文创产品,产品的创意很重要,产品的宣传也是关键,宣传是让人们了解、接触产品且发现创意的途径。纵观近几年文创产业发展之路,宣传起到了至关重要的作用。无论是老牌的博物馆如故宫博物院,还是后起之秀河南博物馆等,它们都非常重视新媒体宣传工作,积极打造营销矩阵,努力输出文化品牌,让产品进入观众的视线中。

博物馆的矩阵式传播基于自媒体的传播模式,传播平台包括官方网站、自媒体平台、视频网站、短视频,自媒体平台包括微博、微信公众号、知乎、小红书等交互性强的文字语言输出平台,视频网站包括央视频、爱奇艺、腾讯、B站等视频播放平台,短视频平台包括抖音和快手。

博物馆营销人员结合产品的精神内涵和造型特点进行创意传播内容的制作并输出，打造一个蜘蛛网式的宣传口，使消费者在每一个网站都能访问相关内容，由此实现产品的全方位、深度推广。

以故宫博物院为例，故宫博物院是文创事业发展的老牌强队，在文创开发上"头脑"灵活，经常出现令人大饱眼福的新玩法。例如，让人耳熟能详的《上新了·故宫》，该节目以"文化探秘+文创运营"的节目形式风靡了2018年的冬天。它将文创贯穿整个节目始终，旨在将文创产品中所隐藏的文化符号背后的故事和文化元素解释给受众听。虽然它不是为了文创产品而特意做的一场宣传，但是它的出现影响了整个文创产业。节目以"新+旧"为创意点，"新"指的是新时代的故宫和故宫文创，"旧"指的是百年之前的故宫。文化探秘主要针对"旧"的部分，是文物背后的故事。百年之前的故宫有故事，每一件精美的物品都有一段人情世故，节目针对这些故事搭建场景，和观众一起回忆那段精彩的历史，认识历史中的人与物。文创运营部分是整个节目的核心，是一场文创产品的宣传和营销活动。文创运营板块与今日头条合作新玩法，今日头条在国风频道设计了四个专区，即故宫宝鉴、创意投稿、花絮集锦和投票通道，每个专区都兼具营销性，为节目的宣传造势。

故宫宝鉴专区是宝物故事专区，方便观众了解文物背后惊心动魄的故事。故宫宝鉴专区与今日头条推出的"头条二楼"故宫探秘之旅一起，共同营造了故事探秘的氛围，引导用户探索文物背后的故事。花絮集锦是御猫鲁班发布的节目花絮视频，搞笑、有趣的视频片段是蕴藏话题的好地方。有故事就有话题，故事宝鉴和花絮集锦是两台话题"制造机"，通过观看，微博用户、微信用户、好看视频用户、抖音用户等纷纷制造话题、参与话题讨论，制造输出与之相关的文字、视频内容，促成了节目的二次、三次，甚至多次传播，实现了宣传的最大化。创意投稿是一个互动专页，邀请用户想点子，为故宫上新帮忙助力。它让观看者参与到文创产品制作过程中，让产品融入了用户的心血，让用户和产品建立了某种亲密关系，增强了产品的创意感和亲切感。投票通道是在今日头条上为故宫文创新品开设的独家投票通道，投票通过产品才能上新。投票通道有极强的互动性，它与创意投稿一起增加了用户在这档节目中的参与度,巧妙地让用户成了文创开发的一分子。

这档台网双播的综艺节目采用了网状矩阵传播模式,它以电视台和网络为主要的视频宣传、播放平台,联合今日头条进行自媒体宣传,通过今日头条的板块活动实现话题点的二次发酵与传播,微博、微信、B站、抖音等众多平台都出现了该节目的影子,文创产品从此深入人心。新时代人群成为文创品的生力军,作为最具生命力的一代人,博物馆文创产品抓住了他们的心,赢得了肥沃的生长土壤。所以说,品牌化视角下博物馆要进行IP化的跨界宣传营销,建立产品营销传播矩阵,让博物馆文创产品的魅力根植消费者的内心,让历史文化走进普通家庭。

第五节　基于文化IP的博物馆文创产品设计开发

博物馆文创产品是以博物馆为文化IP衍生出来的周边产品,消费者基于对博物馆的喜爱,继而爱屋及乌,愿意为与其相关的产品买单。这是基于粉丝经济、文化IP而产生的一种博物馆文创产品认知,也是文创产品开发的一种思路。当前,基于文化IP进行博物馆文创产品开发是文创产品开发的主流思路。

一、文化IP

intellectual property,译为汉语即知识产权,是指创作者对其智力劳动成果所享有的财产权利。在互联网经济时代,IP经济得到了迅猛发展,文化IP一路走红,经历了大IP狂欢—IP无用—IP过时三个时期,仍旧在文娱产业中发挥着巨大的作用❶。《新华·文化产业IP指数报告(2021)》显示,文化IP日渐成为各大数字平台的主角,在跨领域联合互动的文化产业趋势下,多个文化细分市场排名靠前的超级IP开始发酵,文化IP来到了飞跃发展的关键时刻。

---

❶ 肖芳萍:《论中国传统IP形象的创新与活化模式》,南昌,江西师范大学,2018:6-8。

自从腾讯、爱奇艺、优酷等网络视频平台成为大众日常影视娱乐活动的主要观看平台以来，文化IP就成了各大网络平台抢占市场的制高点，大量的网络文学被买断版权，开发成影视IP，以获取流量和资本。所以，文化IP是一种强流量属性、变现力强、获利期长的高辨识度的文化符号。作为一种自带流量的文化形式，文化IP所代表的不仅仅是版权，它的背后隐藏着人文精神和价值观念，对人的审美和思想有极强的引导作用。正是因为它对大众具有引导力和感染力，文化IP才具有很高的社会价值和市场价值，互联网平台看到了文化IP的可开发性，他们将一个IP打造成IP产业链，小说、动漫、影视剧、游戏等不同IP形式互相连接，形成一个相互影响的娱乐产业生态圈，彼此借势、互相引流，组成一个庞大的粉丝流量池，实现资本变现。

我国的文化IP一直集中在影视领域，通常是对网络文学作品进行IP化运营，将小说改编成电视剧、电影、动漫等内容形式，进行流量变现。影视大IP一度成为行业热词。但是，文化产业的IP利用和开发不应该局限在影视领域，IP是对文化资源的转化，认清这一点，任何文化资源如民族服饰、戏曲、景区山水、字画等都可以进行创意加工，产生新的IP形象。由于文化IP是一种粉丝情感消费行为，一些具有庞大粉丝群体或者备受认可的文化资源都可以用来进行二次创作，形成新的经济增长点。

随着影视IP开发的成熟以及文化IP所产生的巨大经济效益，文化IP获得了广泛认可，人们从文化IP中看到了更多的可能性。对于文化IP的理解不再停留在文化知识产权层面，从生产经营者的角度看，文化IP就是一种文化性质的兴趣标签，大众对什么文化现象感兴趣，什么就可以被IP化，甚至经营者可以有目的地制造兴趣标签，来达到IP化的目的[1]。目前，文化IP已经从影视、动漫、游戏等扩展到了体育赛事、游戏赛事、马拉松、表情包、景区文物、个人形象等领域，全方面地打造IP产品，文化IP从量变走到了质变阶段（图3-14）。

---

[1] 肖芳萍：《论中国传统IP形象的创新与活化模式》，南昌，江西师范大学，2018：8-10。

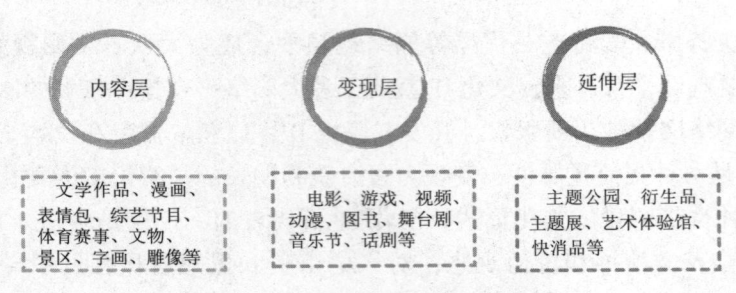

```
   内容层              变现层              延伸层
文学作品、漫画、   电影、游戏、视频、   主题公园、衍生品、
表情包、综艺节目、 动漫、图书、舞台剧、 主题展、艺术体验馆、
体育赛事、文物、   音乐节、话剧等      快消品等
景区、字画、雕像等
```

图 3-14　现阶段文化 IP 开发流程架构

二、文化 IP 与博物馆文创的关系

博物馆文创产品开发是立足 IP 思想进行的博物馆文化周边衍生产品的生产与开发。文化 IP 是博物馆文创进行文化资源开发的理论指导，博物馆文创是文化 IP 概念的丰富和发展。

（一）传统文化 IP 产品

中国传统文化是文化的璀璨星河中的重要组成部分，中国传统文化在我国文化历史发展中占据主要位置，是中国人精神和思想的血脉根基。离开中国传统文化的滋养，中国文化将失去生命光泽。然而，由于传统文化的语言比较晦涩难懂，在泛娱乐化大潮下失去了生存的优势，生产者在经济驱动下选择"好莱坞式"的内容生产模式，快节奏、特效、调动情绪等元素被无限放大，影视内容快餐化，营养价值不高。

正所谓成也萧何败也萧何，互联网这把双刃剑既给传统文化带来了挑战，也给其带来了生机。在自媒体发展的过程中，受内容垂直细分的影响，内容生产开始布局传统文化。一些自媒体行业从业者开始深挖传统文化资源，古代的服装、饰品、故事开始作为内容输出点频繁出现在短视频、公众号中，在二次解读的情况下使大众感受到了传统文化魅力。同样地，文化产业从业人员也嗅到了传统文化的 IP 价值，许多优秀的文化历史故事被再次开启，《西游记》《三国演义》《红楼梦》等传统文学 IP 备受欢迎。例如，《西游记》作为一个巨大的 IP，许多文化 IP 都以它为原始文化资源进行孵化和衍生，像网络小说《悟空传》，《悟空传》又作为一个 IP，生发出了《悟空传》电影、《暗黑悟空传》游戏。《西游记》

就是一个巨大的文化资源池，许多 IP 都是从中进行资源转化而成的。可见，我国传统文化资源 IP 孵化潜力无限，有价值、有内涵的文化资源都可以纳入文化 IP 资源库，用于后期 IP 的创造。

"互联网+传统文化"是我国特色的文化产业发展之路，用互联网讲述中国故事是当下主流传播形式，也产生了非常好的效果。互联网的兴起给传统文化带来了无限生机，也因为数字技术的发展，中国文化有了创新性表现形式，以现代人的审美方式出现在了大众眼前。互联网不仅是传统文化传播的主力军，也是传统文化创新发展的主理人。互联网技术让传统文化有了 IP 化的机会，它放大了传统文化元素。传统文化作为一个集合，内容丰富多彩，如同灿烂的星河，每个元素都是一颗闪亮的星，互联网放大了每颗星星的光亮。例如，唐朝的面妆，它在中国历史文化中只是小小一粟，但是镜头和流量放大了它，让现代人看到了它之所以流行于一个朝代的魅力所在。所以，互联网给了传统文化元素标签化的机会，给了受众更多的兴趣选择，传统文化 IP 产品也因此而生。

传统文化是 IP "造星"池，它很容易就能创造一个巨大的 IP，引起一段时间的大众狂欢。根据这一特点，文化 IP 生产者深挖传统文化元素，将某种文化符号或者元素转化成产品，进行 IP 的营销，传统文化 IP 产品由此而生。从传统文化中获取灵感而打造的 IP 产品都属于传统文化 IP 产品，它是特殊的功能性的文化商品，具有价值非消耗性、难以估量效用和价值等特征[1]。与影视 IP 不同，传统文化 IP 产品的粉丝基础较弱，它需要根据用户需求调整自身定位，在价格、产品内容、营销渠道和促销手段之间寻找突破口，让用户对产品产生兴趣。

开发传统文化产品，一方面是因为传统文化资源具有较强的 IP 化能力，另一方面是基于传播传统文化、弘扬民族文化魅力的社会责任。中华优秀传统文化是精神文明世界的珍珠宝藏，是中华子孙的精神根基。传播、弘扬优秀的民族文化，中国人才不至于成为无水之源、无根之木，才不会丧失屹立于世界之林的力量源泉。民族自信心和民族自豪感就来自五千年的中华文明，一个人不能失去民族文化，民族文化的丧失就等

---

[1] 肖芳萍：《论中国传统 IP 形象的创新与活化模式》，南昌，江西师范大学，2018：15-17。

同于国家信念的沦陷，不利于中华民族的伟大复兴。

传统文化 IP 产品是新兴的文化传承形式，IP 作为兴趣标签，号召力极强，能够为传统文化产品带来巨大的流量。这就意味着，传统文化正在以创新性的文化产品形式飞入千家万户，百姓正在通过文创产品认识传统文化，增强民族文化底蕴。这是一场效率极高的传统文化教育，民族化的文化符号和元素以独特的审美吸引受众，引导受众从某一文化元素入手，从点到面，全面了解传统文化。

（二）博物馆 IP 与博物馆文创产品

博物馆文创产品是传统文化 IP 产品一个较大的分支。目前，旅游景区文化、非物质文化遗产、民族特色文化和博物馆已经纷纷加入传统文化 IP 化的大部队，其中博物馆 IP 化成果显著。文创事业是我国文化事业的重要组成部分，可惜的是，博物馆文化一直以来都表现疲软，传统文化一直没有从博物馆中找到传播的突破口。实际上，博物馆是中华优秀传统文化的"集大成者"，大到整座博物馆建筑，中到每一个展馆，小到每一件藏品，处处透露着传统文化元素和审美符号，只要善于发现和运用，博物馆就是一个超大型 IP 孵化池。近些年来，受到"互联网＋文化＋科技"的启发，众多博物馆开始进行自身的 IP 化运营，将博物馆看作大IP，孵化影视、游戏、动漫、周边等产品，打造网红博物馆。

博物馆文创产品并非 IP，博物馆作为传统文化馆藏是一个大 IP，博物馆文创产品只是这个大 IP 的衍生品，借助博物馆的流量进行贩售，以增加博物馆文化 IP 的附加值。与动漫产业周边类似，一部动漫火了，变成一个 IP。例如，《海贼王》相对应的公司就会进行周边产品开发，如手办、海报、配饰、主题彩妆等，这些都属于围绕 IP 进行的文创产品开发。博物馆文创产品就是依附于博物馆这一大网红而衍生出来的产品，创意性十足。当然，文创产品不是博物馆的锦上添花，它既依赖于博物馆，又反作用于博物馆，悄然间占据博物馆的核心位置。这些年，博物馆一直试图与大众打通联系，出色完成社会教育工作。众所周知，效果并不好。博物馆文创产品的出现解决了这一问题，文创产品变成了联系传统文化和普通民众的桥梁和纽带，创意文化产品将文化的内涵和精神巧妙地传递给大众,继而让博物馆迸发了更加强劲的生命力。

博物馆 IP 和博物馆文创产品是相互促进、互相推动的关系,博物馆 IP 为文创产品提供流量和文化资源,文创产品继续巩固、扩大博物馆的 IP 价值,帮助博物馆实现大众的文化教育和审美培养功能。

三、文化 IP 在博物馆文创产品开发中发挥的作用

文创产品的开发并不是设计师的一场简单的设计,它涉及产品定位、目标用户、用户需求、市场环境、营销活动、销售售后等整个流程,创意可能是设计师的主要任务,但不是唯一任务。一款博物馆文创产品的开发应该整体立意,从一套开发模式或者方法出发,系统考虑产品的开发与设计问题,保证产品不滞销。文化 IP 是创意产业非常重要的指导理念,随着影视 IP 开发的成熟,文化 IP 开发模式逐渐成形,在博物馆文创产品开发中发挥着重要的作用。

(一)明确目标人群,锁定新时代人群

IP 经济是 IP 文化的衍生,IP 经济是一种粉丝经济,这是源于 IP 文化的强流量属性。由于 IP 文化是基于庞大的粉丝而兴起的一种支持型文化,粉丝在为自身寄托在 IP 上的情感买单。在互联网环境下,IP 的追随者就变成了流量,所以流量即粉丝。当前社会,新时代人群是流量"制造机",有数据显示"95 后"是最活跃的"网民",一天中的绝大部分时间都活在网络世界里。所以,他们最有可能转化成目标粉丝,成为产品的消费者。

目标人群是网络营销中非常重要的一个概念,是互联网产品开发的参考依据。产品以什么形式存在、产品有哪些性能、产品使用什么颜色等,并不是基于个人兴趣确定的,它依托于用户大数据。大数据会根据历史用户数据分析用户画像,从购买数据中分析出产品的目标人群。基于目标人群所开发的产品,受认可程度更高。博物馆文创产品同样需要接受市场的考验,设计师需要在设计之初考虑目标人群,以期产品有一个比较好的销量。文化 IP 给博物馆文创产品设计与开发提供了相关目标人群的大方向,即新时代人群。新时代人群特别看重场景体验、触摸体

验、画面体验和服务体验，看重质感、美感、观感，喜欢线条、肌理和纹饰，一切能给心灵带来滋养和慰藉的事物令他们一秒生情。由于文化IP带有新时代人群喜欢的一切特性，文化IP在互联网时代迅速抢占文化市场，几乎一切的文化资源都在IP化。博物馆带有强烈的文化IP属性，这帮助它们锁定新时代人群为目标消费人群，帮助博物馆文创产品找到了开发的方向和思路。

（二）选择文化素材，强调高辨识度

文化IP产品在生产之初都会锁定高曝光、易出彩的文化元素或者符号作为创作基础，以便产品能够成为一个IP。例如，《悟空传》，作者就选取了具有话题度、观众熟知、人物讨喜的孙悟空作为切入点进行文学作品的创作。由于孙悟空是经过了市场检验的"流量密码"，历来受到观众的欢迎，关于它的一切，似乎都能引起话题，引起观众的喜爱。所以，作者非常聪明地选择了孙悟空，用后现代主义解构了孙悟空，讲述了一个江湖上从来没有过的孙悟空，他的情爱、心理、行动等在观众面前被放大，使其再一次赢得了市场。这证明了文化IP在前期选取素材阶段特别注重素材是否具有高辨识度，只有高辨识度的文化素材才能得到市场的认可和受众的喜爱。

博物馆受到文化IP的启发，产品设计时喜欢选择一些纹样元素和肌理元素，这些具有高辨识度的文化符号经常给受众以强烈的视觉刺激，让人眼前一亮。与此同时，文创素材的高辨识度还体现在故事元素上，中华优秀传统文化中让人难以忘怀的当属故事，一些非常经典的故事成为维系情感的工具，通过挖掘文化故事来创造文创产品，人们就能与产品建立某种情感联系，产品就可以成为人们的情感寄托，将对故事的喜爱转移到产品上。基于文化IP思路，选择强辨识度的文化素材，博物馆的文创产品才能快速进入大众视野，受到大众欢迎。文化IP在博物馆文创开发的素材选择上提供了帮助，为文化素材的选择划定了界限。

（三）创新产品造型，强化兴趣标签

要想打造文化IP，创意者必须先找到消费者感兴趣的文化标签。也

就是说，博物馆在进行文创产品的塑造时必须抓住受众感兴趣的文化标签，从而引起大众的消费狂欢。

根据市场调查，消费者更喜欢可爱、鲜艳、个性和趣味性十足的博物馆 IP。由于当前文化 IP 的消费者属于新时代人群，这群"95 后"具有极强的自我个性表达欲望，他们很少考虑其他因素的影响，喜欢为热爱而买单，非常看重品牌效应。如果一款产品既有颜值又有内涵，他们将成为这款产品的"狂热追求者"。此外，他们还特别爱"尝鲜"，新生事物往往能够激起他们的探求欲望。如果一款产品是刚刚出现的，他们愿意立即购买，一探究竟。总之，"95 后"用户在消费时以兴趣为导向，热爱短视频、游戏电竞、电影音乐等偏娱乐轻松的内容。

根据新时代人群的消费特点，博物馆文创开发有了明确的方向。一款文创产品一般分为外观造型和文化内涵两部分，设计师根据所要传递、表达的文化价值思想来设计外观造型，而造型当然要迎合消费者的使用习惯和审美需求。依据新时代人群的热爱点进行产品设计，产品造型创意自然要强化"95 后"的兴趣标签，结合"95 后"大胆、张扬、爱"鲜"、爱美、爱潮流的特点设计产品，用独特的造型吸引消费者。例如，故宫博物院就抓住了新时代人群爱美、爱吃、吸猫、爱网购的消费趋势，制造了一系列的爆款产品，像"故宫猫名画记"盲盒，有虹桥猫、江山猫、幻戏猫、神游猫等，造型以"萌""憨""俏"为主要特点，完全拿捏住了新时代人群的审美兴趣点。

四、基于文化 IP 的博物馆文创产品设计开发策略

（一）扎根馆藏文物资源

产品的设计与开发并不是凭空想象，它是以一定原型为灵感进行的二次创作。文化 IP 是以某种流行的文化现象为原材料进行不同形式的创意开发，借助原材料的文化内涵和流量基础来扩大产品优势，实现文化的二次传播。根据文化 IP 的开发思路，博物馆文创产品在进行开发时应该立足博物馆自身这个超大型 IP，关注博物馆所拥有的文化资源，进行产品开发。

博物馆是名副其实的文化宝库，里面蕴藏着千年的文明，器物、书画、文化、人物、建筑、书籍等，博物馆中应有尽有，随便一点都可以用来进行创意设计。博物馆文创开发部门的工作人员应该将目光集中在这些文物资源上，聚焦某一类文物，深下功夫。例如，藏书分为地方志、朝代抄本、宫中档案、民族文字古籍、戏本、刻本、宫中特藏等，每一类下面又有不同朝代、不同地方的书籍，每一本书籍中都有一些地方性的事迹和历史，这些都是文化资源。

虽然博物馆中的文化资源多如牛毛，但并不是所有资源都具备 IP 特质。文化 IP 要有粉丝基础，每个时代都有每个时代的特征，有些历史性的文化资源即使通过创新改造，也不符合现代人的审美情趣。因此，博物馆文创要扎根馆藏文化资源，透彻研究每一个文化现象和文化符号，挖掘其中的文化内涵和精神思想，搞清楚文化背后的每一个故事，与时代相结合，寻找文化资源的 IP 属性。例如，宋末元初书法家赵孟頫的千古名作《洛神赋》与《雍亲王题书堂深居图屏》相比，文学性很高，无论是字的艺术性还是语言的艺术性都极高，但是该作品通篇为文字，从视觉上给人以冗长繁杂的感觉，不符合当代人的审美特点。相反，《雍亲王题书堂深居图屏》虽然名气不如《洛神赋》，但是艺术审美值得深挖。

自古，爱美之心人皆有之。新时代人群却将"美"放大了千百倍，摄影镜头培养了人极强的爱美之心。《雍亲王题书堂深居图屏》的十二幅图屏工笔重彩、雍容华贵，画中的仕女妍丽端庄，或品茶，或赏蝶，或阅读，一颦一笑皆是风情。除女子容颜不说，作画背景、女子衣着用色考究，赏心悦目，给人以视觉上的美好体验。《雍亲王题书堂深居图屏》还通过这十二幅生动的图画，简单、直白地讲述了十二个故事，很容易引起受众的兴趣，更容易拥有粉丝基础。所以，不考虑彼此文学性的深浅程度，设计师会优先选择《雍亲王题书堂深居图屏》作为开发对象，以其为文化创意的灵感资源，抢占消费者的视线。故宫博物院就以《雍亲王题书堂深居图屏》为原型，设计制作了故宫系列动图《雍正的女神动起来了》（图 3-15），一经发布，这十二位美人就成了新晋网红。后来，故宫博物院又相继开发了 iPad 应用《胤禛美人图》《雍正十二美人图》故宫台历、《胤禛美人图》搜狗输入法皮肤等。

第三章　不同视角下的博物馆文创产品设计开发

图 3-15　雍正的女神动起来了

博物馆馆藏文化资源是文创开发最强大的后援储备库，根植于博物馆现有文化资源，以新时代人群的审美特点和兴趣爱好为文化符号、文化元素的"搜索器"，搜寻具有 IP 属性的博物馆文化资源，开发实用性和审美性兼备的创意 IP 产品。

（二）着眼时代流行元素

博物馆文创产品开发很重要的一个目的是让文物"活"过来，让博物馆馆藏的文化遗产所包含的故事和精神"飞入"千家万户，放大博物馆的文化教育功能，整体提升国民的文化修养。因此，文创产品要与人民群众建立一定的联系，情感是人与人、人与物建立联系的纽带，尤其是人与物之间属于从属关系，只有当一个物件与人有了某种情感联系以后物品才不易被遗弃。为什么旧照片很容易被保存下来？这是因为保存者与旧照片有着情感联系，旧照片代表着某种情感。因此，在开发文创产品的过程中，一定要将某种情感融入产品当中，深深打动消费者，从而使其产生购买欲望。

如何在消费者与文创产品之间建立情感联系？与时代接轨是方法之一。将博物馆的文创设计与现代生活元素融合起来，让文创产品既有古代文化元素又具有时尚感，激发消费者的消费欲望。流行文化时尚是一件偶然事件，是一种近乎崇拜的短期流行性行为，具有短暂性、多变性和情绪性。这是一种特殊的时尚魅力，给大众一种前卫时尚感，一旦蔓延则势不可挡。流行文化时尚一般发生在广大青年的身上，很容易进入他们的心灵和精神空间，所以流行文化时尚一般是大众容易接受并喜欢的带有精神消费特质的文化时尚。当下的青年潮流以追求个性为中心，街舞、嘻哈音乐、服装时尚、漫威动画、漫画等新锐潮流元素深受追求自我的大众喜爱，青年人往往能从这些元素身上找到属于自己的精神寄托。

因此，在设计开发文创产品的时候需要关注时代流行元素，将一些能够吸引消费者目光的元素或者已经与消费者建立情感联系的流行元素应用到开发设计中，让文创产品变成一件古典与现代融合的个性艺术品，激发消费者的购买欲望。例如，当前拆盲盒和手工制作十分流行，许多年轻的博主纷纷拍摄拆盲盒的视频和探险式手工操作视频，引起大家对拆盲盒和手工制作的兴趣。拆盲盒实际上就是一种扩大消费者情感体验的行为，不确定性是产品最大的亮点。就像一个潘多拉盲盒，因为不确定里面是否是自己想要的而产生紧张和期待的情感。而探险类手工艺品突出的也是一种不确定性，在零件拆、补的过程中会有未知的情况发生，就像一场过山车，令消费者的情感起起伏伏。所以，这些文化元素十分流行且让许多消费者欲罢不能，非常有趣且富有创意。有些博物馆看到了这种流行元素的可开发性并大加利用，纷纷推出文物盲盒，三星堆博物馆"考古摇滚"盲盒、河南博物馆"失传的宝物"考古盲盒等，将盲盒和探秘式手工制作结合起来，装载文物，让消费者模拟经历一场考古挖掘，在探索、体验手工乐趣的过程中与文创产品建立情感联系，从而赢得消费者的喜爱。考古盲盒系列博物馆文创产品是文创进入 3.0 时代的产物，它根据时代流行元素创新而来，强调产品与受众的互动体验，借助这种互动体验与消费者建立产品体验情感，让消费者更进一步地接触文物，让博物馆走进大众的家庭。

每个时代都有属于自己的流行元素和文化潮流，这代表着一个时代的文化特征和审美特点。逆时代潮流的企业或者社会组织终会被时代的浪潮掩埋。就如同互联网时代的到来，互联网终结了一个时代也开启了另一个时代，在互联网文化大肆流行的情况下传统企业不得不寻求变革之法，以迎合时代主流。博物馆文创也是如此，在进行产品开发时应该着眼于时代流行元素，在流行文化上做文章。毕竟，文化IP与流行相关，IP中所表现的内容大多与时代流行元素相关，符合大众的文化审美和诉求。因从，基于文化IP，博物馆文创要与时代主流靠拢，依托主流文化元素来阐述自己的创意内容和价值观念，创作出兼具时尚与文化的艺术品。

（三）善用数据洞察消费行为

大数据+IP内容产业已成为IP文化运营的主要模式，通过大数据对IP内容进行计算造就具有情感和文化共鸣的超级IP。文化IP在泛娱乐化背景下逐渐从知识产权演变为依靠内容自身的吸引力进行多平台内容分发的流量矩阵。内容自身的吸引力测试依靠大数据。数字环境下用户从被动接收信息向主动分享、制造内容转变，人人都是信息制造者，人人都是信息共享者。在大数据的加持作用下，内容产业迸发出了更加强劲的生命力，数据筛选内容提高了内容生产的时效性，同时改变了用户参与模式，用户身兼阅读者和生产者两个角色，颠覆了文化IP生产模式。

大数据的介入，使内容IP的生产不再依靠某个创意部门或者文化工作组织，而是将这份工作责任巧妙地转嫁到粉丝的身上，将粉丝视作内容生产者，形成一个源源不断、无限供应的创意内容生产链路。正所谓取之于民，用之于民，大数据下的IP内容生产就是这般道理。博物馆文创也应该学习这一优秀的生产思路，毕竟一个人的创意是有限的，听取群众的声音，才能生产出优质、有市场的内容。因此，在博物馆文创内容生产前期，产品生产者应该学会"倾听"大众的声音。这里的"倾听"并不是说用耳朵去听，而是通过大数据采集用户需求样本，从用户数据分析中得出结论。值得注意的是，用户需求样本不仅包括用户曾经的购买行为，还包括用户在网站上的一些需求性信息透露和用户的创意性构想。这些琐碎的信息依靠人工采集很难采集完备，并且耗时长、准确度低，而大数据搜索可以网罗海量信息，从大量的信息中通过关键词筛选出对设计生产有用的民间创意和需求，这就是所谓的消费者信息洞察。

基于文化 IP 的内容共创、共享性，从数据到内容，博物馆在文创产品开发上应足够多地听取大众的意见，生产出众望所归的产品。例如，苏州博物馆就很擅长利用大数据为自己服务，他们的文创部门负责人有一些开发"小技巧"，像用微博、微信公众号、知乎等平台发布调查问卷，采集用户信息，或者采集 AR 和讲解设备中的点击率，获取大众参观数据，通过观众浏览、参观博物馆空间所留下的痕迹，分析受众的爱好和兴趣。无论是调查问卷或者博物馆参观导览后台数据收集，这些重要的参数数据信息直接给了设计者创意提示和内容生产灵感。再如，江西省博物馆举办的文创产品设计征集活动，博物馆利用微博、官方微信和网站等公共平台公开征集产品创意就是在利用 IP 生产的共创模式，让尽可能多的网友参与其中，为创意发声，然后通过大数据分析内容，选择一些优秀的声音作为创意参考。

这种基于大数据的共创模式，其一，让消费者在创意开发前期就与产品产生某种联系，等到产品成型后用户会有一种"吾家有儿初长成"的成就感和自豪感；其二，结合消费者给出的创意灵感，可使所生产的创意产品更加贴近百姓审美和需求，无形中丰富了文化创意，奠定了文创产品流行的粉丝基础。

图 3-16 展示了基于大数据的 IP 内容生产结构，数据就是内容，人们在整合、分析、重构这些数据的过程中生产新的内容，数据是最主要的内容来源。生产者与消费者之间的定义界限已经模糊，消费者就是生产者，网络大众处于一个内容生产的大环境中。受大数据的影响，博物馆衍生品设计者也应该建立共享共建的内容生产模式，在海量数据中洞察消费者的行为习惯，探究消费者的内容需求，利用消费者的创意与才华，让消费者无形中成为文创产品的生产者，最终使产品再回归到消费者手中。如此生产出来的文创产品才更具有说服力，博物馆文创产品的生命力才更持久，而博物馆的粉丝基础会更广泛，为后续生产提供动力。

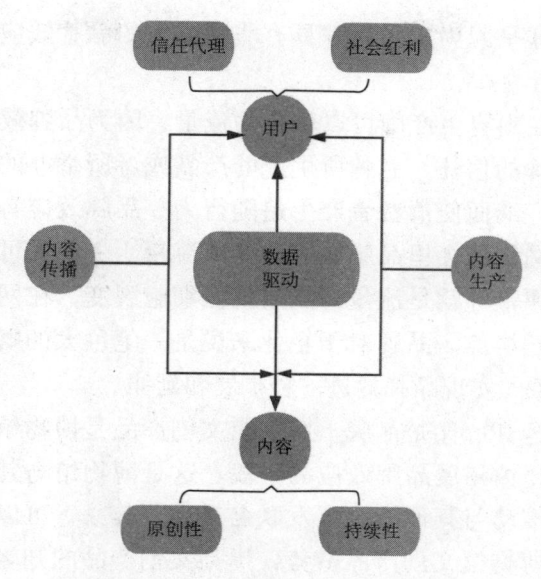

图 3-16 基于大数据的 IP 内容生产结构

（四）文化 IP 跨界合作

文化 IP 与 IP 之间的联合，文化 IP 与品牌之间的联合，已经成为未来文化产业发展的大趋势。以商品为展台来展示 IP，让优秀文化内容有了实质性的载体，既提高了产品的文化内涵，又增强了文化的传播力度，做到了世界处处有文化。文化是一个国家的根本，是一个国家和民族的象征。国家与国家之间基于文化而相互认识，人与人之间因为相同的文化兴趣而相互认识。文化是人与历史沟通、人与世界沟通的媒介。因为文化的媒介沟通特征，文化具有社群属性，一些拥有共同文化兴趣的人很容易群聚起来，形成一个文化小团体，产生文化认同感。认同感在经济世界里非常重要，一个人对某样商品认同，才会产生购买行为。基于认同感，文化 IP 与品牌有了跨界合作的动机，用 IP 吸引消费群体，借助文化让消费者对品牌产生认同感，与此同时，以产品为载体，扩大文化的传播范围。

品牌是识别产品的标志，随着现代商品经济的快速发展，品牌具有人文魅力，给企业带来了巨大的经济效益和社会效益。知名品牌是企业的无形资产,这是因为知名品牌具有非常强大的品牌效应,能够吸引消费者产生购买行为。

品牌效应在内容生产中可以转化为流量,因为品牌效应的形成源于消费群体对品牌的信任,品牌所生产的产品或者所举办的活动容易得到消费者的认可,继而使消费者产生追随行为。品牌效应有一定的粉丝经济的影子,在网络社会里品牌效应化身成流量,一些认可品牌的网友的言论、互动、弹幕等就是流量,流量就像细胞裂变,在网络世界的发酵中快速壮大粉丝群体。品牌对于企业来说是一笔巨大的财富,用好了可以塑造企业形象,实现品牌的进一步扩展和延伸。

博物馆既是 IP,又是品牌。博物馆文创产品是博物馆品牌下的受益产品,也是博物馆拓展品牌效应的手段。这是博物馆与其他品牌合作的基础,有利于推动与其他品牌开发联名产品,其一,可以借助品牌方的品牌效应来为博物馆文创产品造势,提高文创产品的知名度;其二,品牌方可以利用博物馆文创产品的 IP 效应来带动品牌效应,提高产品销量。博物馆文化 IP 与品牌合作是一种双赢。目前,许多博物馆积极与品牌联合开发文创产品,以期提高博物馆和品牌的影响力。例如,故宫博物院和名创优品联名开发的配饰、香水、香薰和日用品等,名创优品是"年轻人都爱逛"的生活好物集合店,优质低价、欢乐和随心所欲的特点刻进了产品的 DNA,美好生活与价格无关的生活态度和价值观受到了消费者的欢迎,因此名创优品有非常大的年轻粉丝基础。聚焦新时代人群,名创优品试图通过创新渠道来紧贴年轻人的消费潮流。显然,博物馆文创就是一个创新性消费渠道,粉丝基础庞大且"95 后"用户基础庞大,名创优品与故宫博物院这个大 IP 建立合作关系,推出一系列深受年轻消费群体喜爱的联名产品,既孵化了自己的原创产品,提高了品牌原创度,又通过故宫博物院的联合宣传,扩大了品牌影响力。同时,故宫博物院能够与名创优品进行合作,也是看重它的品牌影响力和受众群体,名创优品的品牌形象深受新时代人群的追捧。与名创优品联名开发产品,故宫博物院进一步开拓了新时代人群消费市场,扩大了品牌在"95 后"心中的影响力。

因此,博物馆文创产品在开发过程中制定文化 IP 跨界合作战略是博物馆开拓文化创意市场的一个重要举措，品牌粉丝会因为对品牌的信任而产生购买行为，IP 粉丝会因为对博物馆 IP 的喜欢而认同产品，跨界合作通过强强联合提高了彼此的知名度，打开了消费市场，一举两得。

第四章 博物馆文创产品设计开发创新思路

第四章 博物馆文创产品设计开发创新思路

第一节 传统元素融入，守正创新

文化创意是年轻人的审美取向，文化创意产品生命力蓬勃。博物馆文创产品作为文化创意产品的支流受到了年轻人的热烈欢迎。年轻人通过购买博物馆文创产品来标榜自我，文创产品逐渐成了一种文化标签。目前，博物馆文创产业发展趋势良好，但也存在一些不足。纵观整个博物馆文创行业，优质资源都集中在头部博物馆，如北京故宫博物院、中国国家博物馆、敦煌研究院等，一些省市级中小博物馆资源匮乏，特别是年轻创意开发的核心——人才。要从以下两方面入手解决这些问题。

一、融入传统元素

博物馆文创产品开发的两大主力，创意和文化资源。博物馆是传统文化的"收藏者"，几千年的传统文化碎片就散落在博物馆的各个角落。这些失去了光泽的"老古董"价值不菲，是文创开发的文化"食粮"。博物馆文化创意设计人才应该"看到"这些文物的价值，深度挖掘有价值的文化元素与文化符号，让历史照进现实。

深挖传统文化资源也是社会经济发展的现实要求，国家软实力的增强需要传统文化的强盛。传统文化的"二次青春"要求传统文化融入文化产业，通过产业发展弘扬中国文化，讲述中国故事。文创产品与传统文化息息相关，传统文物是文创产品开发的基础资源，是文创产品独特创新的内容来源；文创产品是传统文化的创新性表达，是传统文化与现实生活融为一体的媒介。博物馆通过文创产品来弘扬文化，文创产品靠丰富的传统文化来增加创新动力。因此，博物馆文创产品的创意依赖传统文化资源的高效应用，传统文化资源的创意融合让文创产品充满了独特气质。传统文化资源如何与产品设计巧妙融合，实现产品的持续创新？守正创新是根本之道。

二、守正创新

"守正创新"是中国共产党带领中国人民进行社会主义现代化建设、构建中国特色社会主义的重要概念。中国共产党的百年辉煌,中国社会的百年发展,离不开中国人的守正创新。"守正"是指中国人民坚守正道,看透事物发展的本质规律,遵循客观规律,顺应时代发展;"创新"是指中国人不断改造、制造新事物,找到事物发展的新方法、新元素、新路径,打造一个全新的发展环境,产生新的生活变化和行为习惯。历史证明,守正创新是社会不断前进的重要途径。

守正和创新是一对辩证关系,守正是前提和根基,创新是动力和源泉。一方面,守正不能偏离马克思主义、社会主义,要始终坚持马克思主义的指导思想,坚持以人民为中心的价值追求,不忘中国共产党人的初心使命。创新要建立在守正的基础上,坚持历史发展规律和中国共产党的根本方针,让历史在正确道路上大步向前。另一方面,创新是社会变革的驱动力,培养创新思维,主动投入这个时时刻刻都在创新的时代,适应每时每刻都有新事物产生的社会节奏,不断创新,创造具有时代属性的新事物。守正是创新的基本手册,以守正为前提坚持创新,大胆探索,产出推动社会在正确方向上前进的新事物。

守正创新是新事物产生和发展的正确思想指导方针,适用于各行各业的生产与发展。文化产业也应该遵循守正创新理念,坚守文化产业发展的基本规律,用于开拓创新,锐意进取。博物馆文创产业与文化产业联系紧密,博物馆文化创意产品的创新开发也应该接受守正创新思想指导,利用现有条件和文化资源,兼顾文化传承使命,取长补短,积极寻求适合自身发展的策略。

(一)博物馆文创产品设计开发之"守正"

博物馆文创产品设计开发的"守正",是坚守历史文物资源,以优秀的传统文化资源为产品设计的切入点,赋予文创产品历史价值、文化价值和审美价值,让产品变成一个有价值的生命体。所以,博物馆文创人员要找到博物馆馆藏文化资源的开发与利用的正确方法,具体如下。

第四章　博物馆文创产品设计开发创新思路

1. 立足博物馆，挖掘馆藏特色文化

博物馆是文物搜藏建筑的统称，是一个建筑范畴的概念。但是，藏品的品类、属性和风格赋予了博物馆特殊的文化意义，博物馆作为一个艺术集合具有独特的艺术风格特点，如故宫博物院以清文化为主流，三星堆博物馆以三星堆文化为博物馆风格，敦煌研究院以敦煌文化为自身特征。这些特殊的藏品就是博物馆进行文创产品开发时要抓住的重点，深挖藏品身上所散发的文化特质，以特殊的文化资源为创意资源，进行特色文创产品的开发。

镇馆之宝是博物馆的安身立命之根本，奠定了博物馆文创产品的基本风格调性。因此，文创产品开发人员在以镇馆之宝为原型进行设计时不能丧失了文物原型本身所具有的风格，不能完全依靠市场导向去设计与开发。博物馆文创产品的核心理念是，文创产品要体现旅游纪念价值和博物馆宣传教育意义，更要提升公众的文化思想认知和公众审美修养。总而言之，博物馆文创产品开发时要保留文化资源中独有的文化知识。特别是一些中小型博物馆，馆藏资源不占优势，藏品种类少、数量少，每件藏品中所蕴藏的文化资源价值就更显得弥足珍贵。既然做不到大而全，文创产品的原型选择就要有一定的倾向性和主题性，以点带面，整合现有的文化资源，充分挖掘馆藏资源文化特色，以便于开发出独树一帜的文化产品。

如何挖掘和利用馆藏特色资源，以凸显产品独特风格？近些年，IP一词经常被文创领域援引和研究，文化IP成为馆藏品变为文创产品，文物变成货币的重要开发策略。文化IP是有文化符号属性，自带流量，具备市场变现能力，拥有高辨识度、生活趣味性和健康价值观的文化资源。文化IP所关注的焦点是内容和关注度，因此挖掘馆藏特色资源时，挖掘者要关注文化资源是否具有人气和关注度，是否具备优秀的文化内容，文化符号是否能够承载产品开发重任。要适当放弃一些先天流量较弱的文物资源。

基于文化IP开发思想，博物馆文创产品在挖掘馆藏特色资源时要紧抓三要素：元素、故事和传承。在不抛弃元素的基础上融合藏品背后的故事，使产品具有文化传承价值。故事即主题，无论是大型博物馆，还

是中小型博物馆，开发者都要确定一个明确的文化主题，从特色馆藏藏品中挖掘体现文化主题的元素与符号，将历史文化符号与现代工艺相结合，设计出深藏文化内涵、具有文化传承价值的文创产品。只有这样，立足优质馆藏特色资源，博物馆文创才能焕发独特魅力，在多样化的文创产品中站稳脚跟。挖掘独特馆藏资源是博物馆创新产品造型、增强市场竞争力的守正方略。

2. 立足博物馆，挖掘馆藏文化风格

近年来，国家政策不断提到打造博物馆文化创意产品品牌的概念，由此可以看出博物馆文创产品品牌对博物馆文创产业发展的重要性。一个具备独特文化风格的产品品牌非常有助于文创产品的推广营销，有助于提升馆藏文物的知名度和关注度，有助于传统文化的传播与传承。而博物馆文创品牌的形成来自馆藏文化风格的挖掘，立足文物，打造具有风格标签的文创产品，是博物馆文创产品品牌塑造的方法。

如何挖掘馆藏文化资源的风格与特色？中国博物馆有综合性博物馆和地方性博物馆，地方性博物馆就是具有当地文化特色与风格的博物馆，而综合性博物馆中的藏品也带有出土地的文化风格。文物是历史中的文化产品，产品的生产与制造都具有时代特色，符合当时生活发展的要求，所以文物都具有朝代特色。不仅如此，文物还具有当地特色。正如不同地域的生活习惯和民俗文化不同，意识在事物的产生中起到了一定的反作用，不同地区的文化有不同的特征。基于此，无论是综合性博物馆还是地方性博物馆，在进行馆藏文化资源风格挖掘时都可以聚焦到一件文物上，从文物的历史根源、地理起源中探讨朝代生活和地域生活的风格特色，基于朝代性和地域性文化风格来提取符合风格特征的文物元素，包括颜色、造型、图案、纹样等，将这些元素应用到产品设计当中，与产品框架轮廓相融合，创造出具有鲜明风格特色的文创产品。由于文创产品的地域文化风格特色，消费者很容易对文创产品产生亲切感，从而更加深刻地了解地域文化，产生地域归属感和地域文化自信。

例如，山东青岛啤酒博物馆的文创产品开发，以青岛啤酒文化为发力点，深挖青岛当地百年酿酒文化与城市啤酒文化风格，让消费者通过文创产品体验、感受青岛啤酒的文化魅力。一方面，青岛啤酒文化创意产品激发了当地人的文化自信，使他们更加热爱这座城市，拥抱城市文明。另一方面，慕名购买的消费者深度理解和体验了青岛啤酒文化，增加了自身的文化知识储备，认识到了中华文化的博大精深。由于青岛博物馆特色文化风格的挖掘，青岛博物馆树立了独特的品牌形象，提高了品牌知名度，提升了文化传播力。文创产品风格的成功定位和打造不仅带来了流量和关注度，也带来了可观的经济效益。因此，挖掘独特的馆藏文化风格，从藏品中探索地域文化风格和特点是文创产品创新开发、焕发青春活力的守正策略。

综上所述，文创产品的开发要坚守基本方针，立足文化资源，挖掘馆藏的特色藏品资源，挖掘馆藏的藏品风格，以高辨识度、风格鲜明的优质文化为原材料，将历史、文化与生活有机融合并以符号的方式注入产品开发之中，从而创造具有个性特征和文化内涵的新型文创产品。

（二）博物馆文创产品设计开发之"创新"

新媒体时代的到来改变了一切。传统行业发展在遇到挑战的同时也迎来了机遇，博物馆文创产品开发就搭上了"互联网+"的快车，实现了跨越式发展。博物馆文创产业迎来了文创 4.0 时代，一个开发与宣传的新时代。在文创 4.0 时代，博物馆文创产品应该如何守传统文化之"正"，创文化产品之"新"？

文创产品的创新要以守正为根基，立足传统文化资源，从传统元素出发，结合博物馆文创时代发展的新特点，创新产品内容，创新产品形态。

1. 传统文化元素与元素融合

传统文化元素是博物馆文创产品的血液，传统文物元素、符号与现代化的设计轮廓相叠加，是文创产品的本质特征。传统文化元素既是文创产品的内涵与精神所在，又是文创产品的造型新颖有特色的秘密所在。因为，文创产品的创新一定离不开传统文化元素，设计师的创新思维要围绕传统文化元素展开，创造新的产品形态，实现文创产品的多元化发展。

从已有的文创产品来看，博物馆文创产品开发大多立足于本馆的某件文物，从文物中挖掘某个或多个元素、符号，加以组合设计，形成具有现代审美的文创产品。对于一些小型博物馆来说，博物馆的文创资源较为紧张，传统元素就陷入了重复利用的窘境。基于某个主题或者概念，产品开发不一定拘泥于单一的文物资源，设计师要学会传统文化元素与传统文化元素的融合，利用两种或者两种以上的元素符号来创造出新的产品。

传统文化元素与元素的融合一共有三个方向：一是本博物馆中不同文物间文化符号的提取与融合；二是本馆与其他博物馆间不同文物的文化符号的创新融合；三是博物馆文物与民间非物质文化遗产的文化符号的创新融合。

关于博物馆中不同文物的文化符号融合。传统元素与传统元素既相互独立，又互相统一。它们既是独立的个体，又存在一定的内在联系。不管什么类型的博物馆，馆中一些藏品之间必定存在内部关联，这就是文化符号融合的基础。设计师要善于发现这些文物原型，从中提取能够组合和叠加的文化符号，组成一个全新的造型，向受众传递美好寓意和思想情感。例如，北京故宫博物院的"故宫猫名画记盲盒"，设计灵感就来源于不同的文物。这款产品就完美体现了传统文化元素与元素的融合。设计师以故宫博物院中的名画为线索，寻找了一些名家画作，这些画作虽然朝代不同、手法不同，但是存在书画本质共性，有了创作的基础。设计师在进行画作中的文化元素关联时又创造了"猫"这一产品主体，用"猫"主人公的不同形态来串联这些文化元素，如太宗猫、神游猫、幻戏猫、簪花猫，形成一套产品，实现了文创产品的创新。该系列产品一经上市，也赢得了广大消费者的认可。

关于不同博物馆间传统元素的融合。融合是刻进博物馆文创产品开发 DNA 中的特征，新时代博物馆文创本身就是互联网与传统博物馆事业融合的产物，融合也一路推进了博物馆文创产业发展，包括文化与技术融合，博物馆文创与影视、动漫、游戏等产业融合。融合创新已经注入了博物馆文创产业发展的灵魂深处。博物馆文创产品开发的融合除了体现在行业发展层面上，也应该体现在产品设计层面上。不同博物馆之间应该相互合作，无论是中西方博物馆，还是不同地域、不同类型的博物馆，相互之间应该建立融合创新默契，利用自身博物馆的独特文物资源，提取富有特色的文化元素，进行元素与元素的融合，让传统文化的生命力得以在产品中延续。例如,上海博物馆与大都会艺术博物馆合作,甄选代表性藏品进行创意融合,开发出主题系列产品。《潮兽呈祥》是上海博物馆的仿汉天禄与大都会艺术博物馆的《花园里的独角兽》融合的产物,设计师特意从两个作品中提取东西方的神兽元素,融合创新出了东西神兽新产品,体现东西方文化的交融与碰撞,丰富文创产品形式,让大众接受世界文化艺术。

关于文物与非物质文化遗产相融合。非物质文化遗产是文创产品开发的重要资源之一,赋予了产品独特的民族魅力和风格特色。文物元素与非物质文化遗产的文化元素、符号相互融合,让文创产品迸发了新风采。例如,北京故宫博物院出品的"有凤来仪"纸艺灯,将非物质文化遗产之一的剪纸艺术融入产品开发当中,将剪纸绣球花元素与传统元素凤凰创新结合,设计了"凤祥于天"的造型,传递了天下太平的美好愿景。与同类型产品相比,这款产品就非常具有特色,古代民间生活的那种祥和、安宁被营造了出来,充满了古色古香。

2. 传统文化元素与科技融合

博物馆文创产品设计就是让传统文化元素以新形式"活"下来,继续为人民的精神生活而服务。文创4.0时代的到来,传统文化元素的创新表现又有了新途径,即传统文化元素与科技融合,打造数字化文创产品。所谓数字化文创产品,就是产品改变实物形态,以虚拟形态、数字化方式呈现在观众面前,极大地提高消费者的体验感。这种产品形态更有助于消费者沉浸式体验,经历传统元素、符号产生的过程,深刻了解文化,提高自身的文化素养,增强民族文化自信心和自豪感。例如,清明上河园推出首款数字文创纪念票(图4-1)。纪念票采用区块链技术和虚拟仿真技术,提高了文创产品的文化表现力和文化传承力。首先,纪念票利用蚂蚁链的区块链技术,给每一个创意产品编辑序列号,让其成为独一无二的数字纪念品,增强了产品的传承价值;其次,利用虚拟仿真技术描绘园区的著名建筑——虹桥,巧妙融入上善门、汴河等经典元素,令其具有独特性。这种技术的应用让产品以数字化动态效果呈现在观众眼前,艺术化再现了北宋都城的城建格局、社会生活和市井风情,让观众进行了沉浸式体验,增加了对文化的认知与理解。

图 4-1 清明上河园数字文创纪念票

"数字化 + 传统元素"让传统文化以艺术产品的形态,继续传承和弘扬。这种模式创新阐述了传统文化,让传统文化元素以另一种形态具备了收藏价值。数字化技术手段与传统文化元素的积极融合是文创产品保持旺盛生命力的关键所在。

综上所述,博物馆文创产品开发要巧融传统元素,实现博物馆文创产业的守正创新。博物馆作为文化的传承者要有历史使命感和文化责任心,在利用自身特点和优势进行产品开发时要有一定的魄力,善于挖掘文化元素的真谛和内涵,将特色文化和文化风格大胆融入产品开发当中,利用合作融合思想和数字科技手段打造具有独创性、差异性与生命力的文创产品,让博物馆文创产业持续散发光芒。

第二节 跨界合作发展,实现双赢

自互联网加速发展以来,世界变成了一个经济利益共同体。随着世界结构的变化,社会经济结构也发生了巨大转变,许多新兴产业应运而生,经济转型升级被提上日程。博物馆文化创意产业积极融入转型浪潮当中,投身"互联网+"的经济模型,主动走向创新融合之路。由于社会资源开放与共享,不同国家、不同地区和不同行业间的合作日益增多,传统企业、新兴行业、国家政党媒体都挤进了跨界合作的队列,实现了

第四章 博物馆文创产品设计开发创新思路

自身的转型升级和跨越式发展。这为博物馆文创产业的跨界融合提供了现实可能性,跨界融合是推动事业向前发展的浪潮,是文化行业相互合作、互利共赢的主要方法。在国家相关政策的支持下,博物馆深扎跨界融合思想,联合多方力量不断推出具有影响力的文创产品,促使文创队伍不断壮大,引领了时尚文化消费新潮流。

一、博物馆文创产业的跨界合作

"跨界"一词源自英文单词"crossover",原意是转型与转化。该英文单词被我国诸多行业、领域所援引,将转型的本意引申为跨界和跨界合作。从社会经济发展现象来总结,跨界合作是跨越两个乃至多个不同的领域、不同的行业、不同的文化、不同的意识形态等范畴而产生的一个新行业、新领域、新模式、新风格等❶。随着互联网思维的成熟与发展,跨界融合频繁出现在各行各业的生产与发展之中。以"跨界"为基础构成的"跨界合作""跨界融合""跨界服务""跨界营销"等概念性标语层出不穷。跨界不再是一种行为,它变成了一种思维方式,一种解决社会问题、加快社会创新的经济模式。与一般合作不同,跨界合作要求发挥不同行业主体的优势,互相嫁接彼此特点和优点,做到综合创新和产业价值的跨行业输出。

博物馆文创的跨界合作,本质上是文化的创新和行业的创新。从宏观角度来说,博物馆文化创意产业包括博物馆组织的各项文化创意活动、文化创意活动中生产的产品和因文创活动和文创产品而发生的跨界营销活动。从微观角度看,博物馆文化创意产业仅指以博物馆文物资源为中心而衍生出来的外围产品,有数字化产品和实体产品两种。这里所提到的博物馆文创产业是站在宏观角度,从整个产业生产链条流程来关注产品设计与开发。基于此,博物馆文化创意产业的跨界合作,是指在博物馆与其他产业的机构或个人的合作,充分发挥博物馆自身与合作者自身的优势,进行各项文化创意活动或相关文创产品的开发,从而实现双赢,推动多行业进步与发展。

---

❶ 曾原:《融合模式下的上海文化创意产业规制研究》,上海,上海交通大学,2017:13-16。

二、博物馆文创产业的多维度跨界合作模式

随着时代的发展和创新的需求，博物馆文创产业的跨界合作现象越来越普遍，跨界合作对象主要集中在文创产品上。虽然，博物馆文创产品开发有多个维度，但是从实践看，开发文创产品仍然占据统治地位。目前，我国博物馆文创产品的跨界开发主要集中在与营利性企业的合作上，互相利用彼此的优势来进一步扩大品牌影响力。事实上，基于文创产品开发的整套流程，博物馆的跨界合作主体不应该局限于营利性企业，眼界要打开，目光要放长远，要开展多维度的跨界合作，加快自身的发展速度。

（一）与品牌跨界合作

品牌跨界就是企业跨界，各个知名企业利用自身的优势展开相互合作，扩大优势范围，实现互利共赢。博物馆文创产业的跨界合作中最常见的就是品牌跨界，如网易游戏携手故宫博物院推出"绘真·妙笔千山"手游，让玩家展开"如入画境"的高级体验。网易游戏作为一个互联网企业，知道自己在文化资源上优势不足，但是年轻用户基数大，开发技术高。而博物馆也明白自己无论是在资金上还在是用户上都想借助网易的资源。两者就有了合作的基础，将双方的优势最大化利用，呈现"1+1>2"的市场效应。网易游戏与故宫博物院的携手跨界体现了品牌跨界的内容，博物馆的品牌跨界就是利用自身的文化资源优势，找到合作方，取长补短，优势互补，将彼此的粉丝相互转化，从而发展自己的粉丝经济和品牌效应。

自 2020 年以来，文化品牌间的市场争夺进一步恶化，行业之间的壁垒被彻底打破，博物馆积极设计跨界营销方案，选择合适的跨界对象和合作模式，彼此之间相互抱团，互相取暖，借助不同行业、不同调性的品牌文化碰撞，夺取新时代人群消费者的关注度，力求实现品牌的自身突破和文化影响力的加强[1]。例如，广西民族博物馆标新立异，与酒店品牌合作，先后寻找了多家高端酒店作为合作伙伴，共同开发文创产品，

---

[1] 于婷婷：《跨界融合背景下女书生态博物馆数字文创设计研究》，湘潭，湘潭大学，2020：14-18。

如广西民族博物馆"花山""瑶魅"系列民族文创精品亮相南宁会展豪生酒店。广西民族博物馆与酒店的合作是酒店文化、地域文化和博物馆文化的多项融合，博物馆利用酒店打造文化主题场景，输出优质文化，而酒店则利用博物馆独特的文化资源来弥补自己文化风格上的不足，使自身充满文化底蕴，从而让两者在各自的行业中提高差异化竞争力，取得竞争优势。随着跨界融合频次的增多，跨界对象的选择非常重要，与酒店合作，无形中提高了文创产品的场景感、体验性和服务性，直击消费者的情感，让自己在激烈的竞争环境中快速脱颖而出。所以，与品牌的跨界合作最重要的是有新意，博物馆与合作方应该彼此考量，选择合适的对象，而不应该盲目跟风，为了跨界而跨界。

（二）与文旅跨界合作

文旅不分家，文化与旅游有着千丝万缕的联系。近两年，文化与旅游创新融合，出现了文化旅游这一新兴行业。博物馆文创产品虽然属于文创行业，但是与文化旅游行业联系紧密，博物馆文创与文化旅游有合作的基础。博物馆文创丰富了文化旅游的内容，增加了文化旅游的经济增长点；文化旅游则为博物馆文创提供了营销与展示平台，促进了文创产品的知名度和文化的传播力的提高。

博物馆文创与文化旅游跨界合作，创新了文创产品营销体系，拓宽了营销渠道，是博物馆文创产业的又一大进步与发展。与文化旅游行业的跨界合作，具体说，博物馆要以旅游景点、交通枢纽、零售连锁等作为博物馆文化产品的营销网点，通过文化艺术手段重新打造这些地方的环境，让其具有浓厚的博物馆文创风格与特色，形成一道亮丽的风景线。这样，以博物馆文创主题商店为中心，向四周辐射，覆盖吃、住、行、游、购等旅游要素，建立蛛网式线下立体分销体系。

在整个立体分销体系中，博物馆文创产品为文化旅游提供了内容支撑，丰富了文化旅游元素和场景；而文化旅游也为博物馆文创提供了场地和景点，形成了场景式的主题服务消费模式，提高了文创产品的交互性、体验感和服务能力。博物馆文创与文旅跨界合作打造了一个全新的民族文化旅游平台，有助于发展特色旅游城市，推动了文化旅游行业和博物馆文创的转型升级，促进了彼此的深度发展。

（三）与新媒体跨界合作

2018年，洛阳民俗博物馆与其他博物馆联合在抖音平台投放活动广告，得到了较好的访问量数据。后来，又有一些中小博物馆联合起来开发手机 App 应用软件，将文创产品搬到线上展开营销活动。这一系列的变化都基于新媒体，新媒体是博物馆文创营销的主要阵地。而新媒体的造星体质也很容易将博物馆捧成"网红"，带动文创产品销量增长和粉丝量增加。

新媒体营销与传统营销手段不同，新媒体的营销是基于大数据推广的，背后是精准的用户推介和计算方法，很轻松就可以把文创产品推广给感兴趣的用户，从而获得持续的关注度。博物馆与新媒体展开跨界合作是粉丝经济的要求，年轻人生活在信息大爆炸的时代，手机已经成为最主要的生活工具，网络是最亲密的虚拟生活空间，年轻人的主要娱乐活动通过互联网来完成。博物馆文创产品通过新媒体展开营销，是文创产品迅速传播的优质渠道。例如，中国丝绸博物馆举办的"国丝汉服节"主题文创产品的宣传活动，博物馆在开展专家讲座、汉服之夜等活动的同时，利用微博、B 站、抖音等新媒体平台策划与之相关的活动内容，吸引了汉服爱好者的参与。这些汉服爱好者又将与之相关的内容再次上传平台，形成新一轮的传播。这种从一人到多人、从多人到 N 人的传播模式让中国丝绸博物馆快速获得了关注度和流量，而相对应的许多联名汉服也受到了年轻人的喜爱和追捧。

由此可见，与新媒体平台展开跨界合作，把新媒体当作文化输出和产品宣传的手段和渠道，有助于扩大博物馆文创产品的影响力，增加产品的持续关注度。与此同时，新媒体平台还是热点信息的诞生地，博物馆可以借助平台热点生产与之相关的产品，从热点中获取关注度。随着博物馆粉丝和流量的积累与增加，平台的流量和关注度也在上涨。因此，博物馆要善于利用新媒体，打造粉丝经济，实现双赢互惠。

（四）与高校跨界合作

博物馆文创的跨界合作还体现在教育上，博物馆利用高校的设计师资源来为自己提供产品设计服务，从而丰富文创产品的创意，增强文化创意产品的活性。与此同时，高校也利用博物馆所提供的社会实践机会，展开多主体、跨界融合教学，让学生发展创新思维和全面思维能力，形成多层次、多元化的知识体系，提高自身的人才培养能力，培养具有创新素质的复合型人才。

目前，许多博物馆都与高校展开合作，看重高校强大的设计团队资源，通过征稿的方式向各大高校征集文化创意，以丰富自身的产品体系，提高文创产品的质量和竞争力。例如，四川博物馆、成都博物馆、上海博物馆等纷纷举办文创产品征稿活动，向各大高校征集文创产品。通过设计大赛和征稿活动的举办，学生获得了锻炼，提高了设计能力和审美水平，学校的知名度也有所提升。而博物馆文创单位则在活动举办过程中实现了品牌运营和传播，扩大了自身的社会影响力，提高了文创产品的知名度。与此同时，随着海量稿件的涌入和多种多样文创产品的出现，文创产品的形态不但"潮"了起来，而且"多"了起来，丰富了文创产品市场，强化了博物馆文创产业的创新实力。

三、博物馆文创产业跨界融合的方法

（一）扎根跨界理念，挖掘文物 IP 价值

跨界合作以跨界理念为指导，要想做好跨界合作，博物馆和合作方必须对跨界合作有清晰的认知，深刻理解跨界合作原理。只有这样，无论是博物馆还是合作方，双方都可以根据自身的发展需求和优劣点来设计比较有利于双方发挥独特优势的方案，取长补短，实现双方的共同发展与进步。具体来说，博物馆要舍弃单打独斗的旧观念，逐渐树立深化开放、合作意识，建立转型服务观念，重视跨界合作在博物馆文创产业前进道路上的影响和促进作用，积极主动地促成与其他行业机构或个人的跨界合作。

众所周知，这是一个文化产业熠熠生辉的时代，这是一个 IP 文化大行其道的时代。开发文化的 IP 价值，让文化引领潮流，是这个时代的主要任务之一。与文化相关的行业都在积极投身 IP 孵化行列，打造影视 IP、动

漫 IP、游戏 IP、品牌 IP 等，开发文化产品的附加值，从而拉动行业经济快速增长。博物馆文创产品本身就是基于博物馆 IP 而衍生的周边产品，博物馆文创的跨界合作也可以从 IP 孵化角度出发，让 IP 价值创新成为中国文创潮流。在数字化技术盛行和文化产业蓬勃发展的今天，推动博物馆文创产品走特色 IP 道路是一件具有非凡意义的行动，不仅丰富了博物馆文化产业的核心内涵，也促进了文化创意资源与市场的完美融合。

跨界孵化文化 IP 要求博物馆与合作单位共同挖掘博物馆文物的 IP 价值，发现文物所具备的特色文化价值，利用特色文物来打造与合作方相匹配的文创产品，形成个性化品牌形象。具体来说，博物馆要与合作方关于此次合作达成共识，以文化 IP 的价值挖掘为中心进行联名文创产品的开发，双方找到一个产品设计与开发的创意连接点，以此连接点为中心，利用大数据和云计算手段进行文物筛选，选择具有故事性、趣味性和内容点的文物进行元素的提取与样本造型的设计，从而形成一个具有话题度和流量吸引力的产品。与此同时，双方利用各自的平台资源展开营销合作，通过线上与线下的营销互动来为产品造势，为产品引流，使其成为具有 IP 价值的文创产品。当一款产品成为 IP 产品时，它的价值就可以反馈给博物馆和合作方，双方都可以以该产品为原型再次进行产品的开发与衍生，从而形成一个可持续发展的文创产品生产链路。因此，立足互联网大环境，博物馆在与其他组织或个体展开跨界合作时，要培养挖掘文物 IP 意识，用文物 IP 孵化 IP 产品，再用 IP 产品继续孵化周边产品，由此形成一个良性发展循环，实现博物馆文创产业的可持续发展。

（二）创新跨界合作内容，厘清用户市场需求

跨界合作并不是简单的、单一的、模式化的复制，而是双方在合作过程中共同的探索与创新。博物馆和合作方要针对合作内容与模式进行创新，多角度、多维度探索双方合作新模式，实现彼此利益的最大化。博物馆文创与其他组织或个人的跨界合作并不是暂时性的合作，跨界合作是一个长期的项目，是双方基于某个创意点而展开的产品开发、生产、营销与售后的一系列活动，过程复杂，涉及工作多，任务艰巨。用户是市场的风向标，博物馆寻求跨界合作也是为了扩大用户群体，提高产品

知名度和文化传播力。因此，博物馆在与其他组织或个人合作时，要厘清用户和市场的需求，找到迎合用户和市场的合作内容，争取实现跨界合作内容及模式双重创新和多元化发展，以便助力博物馆文创产业的良性发展。

第一，以用户为中心，丰富合作内容。当今社会，实体文创产品已经不是产品的唯一形态，受数字化技术的影响，虚拟文创产品越来越多，得到了受众的喜爱和认同。在互联网和科学技术下成长起来的年轻人，相比较实物所带来的功用，他们更喜欢虚拟产品营造的情感氛围，更喜欢虚拟产品带来的趣味体验。因此，跨界合作的产品内容可以偏重数字化文创产品的开发，与互联网企业共同致力游戏类产品、探索类产品的开发，让用户去经历、感受、体验文化，从而丰富文化传播方式，使文创产品形态多样化。

第二，博物馆还要与合作方举办与文化创意产品相关的展览、赛事、演讲等活动，做好文化创意服务工作。从宏观上说，博物馆文创产业包括与文创产品相关的创意展览活动与服务，所以这也是博物馆与合作方展开跨界合作的内容之一，以此来扩大彼此的影响力，增加产品的关注度。当前，情感消费是消费的主流模式。由于物质生活逐渐丰富，人们更加渴望精神享受，渴望从消费中得到精神上的愉悦。基于消费市场对文化和情感的需求，也基于用户的心理和行为偏好，博物馆在进行跨界合作时要以文创产品为中心开展体验性活动，丰富用户的精神文化生活。目前，博物馆所举办的展览、比赛或演讲大都形式老旧，缺乏新意。因此，在与其他组织展开合作时，合作双方要丰富文化创意活动形式，发挥博物馆文化资源优势，利用 3D/VR/AR 等数字技术营造虚拟现实场景，造成视觉冲击，以改变过去枯燥的展陈形式，增加活动新意和趣味性，吸引用户参加，提高相关产品关注度。

第三，博物馆与合作方的跨界营销。跨界营销也是博物馆与其他组织展开合作的内容之一。以用户为前提的跨界营销注重用户体验，而不是简单的共享产品和销售渠道功能。跨界营销突破了传统营销的界限，共享界外资源，解决长期制约营销效率的关键问题，是传统营销理念和模式的升级。这种营销思维不在于竞争，而在于合作共赢。博物馆坚持跨界营销战略,在与其他组织的合作中发展文创产业,实现了博物馆文创产品和服务的无边界化。具体来说,博物馆文创的跨界营销包括文创IP的跨界营销、捆绑销售的跨界营销等。在跨界营销中,博物馆与合作方要杜绝物料堆砌,活用传统文化元素,以文创IP为传播点和内容核心,设计与之相配套的营销流程,形成独一无二的"文创IP符号",从而增强社会大众的文化认同感。

(三)确定跨界合作机制,建立产业链合作平台

在互联网背景下,一个较为完善的文化创意平台是文创产业健康、良性发展的重要途径。文化创意平台是文创产业发展的"枢纽",它将文化创意资源、文化创意人才、文化创意公司紧密联系在一起,为创意公司提供相关创意人才和优秀作品,为创意人才提供优质的学习资源和工作机会。国内较为成熟的新型文化创意平台有中国文化创意产业网、视觉同盟、最文创、乐摩网、悦游礼等,这些文化创意平台将文化创意产业相关主体统一到一起,形成独立的讨论和学习区域,为文创产业发展输送人才,为文创产品开发提供创意。由此可见,文化创意平台在文化产业发展中的重大意义。

模仿文化创意产业的平台化管理,博物馆在展开跨界合作期间也可以搭建博物馆文创产品开发的产业链合作平台,将双方的资源放置到平台中进行管理和运用。具体来说,博物馆与合作方可以借助信息技术手段将已经合作过的文创产品开发项目、即将开展的项目、合作前景、设计资源、合作环境及相关工作规章制度全部整合、分类,建立一个立体化、全面化、开放型、可持续发展型的产业链合作平台,实现资源共享,提高合作效率。除此之外,博物馆还可以借鉴较为成熟的文化创意平台搭建经验,构建一站式、系统化网络合作平台,有效解决博物馆文创产业发展中的资源匮乏和知识产权保护问题,提高跨界合作水平,形成完整且健康的博物馆文创产业链,最终形成文创产业集群效应。以博物馆与天猫新文创平台进行的跨界合作为例,该跨界合作搭建了全新的文创合作平台,展开博物馆与其他行业机构的多元化合作,实现了博物馆文创产业的再升级。

产业链合作平台的健康运作需要建立协同合作机制，协同合作机制是博物馆文创产业合作平台建立的基石。通过合作机制平台的建立，各方主体可以协调合作秩序，提高相互沟通的效率，使跨界合作活动有序开展，从而实现合作各方自身特色资源的最优配置，提高跨界合作的效率。具体来说，博物馆与合作方可以签署协同合作协议，制定并完善合作平台的规章制度，成立跨界合作信息反馈部门，从而建立较为完善的跨界协同合作机制，为跨界合作的良性开展保驾护航。

（四）净化跨界合作环境，完善法规政策体系

近些年，文化产业的跨界合作颇为频繁，许多文化创意公司跨行业与其他公司、品牌和组织机构展开融合创新活动，跨界合作已经成为一种普遍现象。基于此，国家出台了一系列的法律法规，给文化产业的跨界合作和文化产业的发展提出合理建议和明确要求。但是，相关法律法规都是从大框架出发的，从整体上把控跨界合作方向，并不能有效解决实际操作过程中遇到的细节问题。于是，博物馆文创产业跨界合作的基本任务之一，就是各级政府要有针对性地对博物馆发展文创产业提出并制定具体规范，包括跨界融合的具体政策法规，完善相关法律体系，将博物馆文创跨界融合发展的条款具体化，让博物馆在与其他合作组织展开合作时有法可依，从而促进博物馆文创产业健康发展。

从宏观角度讲，相关职能部门要完善博物馆乃至整个文化文物单位发展文创产业的"基本法"建设，充分发挥宏观政策的引导和支撑作用。从微观角度讲，相关部门要明确博物馆运用跨界合作方法来发展文创产业的具体条文规定，明确各合作方的责任和义务，提高相关政策方向的准确性和具体性。例如，法律条文制定者可以从合作的原则、合作的目标、知识产权的归属、合作的方式及其他合作细节等角度进行详细阐述，尽可能照顾到跨界合作的方方面面，明确合作细则，切实维护合作双方的利益。

总而言之，跨界合作是博物馆文创产业发展和文创产品开发的重要方法，是文创产品爆发式增长的有效途径。利用跨界合作，展开博物馆文创产品的开发，既有助于博物馆的发展，又有利于合作方的提升，是一种双赢模式。在创新发展的今天，博物馆文创产品开发离不开跨界合

作，搞好跨界合作，博物馆文创产业将进一步扎根于人民生活，在社会经济发展和文化传播传承中贡献力量。

第三节 现代技术理念，与时俱进

伴随着移动互联网时代的到来，人们的生活方式发生了翻天覆地的变化，一部手机就是一个人的世界，手机上网冲浪、手机扫码支付、手机逛街、手机娱乐等，衣食住行全部依赖手机。毫不夸张地说，现代人离开手机都不知道该怎么生活。基于这种深刻的社会变革，博物馆的发展也发生了方向性的改变。为了适应现代社会的这种改变，博物馆必须拥抱数字技术，将博物馆同步搬到线上，让游客在手机上"逛"博物馆，通过手机对展品、展览进行评价。这是现代用户的生活习惯，也是博物馆不得不面对的社会现实。

博物馆在创新，以博物馆文物为依托的博物馆文创产业也在变革。博物馆与博物馆文创产业属于同一阵营，博物馆牵手数字化技术意味着博物馆文创产品的开发与数字化紧密相关。博物馆里的文物不应该只留存于厚重的历史中，更应该走进人们的日常生活。换句话说，博物馆文创产品的各个开发环节，包括开发、生产、营销、销售等都要与数字化挂钩，为文创更好地利用文物资源提供更多可能，为文创产品多样化地呈现提供技术支持。数字化技术在博物馆文创产品开发中不仅赋予了各类馆藏藏品新的生命力，还满足了人民日益增长的精神文化需求，体现了优秀传统文化转变为现代化语言表述的应有之义，也体现了博物馆文创产品创新发展的现实意义。

一、博物馆文创产品与数字化

（一）数字化文创产品

如今，博物馆周边产品的开发是博物馆文物"活"过来的关键。以博物馆优秀文物资源为核心，开发富集审美、文化和实用价值的文创产品，是许多博物馆的共同选择。目前，博物馆将优质文创产品生产放到了与文物收藏、展览同等的位置，将文物资源转化成可开发的艺术资源，开发文创产品，让文物走进千家万户，让文化获得越来越多的关注。虽然，近几年博物馆文创产品呈现出爆发式增长的趋势，文创产品走进了大众视野，但是产品的文化输出并不乐观，受众更加看重产品的审美价值和使用功能。数字化技术的出现解决了这一问题。数字化技术将文创产品与文化内容、在线教育、艺术普及紧密联系在一起，消除了产品的空间限制，做到了产品与受众的对话。在5G、全息投影、AR等新兴信息技术的帮助下，文创产品给消费者带来了交互体验和沉浸式娱乐，实现了身临其境式文化传播。数字化技术让文创产品背后的文化知识真正走进消费者的内心，提高了传统文化传播效率。

（二）文创产品的数字化运营

河南博物馆上线数字盲盒、会说话的棒棒糖、《上新了·故宫》创意稿件征集……近些年关于博物馆文创的话题被频频送上热搜，一些文创类节目也达到了刷屏效果。除了产品质量好，确实有传播价值以外，数字化运营是这些话题被受众看到的真正原因。许多博物馆纷纷建立属于自己的微博、微信公众号、短视频平台等内容输出矩阵，线上传播文创产品知识，获得关注度。由此可以看出，数字技术在文创产品营销和博物馆品牌推广上作用巨大。除了搭建数字化传播矩阵，数字化还可深入销售环节，服务于销售，抓取售后数据，分析和反馈用户需求。具体来说，博物馆可以通过数字化技术搭建文创产品开发跟踪管理平台，实时掌握开发种类、形式和销售情况，根据市场变化为不同的营销渠道调配产品，促使线上线下多渠道紧密配合，提高工作效率。与此同时，平台还会跟踪与记录员工和用户的反馈意见，捕捉消费者心理，从而找出用户的需求，用于下次文创产品的开发，保证文创产品的新鲜感，提高文创产品的体验感，推动博物馆文创产业高质量发展。

二、数字技术在博物馆文创产品中应用的优势

（一）增强产品体验感

博物馆文创产品一般采用抽取文化元素、利用文化元素填充产品设计框架从而得到实用性产品的开发方法。文化元素与文化符号可能是某个文物中最具代表性的特征，但不是文物。因为，文创产品有时并不能很好地传递和表达文物的文化内涵，消费者需要从产品说明书中了解文物的前世今生。因此，从文化传播角度来说，文创产品一直与消费者之间存在着一定的距离，消费者看不清其背后的文化价值，这在一定程度上影响了消费者的文化感知和情感体验。直到数字技术的出现，图像虚拟技术和增强现实技术都可与文创产品相融合，可以通过数字技术将珍贵的文物数字模型加进产品当中，让消费者从产品中就可看到与文物相关的一切文化与历史。这种场景式再现的产品表达方式讨好了受众的视觉与听觉。数字化时代也是图像时代，受众习惯通过图片、视频等视听语言来认知世界。因此，数字化技术应用于文创产品，给了受众沉浸式体验的机会，增强了受众对文物的感知力。超现实的直观体验给予受众幸福感，让受众对文创产品产生认同感，从而成为文创产品的忠实粉丝。

（二）把握用户需求

当新生事物成长到一定阶段的时候，参与新事物的人就会出现吃力感，这是因为新事物在曲折中前进。博物馆文创产品在近几年呈现爆发式增长，产品多了，知名度高了，证明博物馆文创产业生命力旺盛。但是，丰富多样的博物馆文创产品也给设计人员带来了困扰："再设计什么产品才能打动消费者？"随着粉丝基数的增大，消费者需求数据越来越难做，产品开发的速度就会有所下降，数字技术的出现解决了这一问题。大数据、云计算等信息技术的创新发展和快速普及应用提升了博物馆的数据分析与筛选能力。这意味着设计人员可以获取较为准确的用户需求数据，以用户需求为中心进行产品开发，提高产品的文化价值和应用价值。

数字化技术应用于博物馆文创产品开发中，具体来说，设计人员会

设置程序化计算，记录消费者的购买与反馈数据，对数据进行关联分析并生成可视化结果。这份结果直观地展现了用户的爱好、习惯和产品品类趋势走向，给设计师接下来的设计提供了方向，避免盲目设计而造成的市场风险。这种以用户为中心的数据分析设计法让消费者无形中参与到产品的设计与开发之中，为设计与开发提供意见和想法，最终使产品符合用户的审美。由此可见，数字化技术让文创产品开发回归了以人为本，增强了文创产品的创新性，提高了文创产品的服务性，强化了文创产品的生命力。

（三）实现个性化服务

一直以来，文创产品都是以实物的形态而出现的，服务于人所需要的某种功能或者功效。文创产品以解决实际问题为主，并不具备个性化服务能力。随着数字化技术的引进，博物馆文创产品开始具备个性化服务的能力。例如，三星堆博物馆设计的三星堆金面具巧克力。利用数字化技术，这款美食产品给"金面具"戴上了"枷锁"，消费者需要扫描二维码选择自己想要的黄金面具图案，然后亲手勾勒真实文物的黄金面具形态，才能解锁美食。这就属于个性化的服务，消费者在绘画过程中进行了个性化体验，享受到属于自己的乐趣。又如，纵目面具棒棒糖采取"骨传导"技术将"古蜀探秘"系列小故事融入棒棒糖之中，每颗棒棒糖都是一次独特的故事体验。

博物馆文创产品是博物馆的最后一个展馆。博物馆文创产品既可以以产品的形态存在，也可以以空间服务的形态存在。如今，博物馆文创产品的概念已经不再拘泥于单个产品，而是围绕文创产品提供场景化服务，如同故宫角楼咖啡。每一件展陈文物需要介绍，每一件文创产品也可以有属于它的讲解。大数据让博物馆文创开发部门了解每一位用户的个性特征，云计算让用户画像更加精确，人工智能让导览服务越来越聪明，越来越有针对性。一切的一切为文创产品的个性化导览服务提供了可能，消费者可以通过数字化媒介个性化认知文创产品。此外，数字化新技术还给用户提供了个性化创造的机会，用户可以根据自己的喜好挑选展陈的文创产品，搭建虚拟展览馆，设计开发属于自己的网络博物馆。

基于智能化加定位的技术，可以让博物馆为观众提供个性化服务。

三、数字技术应用于博物馆文创产品设计开发的条件

（一）可行性

博物馆文创产品开发在引进新技术项目时必须经过项目论证和可行性评估。新技术需要强有力的资金支持，因此博物馆引进一款新技术时会非常谨慎。一旦刚买的技术赶不上技术应用更新速度，新技术就面临着淘汰，这笔钱的投资就是失败的。

过时的技术不仅耗费金钱，还耗费工作人员的精力。作为一个项目运营的决策者，博物馆文创产品开发总指挥不可能让设计人员勉强配合技术，而浪费人才资源，浪费宝贵的时间。所以，新技术的引进要经过风险评估，测试技术的可行性。通过使用评估，决策者可以了解这项技术的引进是否能够改变当前状态，能够维持多久改变基本情况的能力以及实际应用成效。通过组织科学的论证，严密的可行性评估，帮助决策程序科学化，保证选择结果符合实际需要，决策者就可以大致得出数字化技术是否值得购买。所以，数字技术应用的条件之一是可行性，可行性通过数字技术才能服务于博物馆文创产品开发。

（二）安全可靠

互联网信息安全问题一直是大家困扰和担忧的大问题，虽然互联网给人们的生活带来了便利，但是它也让人们失去了信息自主权，也有许多人因为信息泄露造成了财产等方面的损失。博物馆在利用信息技术的过程中不免也会遇到这种问题，做好信息安全工作，对博物馆文创产品的开发非常关键。一旦因为信息安全问题而造成事故，博物馆就有可能给自身、社会和观众带来隐患，甚至会损害博物馆的公众形象，降低品牌效应。

出于对技术安全性和可靠性的担忧，许多博物馆领导人不敢引进新技术，害怕受众隐私信息的泄露。因此，在博物馆文创产品开发过程中，如果要引进新技术，决策者就要充分考虑技术的安全可靠性，尤其是在采集消费者信息的时候，技术的安全性一定要有保障。因此，安全性是

博物馆引进新技术需要考量的要点之一。

(三) 广泛参与

跨界合作是博物馆文创产品开发的主流趋势。跨界合作不仅体现在产品开发上，还体现在技术应用上。博物馆文创产业要想发挥数字化技术的最大价值，满足用户实际需求，就要学会合作交流，不仅需要博物馆与博物馆之间展开技术交流，还需要博物馆与其他社会组织、科研院所和技术公司展开对话，深度研究和学习数字化技术，以便更好地运用数字化技术开发新产品。

博物馆文创行业与技术应用最好的沟通方式是把博物馆行业之外相关技术提供方拉入技术联盟，通过第三方中介机构为博物馆提供技术帮助，从而降低技术应用成本，促进技术的成熟转化，提高技术的应用效果。因此，数字技术应用于博物馆文创产品开发的最后一个条件是广泛参与，博物馆要邀请不同的主体参与技术的研究与应用，确保技术发挥作用。

总之，没有最好的技术，只有适合的技术，数字技术不一定就全部适合文创产品开发。因此，数字技术的应用，要满足可行性、安全可靠和广泛参与三个条件。只有满足这三个条件，数字技术才有可能成为适合的技术。

四、不同数字技术在博物馆文创产品设计开发中的创新应用

(一) AR技术在博物馆文创产品设计开发中的应用

AR技术在现实的基础上叠加或合成虚拟对象，经常通过移动设备将数字内容叠加到实物上以增强对现实内容的理解。当前，不少博物馆将AR技术与自身的展览或展品结合，以增强参观者的互动体验感，从而提高传统文化的传播力度。

博物馆作为公益性服务机构，承担着向群众传播知识与文化的使命，肩负着传播优秀历史文化与保护传承中华文化的重担。博物馆文创产品作为博物馆的最后一座展馆，与博物馆有着同样的任务与使命。如何让更多的文物走入家庭，是博物馆文创一直在探讨的问题。只依靠文创产品实物的展示和新媒体技术的传播，不足以引起人们对文物的学习兴趣。

增强现实技术与博物馆文化相融合，打破了人们对传统文创产品形态的认知，用科技的神秘力量来重新诠释文创产品背后的文物故事，模糊了时空界限，产品体验更加生动且具体，甚至完全沉浸。目前，AR 技术主要用于数字化文创产品的设计与开发，借助 AR 技术的现实还原特性，虚拟呈现文物的原貌。

1.AR 技术呈现历史遗迹

历史遗迹很难以文创产品的形式呈现在大众面前，除非是模型搭建的形态。否则以截图文物元素和符号作为文创产品的主要原材料，历史遗迹很难通过文创产品让受众有所感受。然而，历史遗迹是中国历史的见证，是非常重要的物质文明。国内的很多大型历史遗迹博物馆，都体现了历史文化特色。但是，由于太过珍贵，遗迹展览常采用复刻的方式，缺乏新意。

伴随着 AR 技术的出现，受众不仅可以近距离观察，还可以看见会动的历史遗迹。例如，百度与秦始皇陵博物馆合作，通过人工智能技术对重点展品进行复原，并以 AR 技术将其"上色"与"复活"，让人们看见会动的兵马俑与彩色的兵马俑。人们在参观现场通过扫描兵马俑二号坑"平面布局图""跪射俑灯箱""铜车马结构图"三个触发物开启 AR 功能，即可亲眼看到"活起来"的兵马俑等文物，了解其具体构造、工艺色彩、精准定位及变换不同角度等。这足以证明 AR 技术可以用于数字化文创产品的开发，开发者可以利用 AR 技术还原历史遗迹，然后通过二维码扫描的方式让消费者"走进"历史遗迹，在虚拟空间中游览、感受历史遗迹，深刻了解历史遗迹。

2.AR 技术呈现历史故事

五千年历史长河中，闪现的不仅是实体文物，还有璀璨的精神文明。一个又一个的故事组成了五千年的璀璨星河，而博物馆代代传承着这些记忆。在博物馆文创产品开发中，过去或辉煌或衰败的历史故事通过文化元素的方式再次讲述给受众。然而，这种设计语言表述方式过于抽象，对于场景的还原度不足，互动体验感较弱。

伦敦自然历史博物馆是一座运用 AR 技术的自然历史博物馆——伦敦自然历史博物馆的展厅就像一个超级影院，内部只陈列少数静物展品，更多的是一个个硕大且空旷无物的展台，展台两边的墙面上镶嵌着荧幕。观展者进入展厅，只需要坐在座位上，然后拿起博物馆所配备的平板，便可以轻松地通过上边的 AR 设备观看到投射在展台之上的文物。与此同时，两面的荧幕会给予讲解，震撼生动，别具一格。

受到伦敦自然历史博物馆的启发，设计师可以利用 AR 技术打造一款 App，用于讲述中国优秀的历史。此时，观众不用出门，也不用对着实体文创产品查阅资料。只需要打开 App，就可以看到扑面而来的画面，而自己随着画面仿佛也进入了那段历史、那段故事，通过动态的画面和有情感的声音来学习故事，感受故事背后的人文思想，从而深刻学习历史文化知识。

（二）VR 技术在博物馆文创产品设计开发中的应用

虚拟现实技术是一种可以创建和体验虚拟世界的计算机仿真系统，它利用计算机生成一种模拟环境，是一种多源信息融合的交互式的三维动态视景和实体行为的系统仿真，主要包括模拟环境、感知、自然技能和传感设备等几个方面。虚拟现实技术与网络技术的结合可以使博物馆文物的保护与展示登上更高的台阶。出于文物保护的目的，博物馆内的展品大都在展柜中收藏，而展柜的空间往往有限，因此展品细节以及被展柜遮挡的部分无法被观众清晰所见。虚拟现实技术为这一难题提供了解决方法，它利用计算机实现文物信息的数据化展示，更可外接感应终端，模拟文物形态、重量等外部特征。观众可操作感应终端，旋转、放大和缩小虚拟文物，从而形成了新颖的交互式参观模式。

此外，博物馆中的一些文物因为时间久远而出现了脆化、脱色、剥落等现象，需要保护和修复。虚拟现实技术可以实现文物古迹受损程度的数字化记录，还可以制定修复方案并预先模拟修复过程，从而避免不必要的损伤。同时，在文物实体的基础上，虚拟现实技术还可以建立起实物三维或模型数据库，保存文物原有形式数据和空间关系等重要资源，科学、长久地保存濒危文物。

虚拟现实技术是未来博物馆发展的方向，也是未来文创产品开发所要应用的重要技术手段。虽然，目前博物馆文创产品开发中虚拟现实技术应用较少，但是随着技术的成熟，它将成为数字化产品开发的王牌。虚拟现实技术的模拟环境、感知功能、自然技术和传感设备等几方面的功能给文创产品带来了很大的发挥空间，如图4-2所示，让人能够全身心地投入产品的交互式体验当中，利用视觉、听觉、嗅觉、触觉等去感知文创产品，理解文创产品的情感与思想，实现文创产品的拟人化功能，最大限度地建立与消费者的情感连接，增加产品的情感价值和体验价值，让文化照进现实，培养消费者对文物的兴趣和热爱。模拟环境是由计算机生成实时的、动态的三维立体逼真图像。感知是指理想的虚拟现实技术应该具有一切人所具有的感知。除计算机图形技术所生成的视觉感知外，还有听觉、触觉、力觉、运动等感知，甚至还包括嗅觉和味觉等，也被称为多感知。自然技能是指人的头部转动、眼睛、手势或其他人体行为动作，由计算机来处理与参与者的动作相适应的数据，并对用户的输入作出实时响应，分别反馈到用户的五官当中。由此可见，虚拟现实技术可以实现展示内容与展示手段的有机结合、知识点与娱乐趣味形式的有机结合、艺术与技术的有机结合、展示互动参与性与体验效果的有机结合。

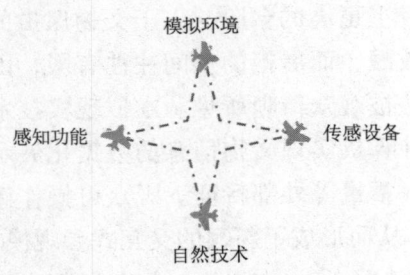

图4-2 虚拟现实技术的四大功能

1.填补信息缺口，具象再现文物

博物馆文创产品受空间限制较大，所能表达的信息有限，仅仅依靠几个元素信息让消费者理解文物内涵是不可能的。因此，消费者要想真正了解文物就需要走进博物馆，依靠影像类新媒体展示、传统实物和图文展示来填补信息空缺。但是，现代化消费者很少走进博物馆，他们往往依托网络途径来解决认知问题，博物馆文创产品因为其创意性和艺术性吸引消费者的目光，因为博物馆文创成为宣传博物馆、传递文化知识的重要途径。根据消费者的生活习惯，随着虚拟现实技术的成熟与进步，博物馆文创可以利用该技术将隐性信息显性化的陈列语言的表达特点来进行数字化产品设计表达，利用格式塔心理学将相关器物组合，利用影像媒体整体动态地呈现。

这样，博物馆文创产品就变成了一个随身携带型文物知识科普器，消费者可以随时随地，从不同角度去参观文物，放大细节观察文物，通过历史音乐和讲解来深刻体验文物所传递的情感和思想。虚拟现实式科普文创产品所展示、存储的信息量是无限的，可以分门别类地展示各种各样的信息，让穿越时空、再现历史成为可能，弥补了传统文创产品的信息缺口，实现了文物历史的具象再现，对传统文化的感知与传播大有裨益。

2. 实现信息交互，放大交互体验

互联网慢慢改变了人类对信息和交流的认知方式和习惯，现代人早已摆脱了被动认知的单向传播模式，主动地去选择需要获取和学习的信息。在人们习惯主动选择信息的时代背景下，博物馆传统文创产品的单向展示有着许多局限，虚拟现实展示应用提供了个性化展示的可能，观众主动地与数字化产品进行互动，丰富的互动形式使得观众可以在不断的信息交流过程中对其中的信息进行整合和理解。

过去，人们认为大脑和身体是有明显界限的，大脑负责思考而身体只负责执行。随着认知科学和心理学理论的不断发展，人们开始发现身体在认知过程中也起着至关重要的作用。人的大脑认知与身体密切相关，人的认知向来都离不开身体的感知。在解决问题的过程中，身体可以利用环境并且与环境互相配合，扩展和放大认知的效果。随着科学技术的发展，博物馆设计师意识到主动的信息交流必将取代传统的静态展示，博物馆文创产品必将分离出场景化体验模式，增加产品的交互性，使受众在大量的信息交流中获取产品认知，增加传统文化内涵。

虚拟现实技术为场景体验式消费模式奠定了技术基础。虚拟现实展示应用通过实时互动和反馈调动消费者身体的积极性，刺激消费者主动探索，在自主性学习中增加产品认知，提高认知效率。因此，博物馆文创产品的开发要积极应用虚拟现实技术，通过虚拟现实技术构建游戏的互动体验空间，促使消费者在场景中展开积极的信息交互，从中获得趣味性和互动感。对新时代人群来说，消费体验大于产品功能，虚拟现实技术的应用迎合了受众的基本需求，放大了他们的交互体验感。

3. 关注受众情感，注重沉浸式体验

在博物馆文创产品开发过程中，传统文创产品对人的认知特点研究不足，无法与受众建立较好的情感交流，缺少让人印象深刻的东西。又因为传统文创产品与环境缺乏联系，难以引起情感共鸣。随着移动互联网的出现，互联网企业开始关注用户在产品使用过程中的情感变化，情感设计变成了产品设计时不可忽视的重要环节。虚拟现实技术的应用将用户的情感主动纳入设计范畴，其本身就对人的情绪有强烈的影响，虚拟现实技术能够触发受众的视觉、听觉、触觉等不同的知觉系统，调动使用者的情感，让使用者产生情绪变化。就像大型游戏一样，场景的真实性令用户的感官系统得到了极大放大，根据场景变化，用户能够做出不同的身体反应。虚拟现实技术通过构建虚拟环境让用户与周边环境产生互动，从而打造感官沉浸式体验。

根据虚拟现实技术的沉浸式体验特点，设计师在进行数字化产品设计时可以利用 VR 技术打造安全性、舒适度极高的趣味互动游戏，将文化知识转化成游戏语言，让消费者在或兴奋或悲伤的情绪中与文化进行高度互动，轻松汲取知识信息，沉淀传统文化知识。虚拟现实技术的沉浸感是前所未有的，远远超越了电影、游戏。通过营造远距离的临场感和注意力的高度集中，用户容易产生心流体验，处于全神贯注而感觉不到时间流逝的状态，随之产生积极的情绪反应和自发的探索行为。信息的沉浸和感官的沉浸让消费者的大脑彻底沉浸在虚拟环境之中，全感官模拟现实，让用户获得最好的情感体验。

（三）3D 打印技术在博物馆文创产品设计开发中的应用

3D 打印技术是第三次工业革命的代表性技术之一。作为一种快速成型技术，3D 打印技术是以数字模型文件为基础，运用粉末状金属或塑料等可黏合材料，通过逐层打印方式来构建物体的技术。一般来说，3D 打印是通过三维建模软件、电脑辅助设计、计算机断层成像技术和 X 射线晶体分析等工具将三维数字内容变成实体的技术。

随着时代的进步,中国 3D 打印技术被应用到博物馆文创产品的开发与生产当中,让产品呈现出现代与美感、传统与科技的和谐统一。无论从整体色调、视觉标识识别系统还是展陈展品与空间规划设计上,3D 打印技术都体现了博物馆独特的艺术气质和创新精神。利用 3D 打印技术制作出来的文创产品在一定程度上弥补了文创产品创意不足、价格两极分化和质量参差不齐的缺点,实现了文创产品的个性化定制。

3D 打印的个性化还体现在材料选择上,与常见文创产品不同,3D 打印可选择的材料范围更加多元化,包括树脂、尼龙、石膏、塑料等,降低了成本,给用户提供了多样化选项。同一款产品使用不同的材料打印所呈现的效果也不一样,这就为用户的个性化选择提供了可能。

3D 打印开启了博物馆文创产品的新复制时代。通过 3D 扫描、3D 成像和 3D 打印技术,设计师所复刻的博物馆文物即使经过千年的风霜,精细的雕刻也能被生动地体现,只是肉眼难以辨别。所以,3D 打印技术实现了博物馆文物的"搬家",博物馆文创产品可以利用 3D 打印技术实现博物馆的再现、文物的再现,让"文物"走进千家万户,消费者再也不用透过玻璃罩来观赏文物,极大地提高了传统文化的影响力,增强了博物馆的现实教育价值。

综上所述,可以看出现代技术给博物馆文创产品的开发带来了新的灵感与契机。积极打造现代技术理念,将各种数字化技术手段,如现实增强技术、虚拟现实技术、3D 打印技术等,运用到文创产品的开发之中,改变文创产品形态和应用特点,从传统文创产品的实用性向新型文创产品的体验性过渡,从传统现实产品向数字化产品过渡,让博物馆文创产业始终走在创新前沿,实现博物馆文创产业的科学、绿色、可持续发展。

第四节 展开市场调研，走近大众

博物馆文创产品开发并不是以"物"为心的开发，而是以"人"为中心的文化创意活动，博物馆文创产品所服务的核心是"人"，即博物馆文创产品的潜在消费者和已存在消费者。博物馆文化创意产品的营销也是围绕着既定和潜在消费者而展开的，根据消费者的兴趣爱好和需求偏好来开发产品功能和设计产品造型，试图满足消费者对文创产品的假设性要求。因此，贴近大众生活，以用户为中心展开市场调研，有助于博物馆文创产品的创新设计和博物馆文创事业的可持续发展。

在产品还未投放市场之前，博物馆文创开发部门如何获得消费者的需求信息呢？博物馆文创产品开发在前期准备阶段有很大一部分工作是市场调研，调研人员会对同类型产品、同类型门店和预期的消费人群展开深入的市场调查，搜集产品信息、门店信息和消费者购买与使用信息，综合分析这些调查成果，从数据中找出对自己的产品研发有利的反馈，从而找到产品设计研发的思路，如选择什么纹样、选择什么文化主题、选择什么材质、选择什么颜色线条、选择什么造型、选择什么产品品类、选择什么营销渠道等，让设计师对产品设计有一个综合性的考量，进而快速制作样本产品，使得投放到市场的产品迎合市场需求和大众生活、审美要求。可见，博物馆文创产品开发贴近大众的前提条件是市场调研。

市场调研的方法多种多样，博物馆文创产品类市场调研一般采用以用户为中心、反映消费者真实想法的4P和4C战略。4P战略是指产品、地点、价格和推广四要素；4C战略是指顾客价值、便利性、顾客成本和沟通。结合博物馆文创市场营销的特点，以用户为中心的博物馆文创市场调研可以从定价策略、流通策略和营销策略三方面进行讨论。

一、博物馆用户群体细分变量

博物馆文创事业已经有了广大的消费者群体基础，面对不同的博物馆文创产品，不同的消费者给出了不同的反应。面对复杂而多样的用户市场，在进行深入市场的调研之前，博物馆调研团队应该把握市场细分原则，将消费者按照不同的变量展开分类，以便从不同类型的消费群体出发去探讨市场调研策略，获得较为准确的数据反馈，找到贴近消费者的文创产品开发策略。

（一）地理变量

从用户的角度分析，博物馆文创产品投放市场的地理变量是指用户与购买产品所在地的地理位置关系。目前，依据地理变量，博物馆文创产品的市场消费群体可以大致分为本地消费者、短途消费者、国内长途消费者和国外消费者。来自世界各地不同国家、不同地区的受众来博物馆文创店购买不同种类的产品，根据消费者所购买的产品和消费者的地域归属，文创产品市场调查人员就可以分析出不同地区人群的审美兴趣和审美偏好，总结出不同地区人群所购买的产品品类比例。这些数据非常方便设计人员在进行后期产品设计时做好不同地域文化的文化符号和元素选取比例规划，设置好不同类型产品的投放数量。这就做到了市场调查的应有之义，通过调查了解不同地域用户的产品审美和文化特征，把握好用户的产品需求，从而设计出贴近生活和大众的优质产品。

（二）人口变量

人口统计变量是用以细分博物馆文创市场的常用指标，根据不同群体特征，做出相对应的市场分析。人口变量一般包括年龄、性别、经济能力、教育背景、社会信仰等，这些相关信息与消费者的需求、偏好和产品使用率关联密切，正是这些人口特点决定了博物馆文创产品消费者的使用需求和购买习惯。

1. 年龄

年龄对消费行为有着比较显著的影响，尤其是对文化创意类的产品而言影响更大。"95后"是博物馆文创产品消费的主力军，这是一个不争的事实。为什么新时代人群会变成博物馆文创产品的主要消费人群，而不是"60后""70后"呢？这是因为不同年龄阶段的消费者在社会生活经历和消费价值观上有所差异，从而导致了不同的消费行为和消费心理。

依据消费群体的年龄划分，我国的消费市场大致可以分为小于16岁的未成年人消费市场、青少年消费市场、中年消费市场和老年消费市场。由于16岁以下儿童还未拥有经济实力，不能进行独立自主的消费行为，所以忽略不计。博物馆文创产品的市场调查主要集中在青少年和中年之间，老年消费市场不是主要目标。

青少年是受文化熏染最为集中的一代人，也就是新时代消费群体，他们以时尚为消费目标，不太讲究产品的实用性和经济价值。一些颜值好、设计感强、品牌价值高和符合社会潮流的文化审美产品在青少年中大受欢迎。博物馆文创产品在开发过程中，重点关注青少年的使用需求，通过市场调查反馈青少年对产品外形、颜色、文化主题和品类的选择信息，从而对主流设计元素和产品品类做出判断。

中年人是博物馆文创产品消费中的一小部分人，他们中有些人因为关注产品的文化价值而购买的，有些是出于纪念意义而购买的，还有一些是用于送礼的。由于中年人购买文创产品的客观因素较多，博物馆文创人员在进行市场调查时可以从实用性角度对这部分人群进行数据搜集与分析，以开发更多样的产品实用功能。

2. 性别

性别对于博物馆文创产品开发具有非常重要的影响。男性消费群体和女性消费群体拥有不同的审美和生活习惯。女性消费者更加偏重服务性消费，尤其看重情感服务，对产品的名称、外观、颜色、使用环境等都具有比较高的要求；而男性消费者则更加看重实用性，他们喜欢因"需"购买，而不是因"情"消费。博物馆文创产品很明显属于"她"经济范畴，主要的消费群体是女性。这就意味着博物馆文创在进行产品品类开发时要集中考虑女性消费者的需求和感受，产品品类向女性消费群体靠拢，如彩妆、服饰、配饰等。以性别为调查目标，博物馆文创开发者可以厘清产品开发的品种类别，以情感需求为中心开发迎合女性受众的文创产品。

3. 经济能力

俗话说，你的经济能力决定了你周围人的消费水平。物以类聚，人以群分。人际交往通常受到经济能力的影响，你的经济水平决定了你所处的朋友圈层。所以，以经济能力为参考要素对博物馆文创产品市场的消费人群进行分析，可以看出同等消费水平的用户对产品的选择。这就可以将整个市场大致分为几个经济水平层级，看出不同层级消费群体的购买需求和品类偏好，同时也为市场定价提供了依据。相应地，市场定价决定了产品设计之初所选择的材质、工艺和生产厂家。因此，考察消费者的经济能力对博物馆文创产品开发意义重大，所反馈的数据直接影响产品定价、产品材质、产品类型、生产厂家等关键性设计因素。

4. 教育背景

受教育水平与消费水平有间接关系。受教育水平影响消费水平、消费观念、消费方式和消费技能。消费方式是指在一定生产关系条件下，消费者和消费资料相互结合而满足消费需求的方法和形式；消费观念是指消费主体对消费对象、消费行为主义、消费过程和消费趋势的认知和判定。因此，将教育背景加入博物馆文创市场调研行列，将其视为影响文创开发的因素之一，对于文创产品的开发有指导性作用。

5. 社会信仰

社会信仰是个人价值观的表现之一，它会引导人们的消费行为。面对产品，消费者会做出与社会信仰相符合的消费选择。所以，博物馆文创产品开发也会受到社会信仰因素的影响，但是影响不大，只有特别少的一部分人会因为社会信仰问题而对文创产品做出选择。

（三）心理变量

心理变量是指消费者的心理构成影响，即使是同处一个人文环境，不同的消费群体也会因为心理构成因素不同而做出不一样的消费选择。心理变量主要由社会阶层、生活方式和个性特点构成，这些构成要素把文创产品消费者划分成了不同的群体组织。不同社会阶层的消费群体在兴趣、爱好、习惯和消费观念上有所不同，而这些可持续性的变量不会轻易发生改变，这就决定了社会阶层中的这些影响因子可以作为参考依据，用于衡量博物馆文化创意产品的品类偏重和元素提炼多少，如兴趣爱好因子的考察和分析对文创产品分类的影响。每个人的兴趣爱好不同，有人喜欢工艺产品和个人配饰，有人喜欢学习工具类产品，有人喜欢明信片类的情感分享产品，有人喜欢电子产品。根据不同人群的兴趣爱好，博物馆文创开发部门就可以对品类进行定义，确定产品开发的品类范围，丰富文创产品。

除了社会阶层外，生活方式也对文创产品开发有所影响，如活动偏好，是喜欢室内活动还是室外活动？又如艺术参观方式，是喜欢数字化呈现方式还是传统表达方式？不同的生活方式对于博物馆文创产品的表现方式和使用特点等有所影响。消费者的个性特点也对购买需求有所影响，支配、依赖、外向、内向等也决定消费者的购买习惯和产品选择。根据消费者的个性化特征，他们会选择符合自己形象和个性的产品。因此，在市场调查阶段，文创产品开发人员要对既定消费者的个性化特点进行分析，确定文创产品的产品风格，给出原型选择意见。

（四）行为变量

购买时机、追求利益和使用者状况是行为变量的子变量。购买时机是指消费者的购买场景，消费者是在参观情境中购买产品，还是在宣传活动影响中购买产品，或者在外出旅游途中购买产品，不同的消费情境决定了消费者当时的消费行为。进行购买时机变量分析，博物馆文创人员宜对营销场景有一定的了解，为后续的产品营销策划和销售行为提供数据支撑。追求利益包括寻找学习机会、主动获取参与感、接受新经验挑战等，这些变量因子比较容易影响文创产品的趣味性和互动性。依据产品使用者情况将消费者分为未使用者、曾经使用者、潜在使用者和首次使用者，对使用者进行分类可以帮助产品开发人员界定不同用户群体的数据反馈，比较清晰地获得第一手资料。

二、社会调研

结合用户群体细分变量，笔者以山东博物馆的文创事业为例进行了文创产品的市场调研，从人口变量、心理变量和行为变量等维度进行了用户分析，试图得出一些迎合市场、贴近大众的产品创意开发策略。

（一）问卷调查

调研时间：2021年10月—2022年1月。

调研对象：山东省的博物馆文创产品目标用户。

这次市场调研以问卷调查的形式展开，目的是对定向细分用户群体进行年龄、性别、经济能力、教育背景等人口变量数据的搜集，通过数据分析得出影响产品创意设计开发的因素，从而更好地指导设计开发实践，让产品贴近人民生活，与人民生活建立紧密联系。笔者通过朋友圈、B 站、豆瓣等社交媒体平台发放问卷调查，利用定向抽样调查的方式对回收数据进行分析，目前已经收回答卷 124 份。

1.问卷框架设计

用户问卷调查问题框架如表 4-1 所示。

表4-1　用户问卷调查问题框架

结构划分	问题分类	目标维度
Part1	性别	产品价格、产品类别、产品功能
Part2	年龄	产品价格、产品类别、产品功能、外观造型
Part3	经济水平	产品价格、产品类别、外观造型、文化价值
Part4	教育背景	产品价格、产品类别、外观造型、文化价值
Part5	社会信仰	产品造型、文化价值

2.问卷调查结果与分析

（1）调查目标对博物馆文创产品的关注程度。数据调查结果如图 4-3 所示，有 13% 的消费者对博物馆文创产品完全不感兴趣，有 10% 的人对博物馆文创领域一直保持关注，有 77% 的消费者对博物馆文创产品有所了解，他们的购买行为一般产生于对产品的实用性需求或者产品符合审美或者兴趣需求。这表明，博物馆文创市场开发潜力还很大，博物馆文创产品的宣传还没有做到位，一些创新性的宣传手段能够挖掘一批潜在用户，将用户转化为实际消费者。

问题：日常是否关注博物馆文创领域

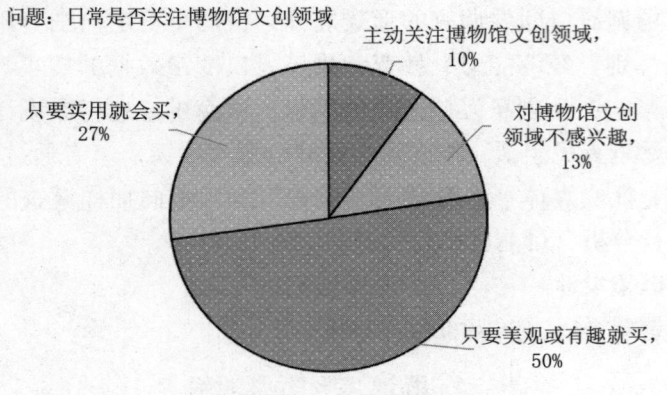

- 主动关注博物馆文创领域，10%
- 只要实用就会买，27%
- 对博物馆文创领域不感兴趣，13%
- 只要美观或有趣就买，50%

图 4-3　问卷调查结果

（2）影响购买博物馆文创产品的人口变量因素占比。数据调查结果显示，性别、年龄、经济水平和教育背景对是否购买博物馆文创产品的影响较大，社会信仰的影响程度较少。其中，女性消费者购买博物馆文创产品的比重较大，占到 90%，而男性消费者会购买文创产品的只占到 10%。不同年龄层主动购买博物馆文创产品的占比也不一样，青年消费者和中年消费者购买文创产品得较多。如图 4-4 所示，中产阶级消费者是博物馆文创产品的主要消费群体，其博物馆文创领域消费占到 73%，大众消费者的博物馆文创领域消费有 15%，奢侈品欲望消费者的博物馆文创领域消费有 10%，顶尖消费者在博物馆文创领域的花费仅占 2%。受教育程度高的人在博物馆文创领域的消费高于受教育程度低的人。

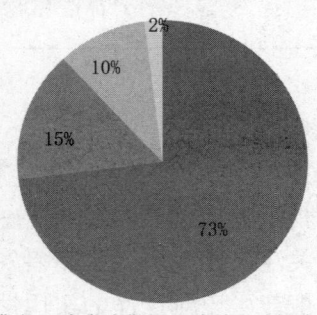

- 2%
- 10%
- 15%
- 73%

■ 中产阶级消费者　■ 大众消费者　■ 奢侈品欲望消费者　■ 顶尖消费者

图 4-4　不同经济水平消费群体在博物馆文创领域的消费占比

（3）不同类消费群体对文创产品的关注点分析。笔者分析了博物馆文创产品的主要消费目标群体的关注点，女性消费群体更加关注产品类别和产品功能，青少年消费者在购买时经常关注外观造型和产品的体验感与趣味性；中产阶级会考虑文化价值、外观造型和审美需求；较高学历的消费者会比较关注产品的外观造型和文化价值。综上分析，博物馆文创产品的目标消费群体更加注重产品所带来的情感体验，博物馆文创产品消费者往往以自身的兴趣爱好、审美偏好和产品所输出的价值内涵为导向产生购买行为。

（二）访谈调研

调研时间：2021年10月—2022年1月。

调研对象：山东省的博物馆文创产品目标用户。

该调查以对话访谈形式进行。由于文化艺术类的主要消费群体是女性和新时代消费者，且两种消费群体之间有所重叠，笔者将采访目标定位于"90后"的女性消费群体，以职业为划分标准，对目标对象进行了精细分层，通过询问一些与文创消费相关的问题来了解她们的购买原因、购买场景、购买条件，试图通过对采集数据的分析得出与用户相关的文创产品开发结论，找到产品持续创新的突破口。这次采访调查，笔者以定向抽样调查的方法抽取了30份目标用户作为采访对象，展开市场调研（表4-2）。

1. 采访框架设计

表4-2　用户采访问题框架

结构划分	对象职业	问题维度
Part1	高级白领	产品品类、文化主题、购买场景、购买原因
Part2	大学生	产品品类、文化主题、购买场景、购买原因
Part3	家庭主妇	产品品类、文化主题、购买场景、购买原因
Part4	自由职业者	产品品类、文化主题、购买场景、购买原因

2. 采访调查结果与分析

（1）目标对象注重感性消费和情感体验。通过采访结果分析，如图 4-5 所示，产品的美感感动用户而达成购买行为的比例占 25%；产品的科技感使得用户产生购买行为的比例占到 13%；产品的文化内涵打动用户而发生购买行为的比例占 20%；产品的交互体验令人感兴趣而产生购买行为的比例占 22%；出于产品品牌效应而购买的比例占 20%。从采访问题所得出的结论来看，"90 后"女性消费群体更加注重情感体验和品牌文化，她们购买文创产品的原因总是和个人情感相关，或因为兴趣，或因为喜欢，或因为产品带来的成就感，或者因为产品给予个人的声誉附加值，购买场景中经常带有情感体验的成分。因为与文创产品的情感交互频繁，她们很容易冲动消费，达成购买行为。

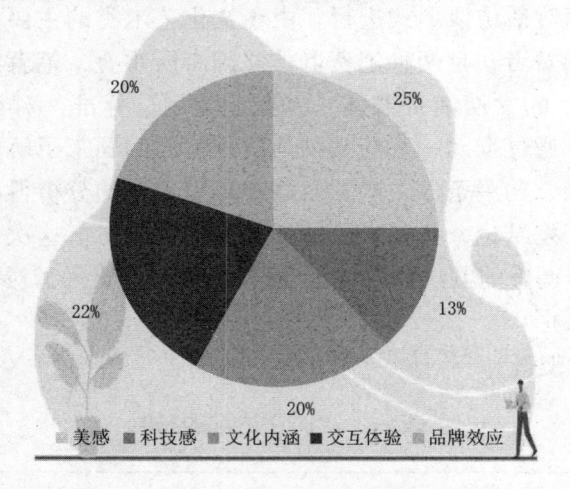

图 4-5 "90 后"女性消费群体采访结果分析

（2）目标用户经常因为服务而购买产品。笔者从用户行为的角度进行采访问题的设计，针对购买场景这一问题维度设计了一些问题，从而获得了一组数据：如图 4-6 所示，目标用户有目的地购买文创产品的只占到总数的 15%，因为营销宣传活动而冲动性消费的占到 38%，而在日常生活消费体验情景中购买文创产品的则高达 47%。根据采访数据分析得出结论，大部门消费者的文创产品购买场景与服务密切相关。消费者经常在一些服务性场景下产生购买行为，如在咖啡店喝咖啡的时候、在主题图书馆读书的时候、在科技展览厅看展的时候。由此可见，文创产品开发已经不单纯是小产品的开发而是服务空间的建设，博物馆文创产品运营人员应该将目光放到整个博物馆文创产品运营体系中，让文创产品成为情感服务的一部分。具体来说，运营人员要结合文创产品建设和与之相关的服务情境，让产品融入情境当中，促使消费者因体验而消费，这是文创产品维持生命力的有效办法。

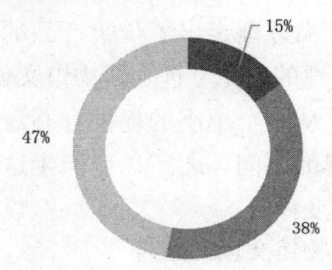

■目的性购买　■宣传性购买　■消费情景式购买

图4-6　"90后"女性消费群体购买场景采访结果分析

（3）目标用户所购买的产品品类突出个性和享受。结合用户心理，关于用户购买文创产品品类的采访结论显示，"90后"女性消费群体所购买的文创产品主要集中在彩妆、配饰、首饰、工艺艺术品、文具、家居摆件等领域，尤其是能够展现自身个性特点的彩妆、配饰和首饰领域。独立思想是她们的主要思想特征，她们不依附于任何人，喜欢展现自我和张扬个性。所以，在文创产品品类选择上她们很少受到其他因素的干扰，喜欢选择标榜自我、突出个性的产品。

三、基于市场调查的产品创新开发策略

根据用户群体细分原则和市场调查结果分析，要想让博物馆文创产品开发贴近大众，迎合大众需求，受到大众偏爱，可以从兴趣、体验、心理等影响文创产品传播和影响消费者购买的因素出发，定义产品品类内容和价格，探索博物馆文创产品创新之道。

（一）树立服务意识

博物馆文创产品既是实用性产品，又是文化艺术品。这是传统层面

对博物馆文创产品的认知。在文化产业发展过程中，博物馆文创产品在以用户为中心的开发过程中有了新的定义和开发概念。博物馆文创产品不再是普通的物品，它的主要功能在于服务，为消费者提供文化知识服务、体验服务和情感服务等一系列的服务活动。

近些年来，随着内容生产行业和创意营销行业的发展，博物馆文创产品的概念几经变化，从最初的纪念品，到文化传播的载体，再到交互性情感体验消费，文创产品逐渐走出了传统产品的概念范畴，产品开发的目的和意义发生了本质性的变化。进入博物馆文创4.0时代，文创产品变成了一种服务性空间，从一个小小的提供身心需求的物件变成一个大型的提供文化服务性消费的空间。之所以会产生这种变化，是因为消费观念的变化和社会环境的变换。

1. 文化旅游概念与博物馆文创的融合

一直以来，文化旅游与博物馆都有着千丝万缕的联系，博物馆是文化旅游的场景之一，文化旅游促使博物馆完成了社会教育任务，帮助博物馆进行文化传播。随着博物馆文创事业的规模化发展，"文化旅游＋博物馆"成为一种新兴的旅游经济形式，旨在带动文化产业和旅游产业的双重发展，加强中华优秀文化的传播和教育。根据消费者行为变量的市场调查与分析，从购买时机、追求利益和使用者情况来判断，用户希望在购买产品的过程中获得主动参与感和学习机会，与产品建立一场多维度的互动体验。

基于此，以服务性空间建立为根本的"文化旅游＋博物馆"的文创新模式应运而生。"文化旅游＋博物馆"的原型是旅游者"到此一游"的纪念性消费心理和消费行为，消费者在参观了某个景点之后习惯性地走进与之相关的商店，购买一些与景点相关的纪念品。由此延伸，将博物馆文创产品变成一场文化旅游，即在博物馆附近建立博物馆延伸出来的消费性店铺，如咖啡店、餐饮店等，供游客休息和参观。这些店铺带有鲜明的文创特征，无论是建筑外观，还是内部设计都运用了与博物馆相关的文化元素和符号，营造某种文化氛围。

与此同时，这些商店还会提供文创产品服务，消费者可以在这里买到与所浏览的博物馆相关的周边产品，这就是基于服务性概念衍生出来的博物馆文创概念。在文化旅游性质的博物馆文创产品销售店铺中，售卖一些文创产品是最基本的服务，店铺运营人员还会根据当时消费者的实际需求去提供专门服务。例如，故宫角楼咖啡馆就是一个大型的博物馆文创服务空间，为消费者提供咖啡、甜品等特色服务。消费者仿佛置身另一座现代化、潮流化博物馆中，感受浓浓的故宫文化气息，欣赏与故宫相关的琳琅满目的创意性产品，品尝根据故宫元素设计而出的新款咖啡和蛋糕。这一切的一切营造了一种"古今对话"的场景，让消费者仿佛穿越回到了那个鲜活的故宫，想象着他们的日常生活。这种服务性的文创产品开发模式将文化搬进了现实生活，用现代化的语言让用户爱上了古代文化。文创产品的这种创新让中国文化再次焕发生机的同时，也给用户带来了全新的生活体验，满足了绝大多数用户的产品需求。

2. 以用户为中心，打造多样化文创产品

博物馆文创产品发展至今，一共经历了三个发展阶段：自发的文物研发阶段、自觉的文创文物研发阶段和主题文创研究阶段。一直以来，文创产品都是以小产品开发为主的，最先依靠模仿文物进行产品创造，慢慢地依靠创意和文化元素主题相结合的方式来制造独一无二的产品。博物馆文创产业也经历了从低迷到火爆再到冷却的阶段，最终走向平稳发展的道路，而这个变化过程与文创产品所经历的三个发展阶段密切相关。到了以主题文创为主的研究阶段，文创产品也迎来了爆发期，许多商家纷纷投入该行列，导致了产品的同质化。文创产品开发不再是以用户为中心，而是走向了"物"中心论，商家看重既得利益，忽视了文创产业的长远发展。由于粗制滥造和大量的同类型产品的出现，消费者对博物馆文创产品的信任度有所下降。

由于博物馆文创产业主要受"她"经济和新时代主宰，博物馆文创产品定位以消费者的兴趣爱好和生活习惯等心理变量为根据，进行产品品类的划分。由于女性消费者占据主导地位，以女性消费者的心理偏好和身份地位需求为中线，博物馆文创产品可以分为彩妆类、服饰配饰类、首饰类、工艺艺术品类、文具类、家居饰品类、书籍类、儿童用品类，满足独立女性、大学生、妈妈等不同身份地位的女性消费群体的需求。目前，市场上的文创产品开发部门也是按照这些品类在进行产品开发,但是造型缺乏创意,一些重复性设计给人带来了视觉审美疲劳。面对这些问题,产品开发人员要放下功利心,回归消费者和创意开发本身上,将消费者心理需求、自身创意想法和传统文化元素全方面结合,创造出功能性不重复、造型外观新颖的文创产品。

(二)分层次产品定价

1. 分层定价

根据人口变量因子,不同年龄、性别、教育背景的消费者群体具有差异化的兴趣偏好、消费理念和消费习惯,而兴趣爱好、消费理念和消费习惯等影响产品品类、材质和造型。由于材质和造型不同,产品的价格也出现了层次化划分。例如,文具类就要低于彩妆类产品的价格,体验型产品高于书籍类产品的价格。根据用户的实际情况进行定价,产品呈现出了亲民化的特点,比较贴近人民生活。

2. 心理定价

博物馆文创产品是情感化和艺术化的化身。因此,制作材料、品质、美感、声望、名誉、地位等都影响博物馆文创产品的价格定位。这些无形的影响因素属于心理定价范畴,由于文创产品给用户带来的身份感、荣誉感、自信感等特殊心理感受,这些感受就是无形的产品价格。相较于品质、功能、材质等基本定价因素,这些特殊的心理感受价值赋予了产品更高的价格。心理定价体现了产品的独特价值,文创产品在进行定价时要根据消费者的心理需求来进行定价,这种定价方式彰显了消费者的身份地位、审美态度、价值观念等。虽然心理定价提高了产品的实际价格,但是它区分了消费者,并迎合了一部分消费者的心理需求。所以,心理定价是贴近消费者、满足大众心理需求的定价方式,受到了消费者的欢迎。

第五节 重视人才培养，持续发展

中国的博物馆文创产品开发事业之所以能够长期、稳定、可持续地向前推进，是因为行业中不断涌现出各种各样的人才，这些人才不断为文创事业的输送养分，保证文创产业的绿色、健康发展。近些年，文创产业已经走出了井喷式发展阶段，走上了稳步前进的道路。在这个过程中，文创产品的开发出现了一些不好的现象，消费者的产品体验感明显比不上文创产品刚刚爆火的那几年。文创产品要想保持创新动力，做文化产业中的"常青树"，人才输送是关键中的关键。文创事业领航者要注重人才的培养，为文创产品开发持续输送新型人才，使文创产业呈现良性上升的态势。

一、博物馆文创产品设计开发的人才类型

文化与国民经济发展有着千丝万缕的联系，特别是互联网经济时代，文化产业渗透到了国民经济的各个行业之中，与各行业形成相互帮助的合作关系，促进国民经济的整体向上发展。

这些年受互联网经济环境的影响，产业结构出现了巨大的变革，传统行业与新兴产业形成了某种微妙的联结，这种联结反映到现实当中表现为传统行业与互联网产业的结合、传统企业与新技术的融合、文化创意与传统内容的联系，整个国民经济表现出了一个突出特征——跨界。

文创产业作为新兴文化产业的重要组成部分，跨界的特征更是表现得淋漓尽致。具体表现为：其一，文创产业覆盖多个行业领域，形成了"文化+技术+商业服务"的集成模态；其二，文创产业的发展以复合型人才为根本动力，使跨越各个行业的人才聚集到一起，共同服务于文创产业的发展。

为什么文创产业的"跨界"特征如此明显？文创产业本身就是一个复

合型产业，以文化为传播内容，以技术为传播手段，以创意为表现形式，以各个行业为发展支撑，力求打造一个产业链条，将各行各业串联在整个链条之中，从而增加经济附加价值。

这种多元化、创新融合的商业模式要求各行各业的人才聚集在一起，通过创意思维和创新能力来为文创产业的发展提供不竭动力。博物馆文化创意产业作为文创产业的一个分支理所当然地需要创意人才的加盟，这是文创产业发展的现实需求。根据文创产业的既往发展历程，其所需人才大致分为三类，如图4-7所示。

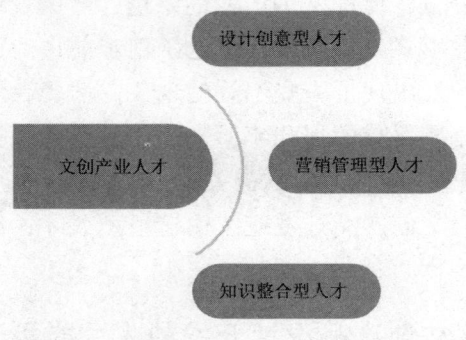

图4-7 文创产业人才结构

（一）设计创意型人才

博物馆文创产品的根本是创意，创意的根本是人才，创意型人才是文创产品常出常新的核心和关键。所谓设计创意型人才，是指具备一定的潮流思想理念和文化审美素质的从事设计工作的人。这些人具有较高的文化艺术水平，有整体性的战略思维，能够将个体与艺术、物质与文化、素材与媒介的内在关系融合到一个作品的设计和呈现过程中加以探讨和表达，最终呈现出一个符合受众审美要求、符合文化主题内涵、符合数字化传播特点的多元个性、生动活泼的艺术性商品。

伴随着大众文化的流行，人们越来越注重产品的文化内涵和艺术表达，越来越看重情感性消费。这就意味着，一款产品除了功能性以外，还要有一个属于自己的文化概念和设计主题，实现文化性、艺术性、技术性和实用性的完整结合，这样才能受到大众的欢迎。博物馆文创产品就是按照这种要求成长起来的，因此设计创意型人才要在关注产品实用性的基础上，通过对文化元素的抓取、色彩的选择、造型艺术的设计来体现个人审美，将人文情怀赋予到产品之中。

培养设计创意型人才的关键在于实践，要通过实践不断提高设计创意型人才的综合性思维和创新性思维，打造具备战略高度的创意型人才。设计创意型人才的实践教育分为两种：一种是高校实践，另一种是社会实践。由于文创产品开发的更新迭代较快，依靠社会实践来培养设计创意型人才的速度较慢，在校园中有意识地选拔、培养设计创意型人才是主要途径。大学是学生汲取设计思维、审美知识的主要阶段，是积累创意素材、发展综合思维的集中时刻。经过大学中细水长流的学习，创意型人才才能在社会实践中厚积薄发，为文创产品的设计贡献力量。

（二）营销管理型人才

博物馆文化创意产业是一个综合型产业，文创产品的开发不仅需要设计人才，也需要营销人才。营销人才之所以也加入文创产业当中，是因为文创产品的营销是文创产品开发的重要环节。许多博物馆都成立了专门的文化创意产品营销部门，从事产品的内容运营、活动策划和服务销售等工作。因此，博物馆文创产业的创新发展需要培养营销管理型人才，利用他们的管理学知识和营销学知识，辅助文创产品的市场销售工作，让文创产品始终处于一个良性的发展和循环态势之中。

何谓营销管理型人才？营销管理型人才是指了解互联网经济发展趋势和特征，具有深厚的管理学、经济学和市场营销学知识的，具备基本的营销技能、创新意识、团队协作能力和管理水平的专业人才。博物馆文创产品开发所需要的营销管理型人才不仅要具备专业的基本知识和综合性市场视野，还要有能力根据自身所具备的知识和技能进行创意产品的营销工作，分析和解决现实中遇到的营销问题，帮助文创产品从产品过渡成货币，实现产品的文化价值和经济价值。

博物馆文创产业从 1.0 时代走到 4.0 时代，营销在其中起到了关键性作用。在文创 1.0 时代，博物馆文创产品就是文物的简单复刻，没有营销与宣传，产品就是简单的纪念性商品。发展到 4.0 时代，营销的助推作用不容忽视。营销宣传让博物馆文创具备了品牌效应，让博物馆文创形成了以用户为中心的开发意识，而用户中心论和品牌效应又驱使博物馆文创更加重视营销与宣传工作，大量的营销管理型人才涌入文创市场，为文创事业的发展添砖加瓦。随着营销管理人才在文创产品设计开发中的地位日渐提高，营销管理成了文创产品设计开发工作的重要环节，文创产业也因此成了一个多行业共生的生态链条。

（三）知识整合型人才

知识整合型人才是指拥有扎实的知识理论、合理的知识结构的博闻强识型人才。这种人才的知识结构一般分为 T 型和 X 型两种，T 型是一专多能型，X 型是多专多能型。无论是 T 型人才，还是 X 型人才，他们都具备多领域、多学科知识特征，知识突破了学科界限。知识整合型人才能够根据本身所拥有的知识产出不同内容，由内向外地发散思维，自主自发地创造新事物。

由于博物馆文创产品开发过程中的工作较为复杂繁多，开发人员除了具备专业的设计知识以外还应该具有科学研究和综合开发能力，这就需要知识整合型人才的加入。博物馆文创产品开发所需要的知识整合型人才是本身具备数据分析、文物解读、内容创作、传统文化提取、数字化技术应用等知识的人才，他们可以将储备知识应用到产品开发过程中，帮助专业工作者解决一些问题和麻烦，创造性地提出产品开发观点和建议，提高文创产品开发效率，打造优质的博物馆文化创意产品。

二、博物馆文创产品设计开发的人才培养模式

结合多年人才培养实践分析，博物馆文创产品开发所需的人才培养模式以"跨界"为主要元素，回归校园，在高校中培育优质人才。把握人才培养扎根高校的理念，博物馆文化创意产业的人才塑造主要有产教融合培养模式和联盟育人培养模式。

（一）产教融合培养模式

传统产教融合培养模式是指专业院校根据学生学习的专业知识而开办、建立与之相匹配的专业企业，将产业发展与知识教学紧密联系在一

起，通过产业实践来理解教学知识，用教学知识反馈实践工作，二者之间相互促进、互帮互助，实现学校和企业二合一的办学模式。自从"互联网+"理念深入推进到各行各业的发展与改革当中后，专业融合、跨界合作，打造一个多元化的产业平台，成为众多产业所要实现的目标。根据多元化的平台发展特征，产教融合培养模式有了升级定义，逐渐演变成为人才创新融合培养、产业经济转型升级、跨界创新创业的多功能、多方面的基础性方略，博物馆文创产业的产教融合培养模式有了更加丰富的内容。

1.融合培养理念创新

在经济全球化背景下，各行各业进入了一种日新月异的发展模式，新兴产业如同雨后春笋般不断冒出。鉴于这种灵活的产业发展模式，与企业、行业深入结合的产教融合人才培养模式的培养理念也在不断创新。

（1）专业人才培养目标有所转变。人才的培养是为了适应社会经济发展，为行业发展增添活力。所以，培养什么样的人才取决于行业发展需求。由于行业的创新元素的增加和对创新人才的呼吁，产教融合的人才培养理念从"文化人"转变为"灵性人"，即创新人才要有发散思维能力和感性认知能力，将所学知识转化成企业创新发展的动力，灵活应用知识，解决生产和生活中遇到的问题，使企业在原有基础上有所突破。

（2）专业人才培养主体有所转变。博物馆文创产业属于以需求为导向的多功能复合型产业，管理主体较为多元，产教融合人才培养理念应该与时俱进，体现文创产业、文化创意行业、博物馆文创产品开发相关企业和创意设计专业以及专业学校等多方主体的教学活动特点，学生的创意实践应该体现多元化的主体特征。

（3）产、学、研齐头并进、协同合作。文化创意设计专业学校应该围绕"文创产业发展与创意设计专业建设相结合""文创产品开发实践与文化创业设计教学探索相结合""文创产业工艺技术与创意文化艺术融合""文创产品生产管理与教学管理融合"，打造四位一体的创新实践型育人模式。

2.融合培养形态创新

工业4.0技术引领中国经济进入智慧制造时代，突出表现为各行业纷纷引进大数据和人工智能技术，行业与技术深度融合。博物馆文创产业也因为数字化产业变革而来到了文创4.0时代，各大博物馆文创产品开发部门积极投身到数字化产品的研究当中，利用数字技术开发产品，应用数字技术创新产品表现形式，推动文创产品向高科技、多形态发展。伴随着文创产业智能制造时代的到来，基于产教融合培养模式的博物馆文化创意人才的培养形态也有所创新。

第一，教学形态从分散化的物理形态向集成化的智能形态转变，整个校园以网络为手段搭建智能校园教学管理平台，营造数字化的学习环境，在潜移默化中培养学生的互联网生产思维和数字化实践能力。

第二，专业形态从以职业岗位为目标的实体教学向以数字技术为依托的校企一体智能化柔性形态转变。

第三，课程形态也从原来的单一教材转变为多样的教学资源。

第四，课堂形态从封闭实体课堂向多元开放的网络虚拟课堂过渡。

第五，教师从教学主体变成学生学习的督促者和指导者。

第六，学生学习形态从被动学习变成合作探讨、自主选择地主动学习。深入实践层面，博物馆文创产品创意人才的产教融合培养形态具体表现为以下"四化"。

（1）校企一体化。专业设计院校与合作的文化创意产业公司共同成为育人主体，引企入校，引校入企，双教育主体相互整合教学资源，基于"云+网+端"的教学平台打造协同共建、联合培养的一体化教学模式，让设计专业学生获取最好的教学资源，让学生向着一专多能发展，在具备专业性的设计创意知识的同时具备多领域的知识和技能，在博物馆文化创意产品开发中发挥作用，创造出功能个性多样和外形有趣丰富的高质量文创产品。

（2）数据平台化。以智慧校园为基础建筑，以智慧工厂为基本概念，以智慧教师为教学载体，围绕信息技术平台展开文创产品的设计教学工作，让学生在一个开放、共享的教学资源环境中学习设计专业知识、分析文创产品设计案例，使自身成为一个人工大数据，脑海中有海量的相关知识与创造细节，为走进文创产品开发实践夯实基础。

（3）学习网络化。伴随着博物馆文化创意产业的数字化，学生的学习也应该走入智慧化环境，在数字学习氛围中学习产品设计与开发知识，形成属于自己的知识海。与专业性知识学习不同，产教融合的教学模式是一种学习与实践相融合的教学模式，在学习中实践，在实践中总结理念。基于这种教学特征，网络化学习是认知基础知识、理解专业理念、应用设计理论、分析设计产品、评价设计开发过程和创建设计案例库的一套知行统一的学习模式，旨在提高学生的自主性学习和创造性实践能力，快速实现知识向能力的转化。

（4）培养柔性化。产教融合人才培养的柔性化是基于博物馆文创产品的个性化开发特征的，文创产品产业的生产是一种多品种、多款式、小批量的灵活生产方式，这就决定了人才培养要灵活。从个性化定制的角度出发，学校和企业相互合作，让学生深入产品开发实践当中，提出富有个人思想性的创意方案，通过实践来培养学生的柔性化开发意识，增强文创产品的独创能力。

3. 融合培养思维创新

互联网时代是一个风云变幻的时代，每天都在产生新事物，这就要求人的思维和组织的发展富有灵活性，跟着时代的变迁而不断进步。在这种社会发展环境中，产教融合的人才培养思维也有所更新，从过去的确定性思维向量子思维转变，让学生习惯在跃迁的社会发展和不连续、不确定的事物中思考，培养发散思维和创新意识。基于这种认识，产教融合培养博物馆文创人才的教学思维要进行转变：一是确立量子思维的中心地位。产教融合模式要建立博物馆文创产业与专业学校教学相结合的量子思维教学环境，将学习放到社会性的创意开发环境中，把学习变成一种不确定的、充满曲折和变化的创作过程，从而激发学生的跳跃式思维和创新性精神。二是建立具有复合与关联特征的跨界思维。新型的产教结合并不是简单的学生和学校的教学事件，而是融合了多种主体，如企业、学生、家长、社会、产业、行业、政府，纷纷加入的多元利益共同体。这种跨界思维是复合型文创设计人才培养的关键，基于跨界思维的教学实践可以帮助学生形成知行合一、价值共享、行业知识共融的理念和思维，促使学生快速融入新型博物馆文化创意产业的发展模式之中，并为之提供正向的生产动力。

（二）联盟育人培养模式

产教融合培养和联盟育人培养模式相近，但有所区别。联盟育人将产教融合的合作变成了共生，这种育人模式是基于社会网络构建的非正式关系，是人快速适应社会生产环境的教学模式。联盟育人是依托关系网而组建的一种人才培养系统，较大的优势就是海量的社会资源、教育资源支持和与社会发展相互协调的动态教学活动，有利于培养适合综合性产业布局、多行业连接融合的新业态。因此，联盟育人培养模式是博物馆文创产业开发创新型人才的有力武器。

1. 学院间跨专业联盟模式

文创产业是一个多学科、多专业、多行业跨越式合作的产物，一个文创产品的成形要经历不同知识的锤炼和加工，是许多专业和学科知识与能力的结晶。结合文创产品开发的知识多样化、能力多元化的特性，文创产业的人才储备一定要与文创的生产链条紧密联系，从生产链中折射的需求来引进对应人才。这就要求文创产品人才培养聚焦"一专多能"，除了学习专业知识以外，补充与整个生产链相关联的专业能力与素养，以便适应较为复杂的产品生产环境，从而创造优质产品。

基于此，联盟育人模式中分离出了学院间跨专业联盟模式，针对学生缺乏与产业相关专业知识与能力的问题进行专项解决，帮助学生积极融入文创产品开发产业链。所谓学院间跨专业联盟，是指专业学院站在产业链条的角度去培养全产业链运转所需的综合性人才，学院会与高校内的其他专业学院合作，以本专业所对应的行业产业的生产发展要求的复杂知识体系为依据，将其他学院专业学科知识引进教学活动当中，帮助学生建立多维知识体系，发展综合实践能力。

博物馆文化创意产业文创产品开发所需的人才不仅要具备创意设计能力，还要具有传统文化知识、美术功底、数字化应用、信息技术软件、生产管理、营销与服务、新媒体、传播学等学科的专业知识与素养。因此，设计学院可以和传媒学院、美术学院、信息技术学院展开合作，邀请学院内相关知识专家组织教学，将学院内专业学科的学生打造成一个团队，让团队去完成与文创开发相关的主题任务，在任务过程中高强度地进行学习交互，帮助文创设计人才快速吸收多学科知识，同时使其他学院学生也具备跨专业创造能力。院内跨专业联盟的育人模式是多赢模式，整个学校的不同学院之间就形成一个相对完整的文创产业链，学生在教师的指导下，在生产链条的工作中形成了整体意识，熟悉了各个环节的工作内容和所需的工作能力，知己知彼、知行合一，逐渐被培养成了文创产品开发需要的多元化创新型人才。

2. 学校与企业联盟模式

创意与创新是文化产业的安身立命之本，是文化产业紧跟时代发展、在时代中永远鲜活的秘诀。世界属于瞭望者，闭门造车只会走向灭亡。就是由于这种瞭望的本能，社会生活在不断地进步和发展，永远都有新事物出现。尤其是社会发展到互联网时代，万物互联使得整个世界时时更新，几乎每秒钟都在产生新的创意和新的想法。这种进化速度逼迫着人类自身不断成长和进步，逼迫着各行各业想尽办法引进、培养创新人才。

聚焦人才培养是文创产业的当务之急。从概念就可以看出，博物馆文化创意产业的发展中创意有多重要，创意几乎承担了发展的全部重担，而这些重担最终回到了创意型人才身上。如前所述，"世界属于瞭望者"。创意人才要有瞭望精神，对待文化、知识、事物要有包容精神，善于观察和思考与自身发展、专业发展相关的一切现象，吸收与转化任何有用的东西。只有这样，文创产品开发人员才能变成一个创意的集合体，结合新时代、新要求、新变化，时时刻刻产出新的想法与概念，推动文创事业更上一层楼。

文创人才并不是狭隘的产品设计人才。文创人才是针对整个行业、整个产业链而言的。文创不仅包括内容创意，还包括文化建设与传播创意、运营创意、生产创意等。只要能带动发展，为行业发展带来新气象的都属于文创人才。所以，文创人才是一个综合复杂的概念，人才的培养也不是单一学科知识的传输，而是以产业发展实际需要为依据的灵活性、多元化的培养。因此，联盟育人模式备受欢迎。

一直以来，企业与高校联合都是创新性人才培养的道路，通过企业实践与高校教学相结合来打造具有社会实践能力的人才。企业与高校联合的育人思路是正确的，随着时代的发展和新兴产业的要求，企业与高校联合在原有基础上有所创新和发展。联盟育人与校企联合思想相结合，创造出了学校与企业联盟新模式。学校成了文创企业中的一个组织部门，该部门负责为生产输送关键人才，让教育走向生产实践，让生产拥抱教育生活。之前，虽然学校与企业也有合作，却是分离的两个个体。如今，二者变成了一个主体下的不同组织，成了以产业发展为目标的动态联盟。

企业与高校联盟的育人模式一共有两种：一种是单个学校与企业之间建立的博物馆文化创意创新创业人才培养联盟；另一种是以生产发展需求为依据而形成的多学校与企业共融共治的创意创业人才培养联盟。培养创意创业人才是校企联盟育人模式的新亮点，人才的打造以创业为出发点，培养学生的管理思维和行业思维，让创意型人才站在整个行业发展的高度去学习知识、培养能力。只有这样，创意型人才才是具备创新思维和创造能力的新型文创人才。

许多人认为，校企联盟育人如同《上新了·故宫》中故宫博物院与高校合作模式一样，高校为故宫博物院提供产品创意设计稿，故宫负责加工与生产。其实不是如此，故宫与高校的合作只能算是联合开发模式，而不是联盟教育，两者之间有相似之处但是不一样。联盟育人中的人才不仅要负责产品设计，还要负责产品宣传、产品生产、产品销售等不同工作，这是在工作内容上的不同之处。在工作获取途径上，企业会直接将任务交给对方，而不是竞争上岗。例如，某博物馆文创单位要开发一个新产品，这个产品开发任务会直接交到与之对应的联盟学校，学校在接到任务之后会组成一个开发团队，从数据搜集整理、用户需求分析、文化主题选取、文物原型选定、元素符合融合的设计样稿成形到联系生产厂家、敲定产品材质用料、匹配产品生产数量、投放市场营销、产品服务反馈分析的生产销售实操，一一亲自实践与操作。当然，文创单位也会提供帮助，如资金支持、数字技术支持、生产厂商对接等学校资源难以解决的问题。这就相当于文创产品被开发外包给了学校团队，博物馆文创单位只负责把控、监督和验收。这才是新型校企联盟的应有之义，学校利用企业强大的生产开发资源展开创新教学，让教学活动深入实际生产当中，借此培养学生的文创工作思维和整体行业发展视角。在企业资源的助力下，学生成了创业者，深入文创产品开发与生产的各个环节当中，真正接触到生产所需的知识与能力，帮助自己培养细节处理能力和整体把控能力，让自己在生产实践中学会团队配合，形成文创知识与能力结构，最终被培养成为具备文化创意产业创业能力的复合型实践人才。同时，企业降低了文创生产成本，提高了创意创新能力。学生与已经参与过生产实践的文创开发人相比，他们锐意进取、思维活跃且紧跟时代审美潮流，他们是最鲜活的创意因子，任何可能性都有机会在他们身上发生。企业增加教育成本投入，与高校强强对话，把握高校的创意人才优势，最终将优势转化成产品和货币，获得了推动自身发展的动力。可以说，校企联盟下的文创创意人才培养模式是一种资源优势互补、强强对话结合、互利共赢的模式。

校企联盟育人优势很多，最关键的是它培养了创意型人才的适应力。适应对于创意和创业来说非常重要。这里所说的适应力是主动适应能力，而不是被动接受能力。被动接受只表示一个人接受了一个新事物的存在，但这种接受是视若无睹的，是不加以利用的。新事物与个人是两个独立的主体，互不干扰。这种被动接受的适应力并不利于创意的产生，并不是创新所要求的能力。创意想法的灵光乍现和创新改革的实践能力都来自主动适应能力。当一个新生事物出现在大众视野当中时，主动接受并加以研究，在生活和生产实践中学习运用新事物来帮助自己工作，这本身就是一种对新事物的观察。在观察过程中，人们就会发现新事物产生的原因，总结新事物出现的规律，逐渐具备自己创造新事物的能力。因此，对于文创产品开发而言，主动适应能力是创意人才不可或缺的能力，这种能力会帮助创意人才源源不断地产出新的想法，创造性地推动文创事业发展。

总之，联盟育人模式是适应文创产业发展的人才培养模式，它将跨界的概念融入产品生产开发的细节之中，让学生的学习从课堂走进生活，从理论知识走向经验积累，让学生在开发实践中逐步建立跨界思维，逐渐形成多元化、多学科、多能力的知识架构，最终变成文创开发不可分割的一部分。

三、数媒专业群"三创"人才培养模式

产教融合和联盟育人是文化产业培养优秀创意人才的根本教育思想，

因此，社会上关于博物馆文创产品的创意人才培训模式主要是产教融合培养模式和联盟育人培养模式。除此之外，结合近些年博物馆文创发展主流趋势，一些围绕产教融合思想的其他培训模式被研究出来，比较亮眼的是数媒专业群三创人才培养模式。数媒专业群以数字媒体艺术设计、数字媒体应用技术、动漫制作技术等专业为主组成学习实践群，群内不同类别的专业均以文化为切入点，以数字技术、多媒体技术为媒介，围绕创意素养和创新能力的培育为核心进行课程设置，培养富有创意的知识密集型人才。基于数媒专业群的"三创"人才培养模式完全是站在数字智慧主导的角度而形成的一种创意人才培养理念和模式。

博物馆文创产业发展到4.0时代，文创产品开发完全向数字化靠拢。在文化和创意两大核心驱动力不变的情况下，数字科技在博物馆文创事业中所占的比重颇高。

无论是从纵向上谈及整个博物馆文创产品开发的产业链条，还是从横向上讨论博物馆文创产品的设计，数字化概念都频频出现。从纵向上来说，大数据在初期设计筹备阶段绽放光芒，帮助开发者搜集用户和产品数据，提炼文化主题和文化元素；在中期，数字化产品设计工具辅助设计师工作，如Axure RP、Photoshop等，帮助设计师快速完成一些设计构想，打造设计样稿；在后期的产品生产与营销阶段，数字化手段更是核心中的核心，云操作平台、活动管理平台、销售平台等促使文创产品在短时间内有条不紊、精确无误地送到用户手中。从横向上来说，一个文创产品与数字化手段相结合，呈现出数字化文化产品的模态是未来文创产品的开发趋势，所以数字化设计、数字化表达、数字化应用是文创产品研发的主要工作。

正是因为数字化技术在博物馆文创产业中发挥的作用越来越突出，数字化理念、数字化知识、数字化能力成了文创产品开发人才必须具备的工作素养。数媒专业群的学习与实践围绕人才培训基地、实训平台和创意工作室三个项目模块具体化展开，重点培养开发者的创新、创意和创业思想，为成为合格的"三创"人才奠定基础。数媒专业群的"三创"人才培养模式主要针对数字化板块而展开，创意人才以数字化为中心去学习不同类别的专业课程，并结合实训平台和创意工作室来完成自身的蜕变，最终适应数字化博物馆文创产业发展趋势，实现数字化文创产品的创意开发。

综上所述，博物馆文化创意人才是文创产业发展的根本动力，文创产品的推陈出新，博物馆文创产业的变革发展，全部依赖文创人才的创新精神和开拓能力。在这个万众创新、大众创业的互联网时代，博物馆文创产业要想保持新鲜性和持续性，创意人才的培养必须受到重视。博物馆文创产品开发部门只有树立培养创意型人才思想，与高校组织跨界的产品创意人才培养计划，打造适应时代潮流的多元化、知识密集型创新人才，博物馆文化创意产业才会成为文化产业永不衰败的重要分支。

第五章 博物馆文创产品设计开发策略

第五章　博物馆文创产品设计开发策略

第一节　文创产品设计开发途径

文创产品是我国文化创意产业的重要组成部分，是彰显我国文化特色的重要形式，是拉动文化产业经济的主要增长点，是中国文化输出海外的一种方式。近年来，文创产品一直朝着古今融合、雅俗共赏、科技创新的方向发展，图书、影视、博物馆文创等行业积极参与文创产品开发建设，产出高附加值的文化产品。互联网经济环境下"变"是核心，每个行业、每个企业，每一天都在寻求创新之道，文创企业也是如此。文化创意创新是文创企业的核心竞争力，文创产品的开发也要不断发现新的方式、方法，满足用户的使用需求，提高产品竞争力。结合文创产品特征和时代发展特点，我国目前文创产品开发主要有如下途径。

一、传统文化元素与现代潮流符号相得益彰

文创产品是文化资源、文化用品的创造与提升，是高附加值的创意文化产品。文创产品是对文化的有形生产与加工，文化是文创的力量源泉。传统文化是中国文化的根基，在国家大力倡导发展文化软实力的背景下，文创产品开发在某种意义上可以解读成中国传统文化的寻根之旅，借助文创产品外壳来传播传统文化精髓，学习中华民族优秀的思想精神。因此，传统文化是文创产品的本质之美。除了以传统文化为基石外，潮流符号是文创产品的时代特征。时代铸就思想，审美具有时代性，不同时代的人具有不同时代特征的审美思想，再优秀的传统文化也要学会"变装"，变成符合新时代人群审美的模样。因此，现代潮流符号是文创产品开发中不可缺失的重要一环。传统文化元素与现代潮流符号相得益彰、互相作用，才能开发出具有中国特色、时代鲜明、审美个性的流行文创产品。

（一）传统文化是文创之"根"

时代的车轮倾轧而过，一个国家和一个民族留下的是历史和文化的

脚印。面对大千世界，历史文化是各国之间相互交流、证明自身存在的媒介和证据。中华民族的伟大复兴也是历史与文化的复兴。历史文化是国家与国家之间相互区别的标签，中国屹立于世界之林，要靠中国文化来传递中国独特的声音。传统文化是中国文化的根基，优秀的传统文化筑起了真、善、美的文化价值体系，是中国人民全面发展、命运与幸福相连接的根本。中国之所以在世界熠熠生辉，中华传统文化功不可没。

几千年的中华文明是中国人最厚重的精神食粮。随着国家对传统文化的重视以及影视行业对传统文化的开发，传统文化成为重要的文化创意资源。一直以来，中国在文化创意行业板块表现较弱，广告、影视等饱受翻拍、抄袭的诟病，没有中国文化的语言特色和视觉表达。这是因为文化产业不注重中国传统文化的开发，一味地崇洋媚外，学习模仿的同时不加以创新应用，丢掉了中国的文化符号。直到《甄嬛传》《延禧攻略》《知否知否应是绿肥红瘦》等一批具有传统文化美学特征的电视剧的火热播出，中国传统服饰、礼仪、颜色、语言等迷倒了无数观众，携古风而来，桃香四溢。年轻一代的中国人才感受到了传统文化的魅力，为之折服。

传统文化是中国最宝贵的财富之一，中华优秀传统文化最主要的特征之一是审美意象化，古代先贤喜欢用意象来表达情感，将意象赋予语言之中，将意象刻在器物之上，将意象融入日常生活中。中国的诗歌是语言意象化的集中产物，"枯藤老树昏鸦，小桥流水人家"，枯藤、老树、昏鸦，几个象征凄凉的意象、有迟暮之感的词语一出来，就营造了"悲伤"的意境。说到器物，处处可见意象，贵族门口的石狮子是权势的象征，三交六椀菱花则象征国家政权并寓意天地之交而生万物。总之，意象融入了古人的语言和行动，一言一行皆是景，一动一静都是情。中国传统文化就是一幅跨越时空的情景图，美轮美奂，不可方物。

文创产品是一种文化审美，是一种美的创意表现形式，是文化思想、审美态度融入衣食住行的途径。文创产品将文化视为燃料，以创意为驱动力，通过人的智慧和科技手段，让文化的美变成实用的生活用品。文创产品以实用性为根本，更加注重文化、审美、态度、观点的输出与表达。所以，在进行文创产品外观设计时，设计师很注意意象的刻画，通过意象来传递品牌概念和精神。这就意味着文创产品与中国传统文化有可融合性，意象就是两者结合的桥梁。古代的意象在文创领域可以成为文化元素或者文化符号，是某种思想、情感、哲理、精神的具象化表达。文创产品通过文化符号、元素的象征意义和消费者沟通，向消费者售卖无形的概念和价值观。

随着社会经济的发展，文化产业成为重要的创意经济增长点，输出具有中国文化特色的文创产品是我国文化产业独树一帜、增强国际市场竞争力的关键。基于此，中华优秀传统文化有了融入文创产品的经济基础，传统文化与文创产品的碰撞是中国文化产业发展的内容要求。以中国独特的文化意象和文化审美来充实文创市场，打造具有中国文化特点的文创产品，既是文化产业绿色可持续发展的根本所在，也是传播中国文化种子的创新形式。中国文创产品的开发应该将传统文化视作内容之"根"，为文创产品的创新开发输送源源不断的营养。

（二）潮流符号是文创之"声"

异乎寻常的独特之美是文创产品的竞争力所在，一款文创产品能够脱颖而出在于其亮眼的外形。外形是由颜色、元素、材质、元素比例等构建而成的文创之美的声音传播体系，文创产品的美依靠外形而受到大众的关注。因此，造型设计是文创产品开发所不容忽视的重要组成部分。如果一款产品的造型过"丑"，不符合当代主流消费者的审美习惯，这款产品即使再有创意和文化内涵，也只会被市场淘汰，成为仓库积压品。

潮流符号代表着现代人的审美，一个 21 世纪青年消费群体所认可的文创产品必然拥有潮流文化符号，能体现出现代人的个性和主张。所谓潮流符号，是走在时尚、流行文化最前端的标志性符号。大约 2000 年的时候，潮流爱好者首次出现在国内，被称为"潮人"，这些潮人大多是球鞋、板鞋爱好者，由于对鞋子的热爱而慢慢演变、扩大至对新锐品牌、新锐设计的热爱。潮流本身就是与设计相关的，随着与潮流相关的产业发展，潮流文化走出了时尚品牌、服装设计的小圈子，开始向生活的方方面面渗透，小到一张贴纸，大到一辆汽车，都是潮流文化的表现。人们也越来越推崇潮流文化，将潮流符号作为个性化象征，代表着某个群体、某个人的意志和思想。

不同时代由于政治经济体制不同，主流文化价值观不同，审美观念和审美态度也千差万别。审美作为情感意识的一种，也具有鲜明的时代特征。新时代人群的审美意识受即时通信设备和智能手机产品等互联网产物的影响较大，他们的审美呈现出多元化、圈层化的特点。新时代人群是流行文化、网络"梗文化"养育的一代人，他们在乎消费体验，看重消费品位，喜欢智能化设备、限量版产品、小众个性品牌和线上线下的全方位服务体验，非常讲究商品颜色、颜值、线条等所传递的情感，渴望通过物品的超高颜值来打造可视化的精致生活。这种人人平等、张扬个性、多样化体验的审美态度与传统审美大相径庭，现代潮流符号属于意识领域，是一种观念性的文化审美理念。潮流符号是文创产品进行创意设计的指导理念，是文创产品的造型概念，它帮助设计师塑造产品外在形象，满足消费者的感官体验。

（三）传统文化元素与现代潮流符号创意融合

传统文化元素与现代潮流符号共同组成了文创产品的外在表现形式，传统文化元素是文创产品外形展示所运用到的展示元素，用以表现某个文化主题或者某种思想精神，而现代潮流符号则是创新表现形式的理念指导，通过现代潮流文化符号的审美特点和表现形式来"异化"传统文化元素，让传统文化元素去除传统审美气息，用现代文化审美来表现传统文化符号。

对一款文创产品来说，传统文化元素是其用料和取材，主题概念和表现形式都来自传统文化元素；现代潮流符号是产品的审美理念，用潮流文化符号与元素来创新设计、改造传统文化元素，使之焕发出新的青春活力。因此，传统文化元素与现代潮流符号创意融合是文创产品开发的新途径。文创产品最注重的是文化创意，在文创产品开发的1.0时代，产品并不注重融合创意，一般都是模仿某款产品的元素符号或者直接应用某一传统形象，将设计元素或者符号直接粘贴、复制在产品上，缺乏设计巧思和创意概念。这种文创品只能算作新产品而不能被看作文化创新产品，它缺乏属于自己的符号语言和主题个性，缺乏情感互动与共鸣。

新时代人群这一消费群体是文创产品的主要目标受众。这代人在消费不断升级的场景中养成了独特的消费品位和消费风格，既要求产品的颜值，又注重颜值背后的情感体验，故事型消费是新时代人群的主要消费特征。他们愿意为了一个故事而买单，但是表现这个故事的造型必须前卫、精致、独特，甚至夸张，在它的身上看不到其他产品的影子。基于新时代人群的审美态度，文创产品不能停留在最基础的1.0时代，产品开发必须寻求全新的开发途径。此时，传统文化元素与现代潮流符号创意融合的开发概念应运而生。

中华传统文化资源浩如烟海，文化故事、思想精神品质更是经典中的经典。传统文化元素换新颜是文创产品开发的新思路，既能传递中国声音，又能形成中国风的文创审美。而现代潮流符号是传统文化元素崭新呈现的审美指导，产品设计者利用现代潮流符号语言来表现传统文化元素，打造有延续性和传承价值的时尚文创单品。例如，故宫星月手表，它以铜嵌玻璃球式表为创意素材，但是并没有完全照抄表的造型，而是取其神似，结合现代表现形式将弯月式表架设计成了日月相伴相生的造型，用天然贝母材质来展现幻彩流光的人生主题，用潮流文化符号思想来解读传统文化元素，创造出符合现代人审美的创意文化艺术产品。

二、资源整合与垂直细分

随着互联网经济的繁荣与发展，文创产业势必会走向文化资源整合与垂直细分的发展之路。文创企业要依据来源、层次、结构、内容等不同分类标准对资源进行识别与筛选、激活与融合，创造一个复杂的动态资源体系，优化资源配置，为文创产品的不断创新提供优势环境。与此同时，文化资源要做好垂直细分，将文创产品不断细化，分成若干个小的集合。根据圈层文化效应，垂直细分创意内容，让文创产品分布到不同的文化圈层当中，不断扩展受众群体，实现经济效益的最大化。

（一）资源整合

文创产品设计开发不是一个简单的过程，品类定义、元素提炼、产品设计、打样试制、供货监管和门店入库是文创产品开发的整个服务流程，产品设计只是其中的一个环节。面对这一套复杂的流程，没有统一的资源管理技术和平台，文创产品开发很容易在环节上出现问题，从而导致降低产品开发效率，影响文化创意产业发展。由于大数据、云计算和智慧平台的广泛应用，各行业都开始注重资源整合，以企业战略和市场需求为核心对相关资源进行重新配置，寻求资源配置和用户需求的最佳平衡点，从而提高用户服务水平，增强企业竞争力。文创产品设计开发在互联网思想的影响下，必须进行资源整合。以创意、文化资源和用户服务为三个核心，打造信息加工、信息管理、信息规划、信息服务的统一资源服务平台，实现资源的优化配置。

信息即创意。创意是由无数的信息积累和信息反复加工而得到的。信息是创意的来源。文创产品的开发离不开信息资源的获取，其中既有文化信息的积累，又有用户信息的整合分析。在传统设计时代，文化创意产业并不像现在蓬勃向上，设计仍然属于高精尖的行业。设计师要在初期耗费大量的心血和体力来进行问卷调查，他们需要到不同的场所、不同的人群、不同的销售厂家去采集信息，了解市场走向、价格曲线、用户需求以及当前的潮流趋势，通过无数的表格整理和数据计算来得到想要的但并不非常准确的信息。当然，打样试制、供货监管和门店入库等后续环节也不轻松，需要调节不同厂家的时间、材料等的矛盾点，平衡作业。一整套服务流程下来，潮流趋势也许已经发生改变，还未上线的新品已经变成旧款。

大数据时代的资源整合解决了这些问题，它从信息入手帮助商家解决了时间矛盾、资源矛盾。文创信息资源、用户信息资源以及服务信息资源全部集中到一个互联网操作平台，设计师不用出门就可以准确、清晰地听到用户的需求声音，就可以得到当下最新流行的文化元素。同时，在加工、制作、入库、营销、服务等环节，资源整合平台也可以帮助商家找到合适的材料、合适的生产厂家，可以和不同的品牌联合进行营销活动，同时通过线上物流数据信息来把控生产量和储存量，做好出入库等基本的服务工作。

基于互联网的信息资源整合，让文创产品开发做到了对不同资源、不同层次、不同结构和不同内容的有机融合，实现了合理的汲取与配置，实现了柔性、条理性、系统性和价值性开发。文创产品开发不再是一个落后的、毫无章法的创意性内容生产过程，而是理性、工业化、科学的产品开发，使得文创产品更加符合市场需求和用户要求，实现了文创产品的高附加值。

（二）垂直细分

垂直细分是互联网兴起之后的内容生产行业的常用专业术语，意指内容的领域细分。垂直包括垂直市场、垂直网站和垂直搜索。垂直市场是指由各个操作商品生产和输送各个环节所提供产品或服务的价格能力的企业所组成的市场；垂直网站是将注意力集中在某些特定领域或者某种特定需求而提供相关领域、需求的全部深度信息和服务；垂直搜索是内容搜索的细分和延伸，定向抽取所需数据又以某种形式回归用户。

细分指市场细分，经过营销者的市场调研，根据消费者的需求和欲望、购买行为和购买习惯等方面的差异，将某种产品的市场整体划分为若干消费者群的市场分类过程。每个用户群体就是一种细分市场，用户群体可根据地理位置、人口、心理、行为、受益点等进行细分和归类。垂直是一个大的分类，而细分是在大分类的基础上按照某种属性进行细致划分。

垂直细分是文创产品开发的用户途径。用户是文创品的直接消费者，文创品的销量全靠用户来解决。随着圈层文化的兴起和用户的精准化运营，内容生产逐渐从红海领域走向蓝海领域，逐渐细分内容市场，去开拓有可能发展成为"爆款"的蓝海领域，迅速抢占市场，这就需要文创产业做到垂直细分。文创产业是某种以内容为内核、以实物为表现的文创创意产业，与内容产业有异曲同工之妙，许多地方都非常相似。文创产品的文化资源筛选就相当于内容生产的内容选择。

面对不同的消费人群，文创产品开发也应该注重用户属性，按照用户属性进行文化资源的垂直细分，如按照地理位置进行地域文化领域的垂直细分，按照用户行为习惯进行文化性质的垂直细分，按照心理需求进行文化主题的垂直细分。用户是文创开发的第一标准，依据年龄、阶层、兴趣爱好等可将用户划分成不同的区域板块，设计师在进行产品开发时要对应入座，将不同的文化元素和文化符号归纳到不同的用户类别当中，这样就厘清了产品开发的第一步——垂直领域划分。当文化资源进入各个垂直领域之后，文创要再次进行细分，将不同的文化大类进行再次规划和整理，如用户兴趣可以分为故事、诗歌、建筑、乐器等，这样文化资源就得到了最优化的配置。设计师在进行产品开发时就可以分门别类地取拿，有针对性地开发新品，满足用户需求。

三、借鉴文化旅游智慧，馆藏游览式体验

（一）文化旅游

文化旅游时借助旅游来感知、体验、经历人类文化具象再现的活动过程，以文化寻根、建筑打卡、名人踪迹探寻等各种文化活动为主，是一种场景再现式的情感体验。中国文化旅游一般分为四大类：一是历史文化类，以文物、遗址、古建筑为代表；二是生活民俗类，以祭祀、婚丧、习俗活动、衣着服饰为代表；三是现代文化，以艺术、技术成果为代表；四是人际交流的道德伦理文化。目前，我国文化旅游最为主要的是历史文化类和生活民俗类。文化旅游与旅游文化不同，文化旅游的侧重点是文化，目的在于文化体验和文化寻根；而旅游文化是文化的一个行业大类，文化旅游是旅游文化的一个重要分支。文化旅游是伴随着文化产业而产生的新兴产业，它是人与文化进行碰撞与交流的过程，是人进行文化获取和吸收的过程，它有教育启示和审美激活功能。

现代人的审美是如何产生的？由于生活习惯的改变，现代人的审美主要通过影视、文旅和文化品牌来建立。具体来说，用户可以通过一部有教育意义的影片来沉浸式地感知色彩、构图、内容文化，形成独特的审美；用户也可以通过文化旅游来建立审美观念，从古代建筑美学、服饰美学、文物美学中形成属于自己的审美意识和审美品位；用户还可以在日常生活中发展审美，从各种各样的品牌中学习美、理解美，如鞋子、包包、服装、美妆等，在日常穿搭、生活实践中逐渐形成自己的审美态度。

作为审美教育渠道之一的文化旅游资源是文创产品开发的重要资

源。历史文化、生活民俗等文化内容都可以作为被挖掘的对象，为文创产品开发提供方向。受"让优秀传统文化资源'活'过来"的重要精神指示，文化和旅游要创新融合发展，要将文化旅游和文创产品有机结合，要用好旅游市场渠道和文化旅游资源，提高文创产品质量，扩大文创产品影响力，借助文创产品开发提升旅游内涵，促进旅游经济增长，实现双促双赢。

（二）馆藏游览式体验

营销是文创产品开发的中间环节，营销关乎文创产品的体验感受和销售质量。目前，文创产品市场的主要消费者是带有新时代人群消费特征的"95后"，情感互动、场景体验和信息科技运用是消费者最感兴趣的产品特征，带有这种特征的营销深受消费者偏爱。结合文化旅游，打造馆藏游览式体验营销场景很容易被消费者所接受。什么是馆藏游览式体验？文化旅游的本质是人类文化的具象体验，基于文化旅游超强的场景体验属性，馆藏游览式体验是指建立与文创产品相关的历史、文化环境，通过与文创产品相关的元素来营造气氛，解读产品的文化内涵，让消费者进行场景式消费体验，了解文创产品的前世和今生，增加文创产品的附加值。

众所周知，受互联网消费习惯的影响，文创产品以线上消费为主，主要通过淘宝、微信小程序等途径进行产品销售。产品营销则通过综艺、线上联合活动、相关软文和视频来进行，产品推广逐渐疲软，消费体验并不是很好。许多消费往往产生于"未见其人，先闻其声"，也就是意见领袖的推荐和网络热搜，通过激发消费者的好奇心来引发消费者的购买欲望。这种消费并不属于精准消费，许多消费者并不是以自身需求为中心产生购买行为，从而使文创产品的文化传播价值大打折扣。

馆藏游览式体验属于线下消费的一种，它是以与文创产品相关的主题为中心建立的相对应的场馆，和遗址类博物馆类似，文创产品建立在与之相对应的文化元素的历史背景之上，让消费者知其然知其所以然，得到最佳的文化传播效果。例如，海晏河清香囊套装、星空香囊盒、东方典藏纸雕灯、长乐未央车挂等中国国家博物馆出品的文创产品，这些文创产品的历史文化底蕴深厚。一件精巧可爱的产品并不能让消费者了解其中的文化历史内涵，此时的文创产品还停留在商品阶段，不具备文化教育价值。将这些文创产品放置在文化旅游馆藏之中展览，将馆藏建筑、环境等按照产品设计灵感进行比例还原，特别是还可以利用5G+CG+AR+VR数字互动技术，跨时空展示多元而包容的历史文化，让消费者身临其境，感受文创产品的文化历史背景和时代场景，从而深刻理解产品的文化内涵，提升产品文化价值。

结合文化旅游，将文创产品开发与馆藏游览式体验相结合，打造产品+体验、产品+场景、产品+科技的线下营销新模式，赋予文创产品更高的文化价值，让文创产品拓宽场景体验式开发思路，提高文创产品开发的创新度，实现文创产品开发的升级与发展。

四、稳步踏进文创 4.0 时代

在国家产业升级与转型的道路上，文化产业逐步发展壮大，文化经济成为国家经济构成的重要组成部分。文化创意产业作为文化产业的支撑力量，在国民经济产业结构转型期间得到了巨大的发展空间，餐饮、影视广告、彩妆、服装、电子等不同行业都能窥见文化创意的一角。文化创意产业的崛起为各行各业的创新发展加足了马力。文化创意产业包罗万象，文创产品就是文化创意产业的成果之一。面对文创产品的开发，开发途径越来越多样化；有的人看重产品设计，从古今文化融合的角度探讨文创产品开发途径；有的人认为产品分类影响产品开发与创新，就从文化资源整合与垂直分类的视角去研究开发途径；有的人认为文旅与文创不分家，就结合消费者文化旅游的特点来探索新的文创开发路径。当然，文创产品开发还可以从时代发展趋势的角度去考虑，实现"上云用数赋智"。

（一）文创 4.0 时代

伴随着社会经济形态的不断变化，国家财富的主要来源变成由知识、思想、文化、技能和创造力等构成的带有鲜明创意属性的偏重思维的社会劳动，科学和技术是实现这种创造性劳动的手段。由于这种变化，国家社会演变出了新业态、新产品、新服务、新就业，文创产业就是其中之一。

在社会发展和生存环境的不断变化过程中，文创产业经历了四种开发意识的改变：文创 1.0 时代，文创产品只是比较简单的复刻文物形象，是文物的模仿再现；文创 2.0 时代，文创产品要求做到文化元素的生活化，也就是让文化"活"着走进人们的衣食住行，实现文化贴近生活；文创 3.0 时代，文创产品开始脱离文物本体，将某种元素或者符号与现代潮流相结合，强调产品的创意融合；文创 4.0 时代，文创产品结合时代需求，向数字化领域拓展和外延。从文创 1.0 时代到文创 4.0 时代，文创产品的开发是一个不断继承和发展的过程。如今，根据整体社会数字化和人类对于人工智能、云计算等技术的依赖，文创产品开发不得不进行数字化转型，迈进文创 4.0 时代。

文创 4.0 时代是科学技术、国家政策、社会环境和生活要求等因素相互叠加的结果。目前，文化产业中文化科技板块的营业额呈现逆势上扬的状态。受社会大环境的影响，人类的文化消费模式有所改变，云展览、云旅游、云体验等线上消费成为全新的消费常态，这让文创产品开发加速进入文创 4.0 时代。

文创 4.0 时代由一个核心要素和两个底层逻辑构成。核心要素是全面数字化。其一，全产业要素数字化，包括版权、人才管理、开发技术、工作平台等的数字化；其二，全产业门类数字化，包括设计、艺术、美术、景区、博物馆等所有文化行业的数字化展陈；其三，全产业链数字化，包括从资源到创意、从生产到营销、从消费到服务的全部数字化。两个底层逻辑是审美逻辑和一体化逻辑。

（二）文创 4.0 时代，文创产品设计开发途径

基于一个核心要素和两个底层逻辑，文创产品开发要在数字化环境下进行，打造数字化产品、数字化生产、数字化营销和数字化服务的全数字化生产链，让消费者得到最好的消费体验，推动文创产业发展上升到另一个高度。

1. 移情造景，情景共生

文创产品是一件艺术性的商品，它是人类智慧作用于文化资源并以

一种潮流审美方式表现的实用性商品。虽然文创产品还没有达到可以展陈的高度，但是它是艺术的生活化再现。因此，文创产品是具有一定审美高度的产品，它能够通过某种表达来击中受众的内心世界，加强消费者的情感体验。情感消费是文化产业的主要消费模式，文化商品试图通过本身的外观造型来传递所要表达的某些情绪和价值理念以达到消费者的情感认同，促使消费者为情买单。结合文创产品的情感消费模式，在数字化开发背景下，文创产品的开发可以朝着打造数字化场景的方向迈进，用审美思维让文化元素与数字科技创意结合，让消费者在消费体验中获得美的意象，让意象与消费者的生活经历有所重叠，从而产生共情。此时，消费者的共情就可以转嫁到产品所营造的景中，寄情于景，移情于产品。

  面对情感消费，移情是生产者所要赋予产品的最高价值。如何能让一款文创产品达到最佳的移情效果，是设计者需要考虑的重点问题。数字化技术手段的应用解决了这一问题，它可以将文创产品置身于虚拟场景当中，产品中所应用的文化符号将与周围的景相呼应，文化元素的情感和故事将在虚拟场景中具象化表现，而消费者借助虚拟情境的体验就可以理解文创产品中所应用的文化元素和文化符号所表达的复杂情感，让消费者身体所触之景与产品所生之情达到情景交融的效果。

2. 超越功利，回归人性

  数字化技术在文创产品开发中的应用致使文创产品更加强调交互体验效果，如身体互动、情感互动和心理互动，以放大产品的情感价值。这就要求设计师在进行产品开发时注意人性的回归，以消费者的情感需求、心理需求和知识文化需求为中心，在产品中融入趣味性和操作性元素，让产品富有人性化特征，让产品具有陪伴属性。

  具体来说，文创产品可以将过分实用功利的思维弱化，将理性价值和精神共鸣融入进去，让其变成一个散发理性光辉和人性光芒的人文产品。文创产业在发展过程中，文创产品从赏心悦目逐渐进化到人文关怀阶段，一款文创产品更重要的是给人以精神上的慰藉和满足。因此，文创产品的表现形式可以转战线上，用一款 App 或者一个小程序，又或者一个小游戏的方式来呈现产品形态，让消费者进行心灵体验。这种创新性的文创产品表达方式符合现代人的消费习惯和生活方式。如今，现代人喜欢网上"冲浪"，网络生活成为新的生活常态，在网上认识新朋友，在喜欢的社交平台聊天，依托互联网工作创收，在互联网空间中娱乐生活。除了具象化的衣食住行之外，人们的情感生活主要围绕互联网而展开。基于互联网生活常态化，文创产品数字化、线上化很容易被消费者所接受。届时，文创产品的开发就脱离了实体，回归人性本身，从交互性、趣味性、知识性和情感性等几个维度出发，通过数字技术手段打造文创产品新形态，如数字化文创盲盒，让消费者在线上进行文创产品的使用与体验。

3. 顶层设计，流程一体

文创产品开发是包含品类定义、元素提炼、产品设计、打样试制等多个环节的流程性开发过程。整个过程较为复杂、烦琐，如果相互之间衔接、调节不到位，产品开发就会陷入困境。随着云平台、大数据和人工智能等技术的出现，文创产品开发就可以打造一个云管理系统，实现流程的一体化。

文创产品开发的前期准备阶段，除了要做好人事架构、工作管理制度制定和资金筹备等基础性的工作以外，数字化开发还要求做好顶层设计，即一体化流程设计和云平台设置，将整个开发流程与云系统相关联，避免弯路。

文创产品开发流程的一体化管理包括：①实现了文化资源和用户需求的智能分析，提高了工作效率；②产品设计与产品生产的同步率有所提高，以往只有产品打样试制之后厂家才能着手进行产品批量化生产的准备工作，如今的数字管理系统方便厂商调取数据，提前做好生产准备；③营销、销售与服务都可以在准确的数据指导下进行，帮助团队避免一些问题的发生。总之，一体化管理流程的实现极大地提高了文创产品的开发效率，对文创产品开发具有划时代的意义。

4. 利益关联，命运一体

文创 4.0 时代，文创产品的开发并非"一家之言"，而是集众家之所长的产物，目标用户、投资者、版权方、供应商、品牌企业等都是利益相关的命运共同体。一款文创产品的背后是各个相关利益者的产业生态互动，他们扮演着设计者、创意提供者、销售者、服务者和消费者的多重身份。所以，文创产品开发要注意合理利用相关利益者，让他们所扮演的角色发挥最大价值，将这些利益既得者联系成一个命运整体，打造价值的命运共同体，从而为产品开发提供更好的服务，让产品发挥更大的生命价值。

第二节 博物馆文创产品设计开发原则

没有规矩不成方圆，世间万物的成长、发展皆有一定的规律性，无论是自然事物的生长，还是社会生活的运转都存在一定的运行方式和方法。博物馆文创产品的设计与开发也有自己的准则和规范，并不是盲目地设计产品，推广销售。文创产品的设计与开发需要遵循一定的内部原则，具体如下。

一、器物实用原则

古人制具尚用，不惜所费。古代的物质生活条件不足，每一件器物特别讲究实用性，确保能够用来满足生活所需，让一件器物发挥最大的使用价值。"尚用"的行为一直沿用至今，实用价值是一种不经任何吹捧的自然价值，它的存在就是为人民而服务，虽然当今物质文明和精神文明同等重要，但是器物的实用价值一直受到重视。

文创产品是一种兼具社会效益和经济效益、文化价值和实用价值的创意性文化商品。虽然文化在文创产品中占据主要位置，但是任何一件商品所存在的价值都是为人类提供所需要的物质和精神功能，即使文化精神得到了最大化的展示，精神也要以物质为依托。就一件物品而言，就要注重其实用价值，只有在实用的基础上发挥最大的文化价值，才是根本之道。

博物馆文创产品的首要目标是满足使用者需求。柴米油盐是公众的日常生活，衣食住行都需要实用性器物，博物馆文创产品要想渗透到人们的日常生活中，成为生活的重要组成部分，就必须具有实用价值，让消费者有购买的理由。如果一件商品不能满足日常生活所需，即使拥有再大的文化精神价值，就如同名画，只会被少数人收藏，不会成为普遍性的消费产品。博物馆文创产品的出现是为了让博物馆中的文物"活"过来，走进千千万万的家庭。所以，创意产品的受众就是普罗大众，而不是精英阶层，器物实用性是文创产品的设计开发原则。

目前，博物馆文创产品主要集中在日常百货、文具、美妆、饰品、玩具、服装鞋包、图书等品类范围内，结合时令、展览甚至是社会潮流，推出一系列文化元素衍生品，融入消费者日常生活中。这些商品品类全部具有实用性价值，为日常生活而服务。无论是故宫博物院、苏州博物馆、河南博物馆、敦煌研究院等头部文创博物馆，还是中小型博物馆，在创意产品研发上都比较重视器物实用原则，首先将产品定义为器物，帮助人民解决实际问题，再考虑设计产品的其他方面。

在设计文创产品之初，设计师在进行产品初稿创意时就要描绘产品的实用性，它会出现在什么场景中，它能够为购买者带来什么服务。基于服务意识，设计开发部门推出大量便携性强、价格适中的实用性产品，如敦煌研究院的"极乐"系列窄丝巾、"极乐"系列桌垫/鼠标垫，故宫博物院的紫禁暗香疏影梅鹊小夜灯、紫金花语遮阳帽，苏州博物馆的唐寅泡袋泡花茶、沈周玉兰手拎包等，突出了物的自然属性。文创产品首先是一件商品，其次才是一件富有艺术性的商品，器物实用原则是创意设计者必须遵循的基本性原则。

二、文化审美原则

文化是人类历史发展进程中所创造出的思想理论和人文精神的总和，是物质文明所反映的文明现象的抽象，是意识反作用于物质的理论指导。审美是人类理解世界的一种特殊形式，是人看待客观世界的一种思想性和情感性的态度，是思想主体对待客体的一种体悟和品味。文化审美是人作用于文化的一种主观态度和情感，是对文化的主观印象。博物馆文创产品是一种基于人的主观意识而创造出来的产品，是精神世界对物质世界的反作用，人的自身文化修养和文化审美态度均参与其中，一款文创产品可以体现出一种文化审美态度。因此，博物馆文创在设计开发阶段，要遵循文化审美原则，通过对文化的解读和大众审美的解读，创造出符合当前文化潮流和审美的文创产品。

众所周知，博物馆是一座文化符号宝库，不同时期、不同类型、不同特点的文化全部能在博物馆中看到。面对一个如此体量庞杂的博物馆，以博物馆文化素材为创意资源的文创产品开发必然要对文化现象进行分门别类，细致区分文化类型和特点，根据不同文化的创意原则有的放矢，创造出符合社会经济发展规律的有用产品。根据博物馆文化特点和时代审美需求，博物馆文创产品的文化审美原则（图5-1）可以分为地域文化审美、生活文化审美、精神文化审美和流行文化审美。

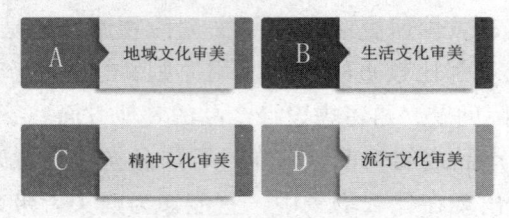

图5-1 文化审美原则

（一）地域文化审美

随方制象，各有所宜。物质文化是普遍性和特殊性、共性和个性的具体的历史的统一，普遍性中夹杂着特殊性，共性中又具有独特的个性。博物馆中的文化包罗万象，革命文物、国史文物、传世器物、货币、民族民俗文物、古籍文献碑帖、艺术品等，博物馆储藏着不同历史时期、不同品种、不同艺术属性的文化。博物馆在进行文创产品设计时不可能大小矛盾一起抓，找到主要矛盾和矛盾的主要方面是设计的关键。

人类有种族、国籍、地域之分，文化也是如此。人是精神文明的创造者，文化是人在社会历史中物质和精神贡献的集中表现，不同地域的人有不同的行为习惯，不同地域的文化也有不同的造型和审美。作为世界遗产莫高窟和汉长城边陲玉门关和阳关的所在地，敦煌有自身独特的风土人情、自然气候，敦煌石窟和敦煌壁画闻名遐迩，文化呈现出鲜明的地方特色，花样繁复、色彩浓重、异域风情是中原文化所没有的。同样，敦煌文化也表现不出中原地域的朴素威严、内敛大方，中原地域也没有江南水乡的柔情细腻和素雅小巧。每个地域的人物风情和生活习惯不同，尤其是在交通闭塞、等级森严的古代，地域文化特征鲜明，每个地域有自己独特的文化魅力。

文创产品是文化衍生品，要根据不同的文化特点进行产品创造，确保每件商品都具有独特的审美个性。文创产品要对文化进行分门别类，按照不同文化特征归纳、整理，打造独一无二、独具特色的产品。博物馆分为地方性博物馆和综合博物馆，一些地方性博物馆在进行文创产品开发时要遵循地域文化审美，根据当地几千年沉淀下来的审美习惯和文化特点来选择文化元素和文化符号，迎合当地人民的文化需求和审美要求。例如，敦煌研究院所开发和设计的文创产品带有鲜明的敦煌标志，每件产品都带有佛家艺术形象，产品造型大胆、色彩明艳、线条粗放，一股热情洋溢和沙漠异域色彩油然而生，具有文化归属感。又如，苏州博物馆的文创产品带有一丝江南烟雨的"淡妆浓抹"，用色浅，元素多以花鸟虫鱼等自然物和建筑物为主，具有当地的文化特色。这就体现了产品的独创性，由于地域文化特点突出，文创产品即使在同类型产品中也能脱颖而出。遵循地域文化审美原则，使文创产品的创新得以持续发展。

（二）生活文化审美

博物馆文创产品是为人们生活提供服务的创意性产品，虽然创意文化是产品区别于其他同类型产品的特色，但是产品还应该具有一般生活属性。文创产品要为人民的生活而服务，离不开衣食住行。中国传统文化是在农耕文明基础上兴起和传承下来的文化，传统文化器物特别注重衣食住行，文化智慧就隐藏其中，如饮食文化、茶文化、酒文化、礼仪文化、出行文化等，古文明离不开生活。现如今，物质生活虽日渐丰富，但依然绕不开柴米油盐酱醋茶，同时人民日益渴望精神文化需求。基于此，生活文化日渐重要，应将文化融入衣食住行各个方面。

从古至今，中国经历了农耕文明、工业文明和信息文明，每种文明经过都留下了自身的影子，具体表现在生活器物和人民生活习惯中。工业文明时期可以说是家居生活的"冷兵器"时期，所有器物都在体现工业的影子，冷、硬、简单、高效是产品的主要特点，功能性发挥到了淋漓尽致。例如，缝纫机、发动机、机器人、计算机等，每一件器物都是工业生产的产物，很少掺杂个人的审美和精神，全部都是统一制式。工业文明是效率至上的时代，产品是机械化大生产的产物。受工业文明的影响，现代人逐渐失去了审美批判和鉴赏精神，人们为了活着而活着，生活失去了文化审美情趣。随着信息文明的发展，创意文化产业逐渐兴起，人民的精神文化需求也日益丰富，他们渴望将一些新鲜的、有趣的、艺术的影子融入生活之中，为生活增光添彩。

基于人民生活需求，博物馆文创产业获得了发展，博物馆文创产品开发要将生活文化审美融入其中，将一些传统生活文化特征融入现代器物的创作和设计之中，使生活体现文化和审美。一把折扇、一盏夜灯、一个餐纸盒都处处展现文化风情。例如，苏州博物馆的古风餐巾纸盒，它将七君子图和赵孟頫《临皇象急就篇卷》中的文化元素和文化符号融入纸盒的造型设计之中，竹的意象和古文字意象巧妙融入其中，让物品充满了古典文化气息，弱化了产品冷硬的工业气息。

（三）精神文化审美

整个社会是由物质和精神两部分构成的，物质生活属于经济基础，精神文明生活属于上层建筑，物质生活是精神文明生活的基础，精神文明生活反作用于物质生活。精神文明对物质的反作用，主要表现在对人的积极作用上。由于人是知识经验型生物，历代知识经验累积需要通过后天学习才能够获得，所以并不具备天然遗传特点。人从出生开始就是一个原始的人，受时代文明熏陶，体验时代思想和特征。因此，精神世界的构建需要通过熏陶和培养而成，不可能天然具备坚毅品格、爱国精神等高尚的精神品质。

中华优秀传统文化璀璨夺目，不仅因为它遗留下了无数的实物文明，还因为那些可歌可泣的人物故事和思想精神。"人生自古谁无死，留取丹心照汗青""生当作人杰，死亦为鬼雄""采菊东篱下，悠然见南山""先天下之忧而忧，后天下之乐而乐""桃园三结义""挥泪斩马谡"，无论是诗歌还是文学典籍，甚至是精美的器物，处处体现着中华民族的优秀思想精神，国家大义、兄弟情义、个人气节、工匠精神等，思想之花无处不在，这些思想精神多数以文字的形式承载和传承。

博物馆承担着弘扬中华优秀传统文化和社会教育的重大责任。历史经验表明，单纯的博物馆游览和参观所带来的教育效果并不好。受到文化创意思想的启发，博物馆文创变成了社会教育的重要载体。博物馆文创产品以历史文化资源为创意来源，又将历史文化"运输"到普通家庭。基于博物馆文创的社会教育载体性质，中华优秀传统思想精神就有了很好的表现形式。现代社会是以图像、声音为主的信息社会，视觉传播要比文字语言效果好太多，优质的思想精神借助文创产品来传播，明显要好于看古典书籍、故事。同样，文创产品是概念性产品，讲究产品的文化内涵和精神思想。

基于社会教育功能和文创产品需要，博物馆在进行文创产品设计开发中应该注重精神文化审美，以精神文化审美为开发的原则，将一些宝贵的思想精神和民族气节以文化象征元素和符号表现在产品、器物之上，打造有品位、有内涵的文创产品。像河南博物馆打造的四君子古扇书签，采用梅、兰、竹、菊"四君子"形象，体现高雅淡泊、谦逊有礼的君子气质和思想。博物馆文创产品融入精神文化审美，既能打造博物馆的品牌形象，又强化了思想精神文化教育功能。

（四）流行文化审美

流行文化是大众广泛参与的娱乐活动，涉及当前主流社会文化现象，从服装、音乐到商品化的流行产品，流行文化的表现形式丰富多彩。流行文化也被称为通俗文化，它是为普罗大众的需求而存在的物质性、象征性和思想精神的集合，短暂、易忘、低廉、规模生产、年轻魅力是流行文化的基本特点。流行音乐、广告、影视、时尚圈是流行文化的主要聚集地和"生产商"。

新时代人群是流行文化的"产物"，他们被流行推着前行，同时也在创造流行。个性化和多元化是年轻人的气质"场"，百家争鸣、自成一派的流行文化潮流大行其道。艺术性、设计感和时尚度兼备是新时代人群对产品的主要要求，以流行文化元素为造型设计灵感，新时代人群用户更容易买账。博物馆文创产业要想在新时代人群"存活"下去，就必须了解目标用户的心理特点和文化审美特征。以流行文化审美为开发原则，抓住消费、时尚、休闲、物质、都市、次元和大众等关键词,进行设计产品的外观塑形和形象雕刻,打造出符合时代文化审美趋势的流行文创产品。

三、国潮简约原则

宁古无时、宁朴无巧、宁简无俗。自古以来,中华民族就以简约为主要艺术审美,中国人制造器物尚简,就连字画等文学艺术品也崇尚简单、象形,用意象来表达眼前所见、心中所言。

一个民族的审美是有传承的,中国古典艺术发展至今,简约已经深入骨髓,艺术外形设计强调简单低调、内敛大方,一眼所见即可表达复杂的艺术思想和文化内涵。中国的今天盛行简约风格,主要是从建筑装饰沿袭而来的,极简家居和日式原木风格的家庭装修迅速火热,一些极简主义流行元素体现在了各个行业的商品上,简单清新,自然环保。

国潮简约是近两年流行的一种商品设计方向,深受年轻人追捧。随着国潮综艺节目的兴起,如《典籍里的中国》《致敬百年风华》《舞千年》,国潮成为新的社会风尚,国潮风主题晚会、国潮风广告、国潮风礼盒等纷纷涌现,以"国潮"为主题的产品宣传刮起了一阵狂热之风。作为走在时尚文化前沿的文化创意产业,设计了多款国潮简约风的产品,像敦煌文创乐舞敦煌书签鹿王本生/反弹琵琶/献花飞天/三耳兔、敦煌神兽徽章莲花飞天四虎纹、故宫文创艺想丹青和田玉项链等,简约大方,充满了国潮时尚气息。

因此,国潮简约原则是当前博物馆文创产品设计时要遵循的风格原则,结合保护环境和传承传统文化的社会要求,产品设计用材要减少元素堆砌,切中主题要害,用简练的文物元素来概括产品的整体造型,用突出天然纹路和色彩的朴素材料来衬托产品外形,塑造突出中国艺术文化特点的产品。

四、情感体验原则

人类的一切行动和感知都受到情感的支配,作为最复杂的生物,理性和情感相互交织,情感是人类与外部世界联结的一个窗口,也愿意为了情感而买单,电影艺术就是最好的证明。从摄影技术和电影的发明,到后来一口爆米花吃起来的好莱坞电影"梦工厂",是情感推动了整个产业的发展。就像电影的造"梦"属性,文化创意产品除了带来功能以外,与消费者的情感联结,是产品卖到用户手中的另一个理由。

创意产品具有调动情绪、感知精神的特点,满足用户的物质需求和精神需求。产品除了戳中用户的痛点以外还应该给予用户一些超出期望以外的东西,调动用户的情绪点,引导用户完成设计者想要的结果。像 Small Transparent Speaker 的硬化玻璃透明扬声器,就是一款舒缓用户心情的扬声器;KYOTOMOJI – Box Your Life 是一款收纳盒,它采用笑脸设计,造型简单可爱,木质憨厚的笑脸给家居环境带来了一丝自然气息和诙谐幽默。这些产品全部都采用了情绪调动设计理念,将一些人类情感融入设计当中,诱发消费者的情绪反应,从而抓住消费者的注意力。

文创产品作为一种创意型文化传播产品,获取用户的注意是创意产品的主要工作之一,当有了用户注意,产品才能与用户建立联系。用户注意来自情感体验,如果一款产品没有与用户经过岁月累积,那么产品在消费者眼中就是待价而沽的商品,必须能够一次性打动消费者。

这就意味着博物馆文创产品要以情感体验为基本原则来进行设计,将能够与消费者进行情感交互的细节添加到产品外观或者产品应用环节之中,让消费者和产品进行交互,调动消费者的积极情绪。例如,河南博物馆的,《永恒的匠心·雕版大师》,历史、古老技法与产品相互交织,这款产品需要消费者利用雕刻刀、毛刷等工具进行手工作业,才能成为真正的手工艺品,这就是一场情感体验。消费者交付自己的耐心、创意、成就感在产品上,让产品变成一款消费者参与其中的手工艺品。又如,故宫博物院的喵系列摆件,撸猫是现代人的生活日常,宠物猫与消费者有着紧密的情感联结点,故宫博物院以猫为原型设计一些日常生活摆件,专攻消费者的情感消费点,使其一看到喵摆件就能快速建立情感,从而进行消费。总之,情感体验原则是非常重要的产品设计原则,是产品驱动用户消费的关键,将调动消费者情绪的元素添加到产品当中,实现文创产品的拟人化消费。

五、纪念收藏原则

博物馆文创产品的前身是博物馆旅游纪念品，在文化创意产业还没有兴起的时候，中国博物馆周边产品大多属于纪念品性质，用来当作"到此一游"的纪念或者是送给亲朋好友的纪念品。如今，博物馆的文旅性质弱化下去，重点突出了它的文化价值。所以，博物馆文创产品要以文化资源为中心进行开发和设计，将文化符号和元素添加到产品造型当中，突出产品的文化创意，文创产品贩售的是它的文化审美和艺术造型。

伴随着国家文化产业的进一步发展，文旅事业与博物馆事业相结合是未来的发展趋势和方向，博物馆周边产品成为文旅事业发展的一个主要项目，文旅特性也成为博物馆衍生品开发的一个特点，如纪念收藏特性。文化旅游是国家的重要产业项目，也是人民充实物质文化生活的重要途径，一场文化旅游，阅览五洲河川，游历历史文化名城，开阔眼界，洗涤心灵。这一场经历需要一个见证和总结，文创产品就有这个作用，带有当地文化特色的文创产品凝结了旅游记忆，是唤起回忆和某种情感的开关。

基于博物馆文创纪念性这一基本属性，博物馆文创产品的开发应该以纪念收藏为原则，设计一些能够用于亲朋馈赠或者旅行纪念的产品，以满足部分用户的情感需求。如故宫系列创意品之建筑模型拼图，这款产品将太和殿、角楼、天坛、天安门等建筑微缩成 3D 艺术拼图，非常具有纪念和收藏价值。众所周知，太和殿、角楼等建筑是文化旅游中消费者必然会去参观的一些建筑群，将这些建筑群"带"回家是一件非常有纪念意义的事情。人的一生不可能有太多的时间游览名川大河，纪念作为一种对人或者对物的留恋情怀要求人去买一些纪念品，充当对曾经一段经历的证明。从人的这种情绪需求和博物馆的纪念属性考虑，纪念收藏是博物馆文创开发需要遵循的原则，应让一部分文创产品拥有纪念属性和收藏价值，以满足人的精神情感。

六、主题系列原则

博物馆文创产品是以博物馆为中心的周边衍生品，本身就具有系列开发的特点，如甘肃博物馆以元代玻璃莲花拖盏为原型设计的蓝莲系列、彩陶系列、铜奔马系列、画像砖系列文创产品，吉林博物馆推出的踏雪寻梅系列，敦煌研究院的九色神鹿系列等。系列化产品开发已经成为博物馆文创产品开发的主流趋势，突出体现了产品的多样统一美学。

由于文创产品以文化的垂直分类来划分文化资源，所以文化产品也具有模块化特征，不同的文创产品都能找到相对应的文化主题和中心思想。针对每个主题，群像展示相对于单一表现在产品宣传和文化传播上更加有优势。通过对一个主题的不同方面和不同内容的呈现所达到的艺术表现效果要比单独一款产品阐述更加有力度。正所谓独木难支，用一款产品去表达一个文化主题过于单薄和零散。另外，主题元素会增加视线的多次重复，消费者在进行产品体验时会形成不同的情感和情绪，一款产品没有被接受，也许另一款产品就会直击痛点，在增加主题文化展示机会的同时也强化了消费者对产品的接受度，刺激消费者的购买欲望。

目前，市场很擅长运用主题打法，通过生产同系列产品来打开销路，增强消费者的品牌印象。博物馆文创产品本身就以主题文化为中心，主题系列自然是开发的重要原则。高效利用每一个主题，将主题产品系列化生产，多维度、多方面地展示文化特点和内容，让消费者拥有更多的选择机会，既可以买下整个系列，也可以选择系列中自己喜欢的部分。主题系列开发既可以保留文化的全貌，将整个文化主题展现得淋漓尽致，又是一种艺术留白，给用户无限的遐想空间，由一到多地主动探寻文化全貌。例如，敦煌研究院以敦煌壁画为主题设计的一系列益智拼图，包括鹿王本生、劳度叉斗圣变、反弹琵琶等，一个套系的产品体现了盛唐、中唐、晚唐等时期的壁画发展历程，比较系统地介绍了敦煌壁画的历史文化。当然，整个套系并非必须全部买下，消费者可以根据自己的喜好进行选择，如喜欢盛唐时期文化，就可以选择《佛顶尊胜陀罗尼经》，对中唐感兴趣就可以购买《反弹琵琶舞乐图》。主题系列原则给了消费者多样选择的机会，让博物馆文创产品具有了多元化、系列化的特点。

七、品牌 IP 原则

以博物馆文创产品开发为界限，自从博物馆文创产品风靡以来，博物馆就带有了网红体质，流量是解锁博物馆的新密码。博物馆功能已经不再是唯一能决定博物馆的形象和定位的要素了，文创产品的受欢迎程度和文创产品的设计风格也开始参与到博物馆形象和行为建设中来，博物馆逐渐走上了品牌化道路。

以文化 IP 为中心搭建产业矩阵是互联网时代文化企业发展的重要模式，依托 IP 的粉丝和流量号召力，来为企业发展带来经济效益。因为博物馆的文化属性，IP 孵化成为博物馆的重要特点之一，许多品牌或者互联网企业纷纷与博物馆合作，利用博物馆的文化资源来进行 IP 的开发，以期引起企业的流量狂欢。

文化 IP 是引流的路径，而品牌效应则是流量转化变现的途径。文化 IP 与品牌联结在一起，很容易就能制造出一个"李佳琦"式的带货一哥。博物馆作为文化的中心，既是 IP 孵化池，也具有比较不错的品牌效应，打造品牌 IP 是博物馆文创产业快速发展的创新途径。也就是说，博物馆在开发文化创意产品时要结合受众偏好来选择有爆点的文化资源，将文化元素或者符号通过造型设计和产品成型的方式来变成一个受众欢迎的 IP，形成一个流量池，让产品达到品牌宣传的效果，来增加博物馆文创产品的品牌效应。

与此同时，这些比较突出的文化形象构成了品牌独特的文化特征，让博物馆形成了独有的品牌定位。因此，从博物馆文创产品营销角度来说，文创产品的开发应该遵循品牌 IP 原则，选择一些具有鲜明特点、受众偏好度高的文化形象或者文化符号，通过独特的外形创意来塑造产品品牌形象，从而打造独树一帜的博物馆文创产品风格，让品牌深深烙印在消费者的脑海中，让品牌粉丝基数壮大，提升博物馆的品牌效应。

八、数字化互动原则

数字化发展是未来各行业发展的主流趋势，博物馆文创产业也不例外。目前，博物馆文创产业已经进入 4.0 时代，利用数字技术为产品赋能，是博物馆文创产品开发的一大特点。数字技术在博物馆文创产业中的表现主要集中在两个方面：其一，数字技术与产品相结合；其二，数字技术和产品宣传相融合。就像 AR 矿泉水"树德里 1921"，AI/AR 技术与红色文化创意性地联系在一起，通过扫描矿泉水瓶上的二维码图片就可以跳转到 1921 年的树德里，来一场 1921 年树德里的虚拟之行。这就是典型的数字化文创产品。"科技＋产品"，让产品成为消费者与历史文化的媒介，通过产品与文化进行深度交流。又如，河南博物馆与支付宝联合推出的数字考古"盲盒"，邀请用户一起线上"考古"，通过数字化技术打造一些考古场景，让用户模拟文物挖掘和修复过程来获得考古体验，加深对文物保护的责任感。由于线上"考古"比线下方便快捷，可操作性、可互动性和可玩性更高，快速吸引了粉丝目光，一个线上虚拟产品创造了一个河南博物馆文创产品的流量小高峰。

线上与线下相结合，数字技术与产品融合，是未来博物馆文创产品创新发展的不二路径。博物馆在进行文创产品创意开发时要注意数字技术的应用，以数字化互动为原则，增强产品的科技感和互动性，让消费者在拿到一款产品后能够与产品进行一些有趣的小互动，或者让消费者不用被迫等待发货和收货，直接线上就可以"拆包装"，玩产品。

九、象征性包装原则

包装是博物馆文创产品设计的重要组成部分，一款好的包装能够让消费者对产品快速产生兴趣，实现购买。随着物质文化消费"内卷"时代的到来，人们对产品越来越挑剔，产品包装作为第一印象，自然要具有创意度和吸睛度，让消费者产生好感。同时，产品包装也是文创产品品牌的重要体现，一款好的包装就像一张创意名片，能够快速提升品牌形象。总之，产品包装是产品的象征，为产品销售带来颇高的附加值，如果产品外包装颜值不在线或者设计过于简陋和随意，用户与产品的情感建立程度将大大降低，品牌形象也会被扣分。

博物馆在进行产品开发和设计时要遵循一定的象征性包装原则，产品包装是整个产品美感、设计感和功能性的综合象征，一个包装应该是一款产品的高度概括和总结，应该让消费者看到产品所采用的文化灵感、创意来源、文化故事和时代流行元素，或者向消费者推介产品的最主要特色，如用料环保、设计精巧等，让消费者对产品形成一个立体的印象，从而实现下单和购买。

第三节　博物馆文创产品设计开发模式

随着社会发展，博物馆文创产业逐渐发展成了一个内容多、范围广、结构全和成体系的结构化产业模式，文化利用率和产品成熟度不断提升。"博物馆+"模式已经成为博物馆文创产品开发的主要模式，从"博物馆+内容""博物馆+单位"两个角度增加博物馆发展的可持续动力，增强博物馆活力。

一、"博物馆+内容"模式

近年来，博物馆通过"博物馆+内容"模式得到了很好的曝光度，博物馆文创产品的受众范围在不断扩大，产品的用户体验度也在不断增加。一方面，"博物馆+内容"模式丰富了文创产品品类，提高了博物馆文创产品开发效率；另一方面，"博物馆+内容"模式促进了我国传统文化的传播，让琳琅满目的文化内容展现在世界面前。我国博物馆拥有体量庞大的文物，文化底蕴深厚，在文创产品开发上拥有别国比之不得的产品开发优势，"博物馆+内容"的开发模式将博物馆与人民生活紧密结合在一起，使得产品开发灵活多样，深受广大受众的喜爱。目前，"博物馆+内容"的产品开发模式主要有以下几种（图5-2）。

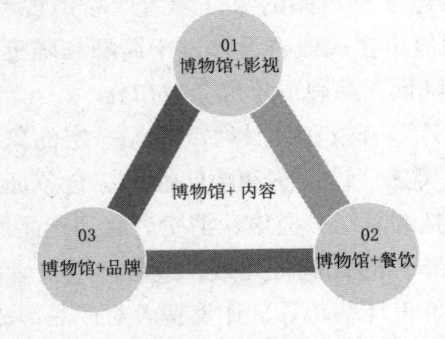

图5-2　"博物馆+内容"产品开发模式

（一）"博物馆+影视"

由于数字技术的兴起和短视频行业的发展，消费者越来越习惯感官刺激，通过视觉和听觉来了解整个世界。博物馆文创产品开发本质上是博物馆文化内容的二次传播，古色古韵的文物如何在视觉色彩运用突出的世界中得到消费者的喜爱？"博物馆+影视"就成了比较好的文创产品宣传模式，通过绘声绘色的电视语言来表达思想情感和人文价值，让消费者真正感受到文物的价值和魅力。何谓"博物馆+影视"模式？博物馆+影视是指将博物馆文物或者文化形象融入影视作品之中，建立文创产品与影视表达内容的内在联系，通过画面、声音、色彩以及构图来全面展示文创产品背后所蕴藏的故事内容，让受众全方位感受文物内涵和文创产品的自身价值，提升博物馆的受欢迎程度，提高文创产品的曝光度。

"博物馆+影视"是"博物馆+内容"的主要运营模式，影视行业也是最先与博物馆联合开发文化IP的行业。与其他行业相比，影视行业具有得天独厚的优势。目前，影视展示有两个渠道：一个是线上渠道，另一个是线下渠道，线上是指新媒体运营平台——短视频+视频网站；线下是指电视台，双平台同时播出，实现全受众的观看。这种全受众的"博物馆+影视"运营模式将文化最高效率地融入了日常生活，大众可以利用碎片化时间，随时随地想看就看。相比于书籍阅读，这种模式更容易挤占消费者的碎片化时间，无形中增加消费者对博物馆的了解，提高博物馆文化受众占比。

除了能在无形中增加受众对博物馆文化的学习时间，"博物馆+影视"的另一大优势在于学习体验，它是一种接受程度高的学习方式。文创产品是中华优秀传统文化表达的创意形式，是现代化的传统文化再现"外壳"。绝大多数消费者购买文创产品都是始于颜值，并没有考虑到其中表达的深意。虽然文创产品是内容化的产品，但消费者所接受的唯有它的形式，这不是文创产品开发的应有之义。

"博物馆+影视"的开发模式最大限度地化解了这一困境，影视化宣传给了受众视觉和听觉上的文化体验，大众在与之相关的情境中轻松观看，深度理解文创产品所展现的人文关怀精神。例如，由张国立担任号讲解员的中央广播电视台、央视记录国际传媒有限公司制作的博物馆文创产品探索节目《国家宝藏》，将文物与著名演员绑定在一起，通过著名演员演绎文物诞生故事来讲解它的传奇身世，通过情景剧的方式串联古今，体现国宝背后所蕴含的民族精神和文化思想。节目中，人物、灯光、故事和虚拟视觉技术等共同营造了一个历史感的场景氛围，观众在气氛感知和环境沉浸中了解文物，不禁对文物、对古人产生崇拜之情，感叹中国人民智慧的伟大和高尚的精神气节。

不出所料，《国家宝藏》带火了博物馆文创产品行业，人们开始关注博物馆，对博物馆中的文物有了更深的了解。博物馆流量的增加，对博物馆文创产品非常友好。同时，通过对博物馆文物的推介，与之相关的文创产品也被观众所熟悉，文创产品所传递的价值观念和思想概念也成了消费者购买的原因之一。"博物馆+影视"改变了消费者的购买心态，原来是"因美而买"，现在是"因情而买"，美丽外观和深情厚谊成了如今消费者的购买理由。"博物馆+影视"悄无声息地扩大了受众群体，最大限度地传播了传统文化。

（二）"博物馆+餐饮"

随着物质生活水平的提升，人们对精神文化追求的渴望越来越强烈。有数据显示，服装、彩妆、餐饮和旅游的利润越来越可观，尤其是餐饮行业，备受年轻消费者的喜爱，成为年轻人社交的主要工具之一。餐厅是博物馆文化推荐的极佳场景，不仅是因为它的受众群体年轻活泼，是博物馆文创产品的主要消费群体，而且因为它自身所具备的承载功能超强，菜品、建筑、装潢等都可以作为博物馆文化的宣传载体。面对文创产品的主流消费者，营造一个充满传统文化氛围的场景，正是消费者所期待的。

场景化情感营销是"90后"消费者最喜欢的营销方式，这种软营销给了消费者极强的体验感，让消费者发乎于"情"、止乎于"理"地进行消费。"博物馆+餐饮"的开发模式是将博物馆搬进餐厅的营销模式，通过一些文物元素和文化符号来构建餐厅消费场景，大到餐厅外部的建筑细节和内部墙壁装饰，小到桌椅、灯光和菜单，都被贴上博物馆文化标签，通过一些小小的博物馆文创产品元素来营造主题餐厅氛围，让消费者在吃饭的同时感受文化魅力。"博物馆＋餐饮"的开发模式，一方面，主题餐厅带来的文化消费气氛让消费者自身融入其中，感受文化，体悟文化；另一方面，博物馆文化主题餐厅体现了餐厅独特的魅力，很容易变成一个网红打卡地，吸引流量，扩大文化影响力。

"博物馆＋餐饮"的开发模式是一种"造星"式的文创产品设计开发模式。"博物馆＋餐饮"本身就是基于文创产品开发思想而出现的营销模式，基于博物馆IP打造某个文化主题的餐厅，餐厅中的一切元素和符号都从博物馆文物中采集，其中所生产的美食也具有博物馆文化的影子。因此，"博物馆＋餐饮"本身就是一个巨大的场景化程度高、体验消费能力强的建筑型文创产品。例如，故宫角楼咖啡馆就是一个处处体现博物馆文化的文创咖啡厅。自2018年开业以来，故宫角楼咖啡馆就成了网红打卡胜地，整个咖啡馆的内饰以《千里江山图》为灵感进行装修，每一个角落都是故宫的缩影。故宫角楼咖啡馆不仅在装修上淋漓尽致地展现故宫的文化底蕴，还推出了不同类型的文创产品，从糕点、咖啡到饰品、文具等，一应俱全，如养心卷、康熙最爱咖啡、雪幕慕斯、贴纸等，每一款产品都夹藏着故宫的美好，像养心卷上的窗棂、雪幕慕斯中的紫禁城、宫廷之美的祥纹缎带。"博物馆＋餐饮"模式将故宫角楼咖啡馆打造成了一个文化餐饮IP，它本质上是文创产品线下体验店，通过某种场景化的运营模式将这些文创产品以美食、美物的形式呈现在消费者面前。

"博物馆＋餐饮"模式与线上模式相比，具有无可比拟的优越性。

第一，深度体验。采用微信端、淘宝端等线上开发模式，文创产品只能通过图片、视频等方式展现在消费者面前，或是一些互动性比较强的营销活动，让消费者对产品产生一些印象。但是，这种模式的交互性和体验感不是特别强。"博物馆＋餐饮"是以人为本的开发模式，解决了消费者无法触及产品的困惑，给了消费者最大限度的消费体验。消费者置身于文创产品相关的文化场景中，通过对场景的参观和对产品的消费来获取产品认知和文化感受，实现了深度体验。

第二，话题度高。"博物馆＋餐饮"是一种很容易制造热门话题的开发模式，由于它所透露出的文化仪式感和氛围感，使受众在打卡的过程中很容易获取内容素材进行二次发酵。例如，故宫角楼咖啡馆，很多人慕名而来，除了因为产品好吃，更重要的是消费场景体验。而在获得较好的场景体验之后，他们又会通过互联网平台进行内容输出，再次为咖啡馆造势，继而又会有人慕名而来。所以，"博物馆+餐饮"的开发模式很容易制造话题和流量，扩大文化传播广度，提高文创产品销量。

（三）"博物馆+品牌"

品牌文化与博物馆文化是相辅相成的两种文化，博物馆文化的中心是丰富的历史文化资源，品牌文化的核心是品牌理念和品牌故事，他们都是一种文化贩售。不同的是，博物馆文创产品所售出的是中华优秀思想和文明，而品牌文化是基于企业精神而进行的文化表达。博物馆文创产品在发展到一定程度之后可以变成一种品牌文化，而企业品牌也可以借助博物馆文化资源来表达自己的企业思想和理念。因此，品牌和博物馆有非常厚重的合作基础，两者之间可以互相合作、相互利用，汲取彼此的养分，获得自身的进一步发展。由此，"博物馆+品牌"的文创产品开发模式诞生。

"博物馆+品牌"是指博物馆与一些企业品牌合作，通过挖掘博物馆所拥有的文化元素和符号来为企业产品设计提供灵感，而企业和博物馆通过推出联名款产品来扩大消费群体，进一步提升自身的知名度，实现双向共赢。一般来说，"博物馆+品牌"分为两种：一种是博物馆与互联网品牌合作，共同开发数字化文创产品；另一种是博物馆与实体企业品牌合作，联名开发实用性文创产品。"博物馆+互联网品牌"是一种短效的开发模式，营销效果好但维持时间短，一款产品能够在短时间内快速发酵，但是也会非常快速地退出公众视野。例如，谷歌与故宫博物院联合开发的快闪实验室，这个肖像匹配项目将人物肖像通过数字技术与艺术画作中的人物建立联系，消费者将自己的面孔置于软件界面，软件就会快速识别出与消费者非常相似的画作人物并展示在大屏幕上。这种有趣的、互动的产品快速赢得了消费者的喜爱，由于它巧妙地将文物与消费者联系在一起，消费者很容易记住且产生文化认同。这种数字化文创产品开发模式轻易就建立起了文化与受众的亲密感，但是这种亲密感消失得也非常快。这种虚拟性的消费体验，由于在消费者心里留存痕迹浅，故是一种"短效狂欢"。

与之相比,"博物馆+实体企业品牌"所维持的文化体验效果较长。首先,基于品牌效应,消费者在购买产品时就已经对产品有了一定的文化理解和概念解读,自身有一定的品牌文化积累,是出于对品牌的认可而购买产品。所以,当一个历史文化元素或者符号融入产品中时,这种元素或者符号肯定是服务于品牌文化的,是品牌文化的锦上添花,借着对品牌文化的理解,消费者很容易消化历史文化元素背后所表达的深意。历史文化元素增加了品牌文化的厚重感。其次,博物馆文创产品有自己的受众群体,而企业品牌同样也有自己的粉丝群体,博物馆与企业联合开发文创产品实际上是一种互相吸引受众的操作,博物馆借助企业品牌将受众群体进一步扩大,而企业品牌也通过博物馆改变了一些自身在消费者心中的形象。

例如,李宁与敦煌博物馆联名设计开发文创产品,将自身品牌优势和传统文化相碰撞,将敦煌文化元素延伸到李宁产品设计之中,借助敦煌纹样、图案、颜色来进行联名款T恤、卫衣的设计,大面积采用扎染、印花或者刺绣,实现传统工艺与现代设计的高度融合。这款联名产品同时吸引了热爱市场、运动和敦煌文化的消费群体,解决了博物馆文创产品和品牌产品类型单一、受众范围小、购买力不足和产品品质低等问题。

可见,"博物馆+企业实体品牌"通过互相的影响力、传播力实现了双方受众基础的进一步增加。一款实用性文创产品与日常生活融合度高,消费者有机会体会和发现产品的可爱之处,有利于博物馆文创产品开发的长效发展。

"博物馆+品牌"的文创产品设计开发模式是以人为中心的思维模式,是一种深入群众的营销方式。通过博物馆与品牌联合,文创产品与受众之间的联系更加紧密,博物馆的文化形象也根植于消费者内心深处。

二、"博物馆+单位"模式

自2016年以来,博物馆文创产品开发进入了全新发展阶段,从注重文创产品自身的创意开发扩展到文创产品的创意模式开发上。国家文物局给出指示,鼓励一些大型博物馆依托馆藏资源进行授权、合作开发。

因此，合作开发成为博物馆文创产品现阶段开发的主要模式，博物馆与博物馆合作、博物馆与高校合作、博物馆与企业合作，通过与不同单位的合作，从内容、创意和市场等生产层面解决内容把握不准、创意不足和生产销售受限的问题，提高博物馆文创产品开发动力。

（一）"博物馆+博物馆"

中国的博物馆文创事业已经从初级阶段走过，正在向着更高阶段的方向发展，故宫博物院、敦煌研究院、中国国家博物馆、河南博物馆、陕西历史博物馆等大型馆藏纷纷走在博物馆文创产业开发的前端，成为其他中小型博物馆"取经"的对象。博物馆文创产业是一个大型的文化产业链条，一些较大博物馆的开发并不能支撑整个行业的整体良性发展，只有各个博物馆联合起来，团结合作，以头部博物馆带动一些经验不足、资金不足和创意不足的中小型博物馆，分享自己的成功经验和运营模式，以老带新，以大带小，共同建立、维护博物馆文创产品资源开发平台，整个博物馆文化创意产业才能欣欣向荣，不断地进步和发展。

"博物馆+博物馆"文创产品设计开发模式应运而生，依托较为成功、较有经验的大型博物馆，借助博物馆的营销策略、品牌效应和开发模式，将博物馆与博物馆之间的文化资源互相分享，以强带弱，带动尾部博物馆的文创产业的发展。例如，重庆中国三峡博物馆文创产品开发人员前往南京博物馆学习经验，从设计研发到产品管理，从营销推广到发展趋势，进行了各个方面的"取经"和研讨。除此之外，南京博物馆还给三峡博物馆提供生产企业资源，重庆中国三峡博物馆在文创产品馆建成之时引进了六所博物馆的文创产品，进行文创产品的跨省展销。这种借鉴、学习和帮扶的开发模式，实现了文化的"借地"传播，扩大了文化影响力和文创产品的地域销售范围。

另外，"博物馆+博物馆"还是一种强强联合的设计开发模式。众所周知，一些较大型博物馆已经形成了自己的产业开发模式，拥有了较强的博物馆品牌文化效应。博物馆文创产品开发已经不是单纯的文化传播运营模式，而是基于文化传播的经济运营模式。博物馆文创产业除了具有文化价值和社会效益，也更加注重自身的经济效益。为了进一步扩大博物馆的经济价值，一些较为知名的博物馆相互合作，借助"粉丝经济"效应，进一步提升博物馆的品牌价值和经济效益。例如，故宫博物院与敦煌博物馆强强联合、中国国家博物馆与苏州博物馆合作互动，这些自身运营较好的博物馆文创产品牌进行相互合作，创意与创意碰撞，文化与文化交流，有助于文创产品创意的进一步挖掘和文创产品的进一步升级。这些较为著名的博物馆文创产品牌无论是自身所拥有的文化资源，还是科学技术手段，甚至是创意团队都是顶尖中的顶尖，当这些资源融合创新时很容易迸发出新的火花，在营销传播上也更加高人一等。

无论是以强带弱的联盟合作，还是强强联合的合作共赢，"博物馆+博物馆"的文创产品产品开发模式都是符合时代要求的创新开发模式，在相互借鉴、互相合作、资源共享的过程中加强对博物馆文创开发的认知，钻研出有利于博物馆文创产业向新、向上发展的好方法和好途径。

（二）"博物馆+高校"

博物馆文创产品开发最重要、最中心的环节就是产品的开发与设计环节。产品在造型美观的基础上能够反映博物馆文化历史内涵，能够将历史文化元素与现代造型完美融合，是博物馆文创产品开发的核心要义。换句话说，博物馆文创产品开发的关键是创意和创意人才。目前，博物馆文创产品拥有属于自己的创意开发团队，他们主要负责产品设计和内容营销工作。但是，由于创意产品的创意需求量大，创意产品也是季节性产品，每个季节或者每个节日都会推出新品，产品的创意生产力很容易不足，创意人员很容易出现"江郎才尽"的假象。因此，市场上出现了一些同质化产品。

"博物馆+高校"的创意产品开发模式是博物馆提供文化创意资源，高校提供与文化主题、文化元素有关的创意的开发模式，利用高校中的广大创意人才团队集思广益，提高博物馆文创产品创新能力。目前，"博物馆+高校"的文创产品开发模式已经成为常用的开发模式之一。许多博物馆都与高校建立了密切的合作关系，让高校人才提供产品创意，开发个性化、多元化的文创产品。例如，故宫博物院在《上新了·故宫》节目中就大胆采用"博物馆+高校"的模式，每期节目都发布一个文物主题，向设计类大学征集与之相关的创意设计稿件，而节目组会收到来自不同高校的大学生投稿，获得意外之喜。文化创意本身就是一件仁者见仁、智者见智的事情，每个人拥有不同的创意创新点，不同的人集合在一起就是无数个创意。所以，"博物馆+高校"的开发模式使产品设计与创意阶段展现出了新的生命力。

"博物馆+高校"的开发模式的优势主要体现在设计资源充足、设计团队年轻、设计创意大胆和设计思维系统化上。与市场型开发创意团队相比，高校人才所制造的创意产品往往更令人惊艳，原因如下。

1. 设计资源充足

高校设计团队有一套自己的运作系统，由于长期在校园中学习，他们所接触到的设计教育资源并不比其他类型的设计团队少，相反会更多。校园是书籍的殿堂，学生通过教师、网站、学校资源库等不同渠道搜集各种各样的资源进行设计类学习。同时，学习是他们的唯一任务，不受其他环境条件的影响，创意是他们唯一要做的事情，所以高校创意设计往往能够达到最理想化的专一与专注，设计创意效率较高。

2. 设计团队年轻

"博物馆+高校"的设计开发模式与其他模式相比，人才基础扎实。优秀的设计人才是文创产品开发的重中之重，没有优秀的创意人才，文创产品的创意性和艺术感不会太高，达不到如今大众的审美要求。正是一批批的创意人才投身到设计行业，无数优秀的创意作品才得以呈现在观众面前。创意人才是创意的来源，没有创意人才，创意产业将寸步难行。高校是创意人才的输送地，与高校合作开发博物馆文创产品，所利用的就是高校中优秀的创意开发者。由于文创产品的主要消费群体是"95后"，大学生是最贴近文创产品消费者的人群，他们了解消费者的审美需求和使用要求，一直走在设计领域的最前沿，所接触的是最新的创意。所以，高校设计团队与其他创意设计团队相比，蓬勃的朝气是他们无可比拟的优势。他们既是消费者也是创意者，最了解当前消费者的物质需求和心理需求，因此更能生产出与消费者产生情感共鸣的艺术创意产品，弥补了许多博物馆文创产品专业性缺乏和创造力不足的缺憾。当前，文创产品市场趋于年轻态，高校创意设计团队有抓机遇和捕捉潮流的能力，他们能够满足博物馆文创产品开发新锐创意的要求。

3. 设计创意大胆

博物馆文创产品开发的推陈出新主要是创意的年轻化、新鲜感和独立性。文创产品追求特立独行、独一无二，没有别的产品能够与之相匹敌，因此必须做好产品的创意开发工作。从纹样、材质、造型到元素运用，每一样都要严丝合缝、相互交融，这才算是一款优质创意产品。所以，创意是一项比较复杂而深刻的工作。一个好的想法与产品生产所需的元素全部完美融合是一件比较难的事情。市场上一些设计师出于数据、效果考虑，往往失去了锐意进取的气魄，总是在原有基础上进行再加工，许多创意产品能从其他产品上看到影子。相反，高校的设计团队还没有被市场同化，他们的目的比较单纯。设计出一款带有鲜明个性的产品，设计出一款引爆无数关注的产品，是他们的野心。博物馆与高校合作，利用高校的设计团队人才来进行文化创意，所生产出的文创产品自然带着一股热情和新鲜，设计造型别开生面的气息扑面而来。这种开发模式不易造成市场产品的同质化，有利于创意设计产品朝着多元化、个性化的方面发展。

4. 设计思维系统

高校设计团队并不是一个单打独斗的团队，与市场设计团队相似，它也是由若干个小组共同组成的，由一个或多个出色的专业教师带领。高校设计团队有一套属于自己的设计思维系统，这套设计思维系统帮助他们形成了一个创意设计闭环，提高了工作效率，成果显著。

面对一个设计主题，高校设计团队一般会分成四步完成整个创意设计。第一步，专业教师对文字资料和文物图片进行专题讲解和分析，与同小组的设计成员一起开展会议，在讨论中提取设计元素和设计亮点；第二步，组内各个专业的设计成员集思广益，针对所选取的文化元素和文化符号进行理解和定义，根据所要达到的效果进行设计草图绘制，专业教师会针对不同组别的草图进行对比分析、讲评看稿，从中挑选出符合文物主题、富有新意的设计草图；第三步，被选中的设计草稿将通过电脑操作来呈现出最终的实物效果图，整理一套从标志到产品的完整方案；第四步，与合作方——博物馆进行讨论、评估，博物馆将给出进一步的要求和建议，学生根据所给出的建议进行修改和完善，形成一套最优秀的方案加以落实。在整个过程中，由于高校拥有比较充足的设计资源，教师资源和学校资源被充分地挖掘和利用，所形成的设计方案不仅完善而且效率奇高。在专业碰撞和思想交流中，学生所设计的产品充满了创意。

"博物馆＋高校"的产品开发模式是以人才为中心的开发模式，非常重视设计团队在文创产品开发中发挥的积极作用，借用高校的新生力量来为文创产品补充活力，让博物馆文创产品开发拥有持续不断向上发展的动力，实现文创产品创意的可持续开发，打造新鲜活力、多元个性的博物馆文创产品市场。

（三）"博物馆＋企业"

博物馆文创产品设计开发可以分为两部分：一部分是设计开发，另一部分是生产。设计开发是重中之重，是产品成型的关键阶段；生产也不落其后，虽然不是核心部分，但是没有生产，产品也没办法落地销售。目前，一些博物馆采用自己设计开发、生产的模式；还有一些博物馆与其他企业合作，或者在设计端，或者在生产端，或者在销售端，或者全权委托授权，交给其他的生产商进行产品的生产和销售。相比较自产自销，"博物馆＋企业"是比较常见的文创产品开发模式，它做到了精细分工，明确了各自的责任和目标，解决了一些资源和设备的问题，提高了生产开发效率。

1. "博物馆＋设计型企业"

产品设计是博物馆文创开发的初始环节，没有样板稿件，产品无法成型。由于一些博物馆在资金上存在不足或者在设计资源上存在不足，他们会选择将文化资源进行授权，将创意设计工作外包出去，让其他的创意设计公司进行资源的开发和利用，设计博物馆文创产品，这就是"博物馆＋设计型企业"的开发模式，这种开发模式解决了创意动力不足和设计专业性不够的困扰。博物馆与其他企业不同，首先是一个大型的文物收纳馆藏，其次才是一个文创产品开发基地，难免在创意开发上能力不够。面对这种情况，博物馆将文化资源授权给专业的创意设计公司，和他们合作开发具有中华民族优秀传统文化特征的文创产品，不仅实现了资源的有效利用，而且提高了产品设计的专业度和创意性，一举两得。

2. "博物馆＋生产型企业"

博物馆文创产品设计开发一般要经历设计方案确定、产品打样、大货生产和投放市场四个阶段，其中大货生产一般交由其他企业来完成。大货生产是指利用专业的设备和材料进行打样产品的规模化加工和生产，这要求博物馆有自己的工厂、原料、加工人员和娴熟的技术。博物馆文创产业作为新兴产业还不足以具备如此规模，许多博物馆都做不到大货生产。这就有了"博物馆＋生产型企业"的开发模式，博物馆将生产权交给一些产品加工厂，让他们按照打样产品来进行批量化生产。这种生产模式帮助博物馆减轻了开发负担，保证了产品质量。与博物馆文创工作人员相比，生产商更了解生产市场，对于材料的把控、生产技术的了解和市场运营规律掌握得都比较到位，生产速度快，工作效率高。

3. "博物馆＋营销企业"

营销是博物馆文创产品设计开发要做的重要工作，营销工作做得好，文创产品才能美名远扬，文创产品所表达的文化内涵才能最大限度地被消费者所接受。博物馆文创产品设计开发是古代传统优秀文化在新时代的表现形式，用以满足人民的精神生活需求。这就意味着博物馆文创产品设计开发不仅是一份产品生产工作，还是一份内容生产工作。所谓内容生产，就是以内容输出为主，以获取流量为根本目的的博物馆文创产品营销。产品营销是一个较为复杂的运营体系，用户需求、市场调查、内容生产、平台投放、活动策划等都在运营体系范围内，工作庞大而复杂。博物馆文创产品要想实现声名远播，必须做好运营工作。但是，一些博物馆没有自己的专业运营团队，由于专业性的欠缺，运营效果不佳，文创产品无法在消费市场占据一席之地。基于此，"博物馆＋营销企业"的文创产品设计开发模式崭露头角，博物馆和一些经验丰富或者流量比较大的内容运营团队合作，针对文创产品策划营销内容和营销活动，让文创产品快速进入大众视野并抓住大众的目光，增强博物馆文创产品的曝光度，实现传统文化的深度传播。

以生产为目的的合作设计开发模式已经在博物馆文创产品设计开发中得到了广泛应用，是博物馆文创事业发展的加速器。"博物馆＋博物馆""博物馆+高校""博物馆+企业",与不同单位主体的跨界合作顺应了文化产业的发展需求,丰富了博物馆文创产品开发模式,使博物馆文创事业向着专业性、高效性和创新性的方向不断前进,推动了文创产业的进步与成长。

第四节 博物馆文创产品设计开发流程

博物馆文创产品设计开发并不是孤立的产品设计环节,它以时间为顺序不再完全等同于普通产品的设计研发,而是包括产品孵化和产品推广在内的串联式工作流程。博物馆文创产品开发流程与产品生命周期紧密相关。产品生命周期理论将一个产品赋予了生命体征,从进入大众视野大搜被市场淘汰是一个生命周期,而文创产品开发流程与整个产品生命周期息息相关,导入期、成长期、成熟期和衰退期,每一个发展周期都能窥见博物馆文创产品开发的一角。产品生命周期的观察与分析可以判断产业发展态势和产品流行趋势,这对于优化开发模式大有裨益。目前,博物馆文创产品开发流程具体如下(图5-3)。

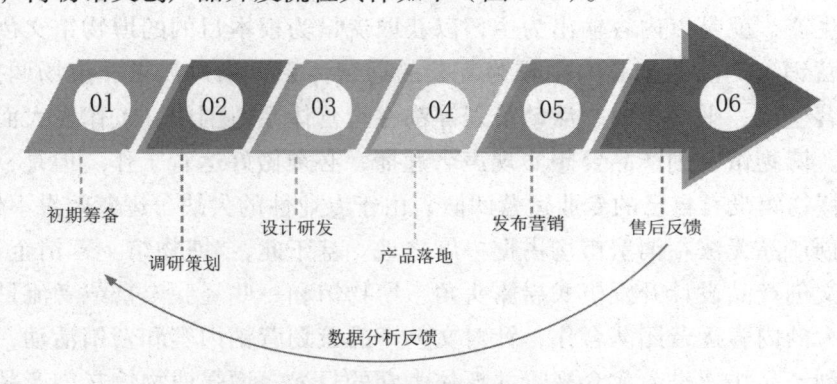

01 初期筹备
02 调研策划
03 设计研发
04 产品落地
05 发布营销
06 售后反馈

数据分析反馈

图 5-3 博物馆文创产品开发流程

一、初期筹备阶段

在博物馆文创产品开发当中,初期筹备阶段决定了文创产品是否可以开发，是博物馆文创产品整个开发流程顺利进展的基石。夯实初期筹备阶段工作，博物馆文创产品的整体开发才能高效、快速。相较于整个开发流程，初期筹备阶段时间最长，工作最为繁杂，主要是人事组织架构、完善工作制度和筹集开发资金等最基础、最重要的准备工作。

（一）人事组织架构

社会历史文化由人创造，人是社会劳动生产的主要力量。博物馆文创产品开发离不开工作人员的支持，做好人事组织架构，才能提高工作效率。博物馆文创产品开发是一个较为复杂的组织架构，文创产品开发部门、文创产品消费部门、数字技术开发部门、全网终端设备采购部门、管理与维护部门、博物馆文创产品信息资料搜集与管理部门、文创产品生产部门、文创产品营销部门、博物馆文创对外交流与合作部门、博物馆文创开发财务部门等，每个部门各司其职，这个庞大的博物馆文创产品生产机器才能高效运作。

因此，在初期筹备阶段，博物馆要做好文创产品开发的人事组织架构，分清楚领导层和被领导层，厘清每个部门的主要任务。只有这样，博物馆文创产品开发人员才能分工协作，部门才能明确自己的工作责任，聚集多方力量，实现博物馆文创产品开发的有序健康运行。

（二）完善工作制度

任何企业或者单位的工作都有一定的运行程序和规则，这是工作良序运转的基础保障。没有一个较为完善的工作制度，各部门之间的相互配合和合作就会缺乏内在逻辑和关联，每个部门就会变成相对独立的个体，各自完成各自的任务，而无法形成一个有机整体。因此，博物馆文创产品在开发的初级阶段应该建立一定的程序和规则，保证各个部门之间在规则范围内联结成一个整体，相互配合，提高工作效率。

要完善博物馆文创产品开发的工作制度，这是因为：①工作制度让事件发展变成标准化、程序化流程，员工在工作制度的帮助下能迅速掌握自己的工作技巧，让员工与员工之间、部门与部门之间、上级与下级之间产生有效沟通，降低工作失误率；②规范的工作制度加快了人才的培养速度，在一个相对公平、公正的工作环境中人才的积极性能够得到最大限度的激发。如何运用人才是一门技巧，人才是文创产品开发的内驱力，如果人才指挥不够得当，导致工作积极性难以发挥，这就会降低工作效率，造成工作环节上的失误，影响整个产品开发进度。所以，制定完善的工作制度是初期的基本工作，当有了一个可执行、可操作性的工作行为规范和奖惩措施，工作人员才能明确责任和定位，使整个工作流程更加科学和合理。

（三）筹集开发资金

资金的多少在很大程度上决定了博物馆文创产品开发的优劣，资金管控着博物馆文创产品开发的许多关键环节，如创意人才经费、产品生产经费、市场营销经费等。如果这些费用问题得不到确切的解决，博物馆文创产品的整个开发流程将寸步难行。因此，筹集开发资金是初期筹备阶段的重要工作，博物馆财务部门需要对文创产品开发所需的经费进行预算，核算出一个大概成本并向上级部门进行申报，申请政府的专项拨款。除了政府支持以外，筹措资金的来源还包括吸收社会资金和拓宽经费筹集渠道等方法。当有了开发资金之后，博物馆财务部门还需要制定经营与财务监管措施，完善绩效考核制度，实现资金的专项专用，让每一笔资金都发挥最大价值。

初期筹备阶段相当于建筑的地基夯实阶段，打好地基，建筑才能牢固可靠。所以，博物馆文创产品开发要分外重视初期筹备阶段的准备工作，搞好人事组织架构，完善工作制度，做好开发资金筹集工作，让后续工作在一定的框架和体系中良性运转。

二、调研策划阶段

市场调研是博物馆文创产品开发流程中比较重要的环节，对产品设计意义重大。博物馆文创产品以用户需求为中心，产品最终要进入消费者手里，而迎合用户需求的产品就必须经历市场调研，掌握科学数据和信息，从而找到产品设计思路和理念。因而，调研策划阶段是产品孵化前期的具有前瞻性的工作环节，它以市场、消费者和产业的内在关联和规律为中心搜集资料，找到市场、消费者和产业的平衡点，从而找到设计思路。关于市场、消费者和产业的调研，主要集中在产品定位、市场定位、品牌定位和客群定位几个方面，根据方向定位确定产品设计主题和概念，得到开发价值高和技术可行性强的产品设计项目。

（一）产品定位调研工作

产品定位是一款产品在设计之初或者营销推广阶段利用广告宣传、内容生产、短视频传播等营销手段在消费者心中留下产品形象的过程。在博物馆文创产品开发过程中，调研策划阶段的产品定位调研工作是对目标用户所购买的同类型产品的分析，通过市场上已经出现的类型产品来反向分析产品的形象和内涵，找到产品设计之初的定位和方向，从而发现消费者的内在需求和产品偏好。充分的产品定位资料可以帮助设计者找到用户的需求点和用户所偏好的产品设计元素，为产品设计做好资料准备工作。

（二）市场定位调研工作

市场定位分为对现有产品的再定位和对潜在产品的预定位，文创产品开发初期的市场调研阶段主要研究对现有产品的再定位，通过分析竞争者的现有同类产品在市场中所处的位置，分析消费者对产品的某些特征和属性的偏好程度，从而分析产品在市场上的定位。在市场定位调研工作中，设计者就会发现目标市场上消费者欲望满足程度如何和不足之处，从竞争者的市场定位中发现消费者的真正需求和设计师应该做什么。当这些资料形成系统的研究结果时，设计师就可以有目的地寻找文创产品开发所需的文化资源和符号元素，提高产品开发价值。

（三）品牌定位调研工作

品牌定位是针对产品品牌而言的，主要在于打造品牌价值。品牌定位的载体是产品，通过产品来表达企业主张和文化内涵。博物馆文创产品在市场化的过程中逐渐形成了自己的品牌定位，每一件文创产品都集中反映了博物馆的价值观、风格和品位。因此，掌握博物馆文创产品的品牌定位对设计师来说是非常重要的，搜集相关信息，分析和界定市场上博物馆产品的品牌形象和品牌定位，有助于避免同质化问题，从中找到符合自身文化特征和适合消费者个性需求的品牌形象，定下产品的基本调性。

（四）客群定位调研工作

客群定位也叫作目标客群画像，是会购买厂家所生产的产品的消费者标记。做好客群定位调研工作，设计师就可以得到一幅较为完整的用户画像。客群定位调查一般从人口特征、社会特征、个性特征和文化特征四方面分析。

人口特征包括年龄、性别、种族、所在地；社会特征包括经济收入、社会地位、工作职业、家庭特征和生活方式；个性特征有冲动、保守、沉稳、冷静等；文化特征包括兴趣爱好、教育水平、民族文化、小众流行等。

由此可见，客户群体定位调查是一个多维度的数据搜集与分析工作，对设计师构建消费者需求画像大有裨益。根据客户群体定位调查数据结果，设计师就可以从地域文化、流行文化、传统文化中找到创新融合的创意点，设计出具有大众审美特征的令用户满意的文创产品。

总之，调研策划是以人为本进行文创产品开发的基石，做好调研策划工作，文创产品的良性开发就有了基本保障（图5-4）。

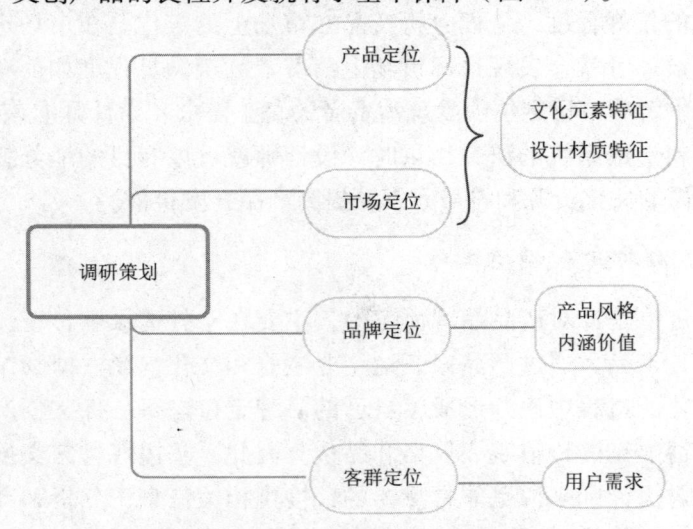

图5-4 调研策划的基本框架和结果导向

如图 5-4 所示，从调研策划的基本工作，即产品定位调研、市场定位调研、品牌定位调研和客群定位调研可以看出，调研策划的结果是为了得出符合市场需求的文化元素和设计材质特征，确定产品风格和价值内涵，发现用户的基本需求，以便于从结果导向去设计、开发文创产品。所以，调研策划对于后续的设计研发具有指导意义。

三、设计研发阶段

（一）设计研发阶段的基本内容

设计研发阶段是整个博物馆文创产品开发的重中之重，直接决定了文创产品的市场销量和产品优劣。设计研发阶段并不是单纯的设计工作，它是一个活动流程，包括拟定详细计划表、控制设计活动、设计产品造型、设计产品包装等活动，旨在将前期策划所得出的结果目标转化成文化元素和产品造型，得出一个基本的产品样本。

当然，除了这些与设计直接相关的流程，设计研发阶段还包括服务于设计开发工作的一些内容，包括构建经营、设计、人事等组织架构，厘清各自的责任和工作，固定设计流程，制定工作规范，确保设计阶段的工作达到规范化、标准化、协同化效果，从而提高工作效率，设计出优质的产品样本。

（二）设计研发阶段的工作流程

每个阶段的工作都有一定的主次和先后顺序，抓住主要矛盾并加以解决，工作才能出奇制胜，超出预期效果。因此，设计研发阶段的工作并不是同时进行的，而是有一定先后顺序的工作，要确保设计研发部门能够得到最好的工作辅助服务，为研发部门的工作保驾护航。设计研发阶段的基本工作流程如图 5-5 所示。

首先，建立部门的人事组织架构；其次，确定工作内容，制定工作制度；再次，设计部门准备研发工作，拟定研发计划表；最后，展开设计活动，包括确定文化主题、提取文化元素、选定产品材质、设计产品包装、设计产品造型等。

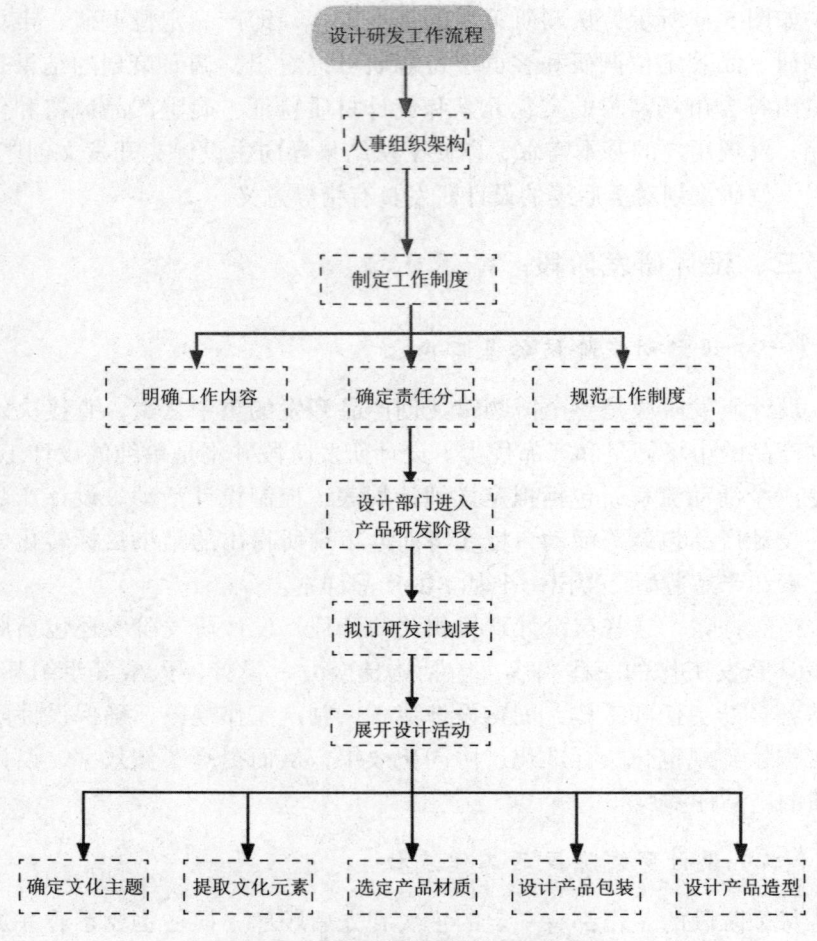

```
                    ┌─────────────────┐
                    │  设计研发工作流程  │
                    └─────────────────┘
                             │
                             ▼
                    ┌─────────────────┐
                    │   人事组织架构    │
                    └─────────────────┘
                             │
                             ▼
                    ┌─────────────────┐
                    │   制定工作制度    │
                    └─────────────────┘
                             │
          ┌──────────────────┼──────────────────┐
          ▼                  ▼                  ▼
   ┌────────────┐     ┌────────────┐     ┌────────────┐
   │  明确工作内容 │     │  确定责任分工 │     │  规范工作制度 │
   └────────────┘     └────────────┘     └────────────┘
                             │
                             ▼
                    ┌─────────────────┐
                    │   设计部门进入    │
                    │   产品研发阶段    │
                    └─────────────────┘
                             │
                             ▼
                    ┌─────────────────┐
                    │  拟订研发计划表   │
                    └─────────────────┘
                             │
                             ▼
                    ┌─────────────────┐
                    │   展开设计活动    │
                    └─────────────────┘
                             │
   ┌──────────┬──────────┬───┴────┬──────────┬──────────┐
   ▼          ▼          ▼        ▼          ▼
┌───────┐ ┌───────┐ ┌────────┐ ┌────────┐ ┌────────┐
│确定文化│ │提取文化│ │选定产品│ │设计产品│ │设计产品│
│ 主题  │ │ 元素  │ │ 材质  │ │ 包装  │ │ 造型  │
└───────┘ └───────┘ └────────┘ └────────┘ └────────┘
```

图 5-5　设计研发阶段的基本工作流程

（三）设计研发阶段的工作意义

博物馆文创产品是否能体现文化内涵，是否能传递价值观念，是否能够被社会大众所接受，这些全部取决于设计研发阶段的工作成果。设计研发阶段的工作决定了博物馆文创产品的商业价值、教育价值和文化价值，是文化思想、价值理念、品牌风格具象化的途径。因此，博物馆文创设计研发阶段的工作意义非凡，它是文化理想奔向社会现实的渠道，是优秀传统文化照亮大众生活的途径。

四、产品落地阶段

产品落地阶段是博物馆文创产品的"预着陆"阶段,是文创产品设计概念得以具象化的实践阶段。该阶段的主要工作是与制造厂商沟通,包括寻找合适厂家、讨论制作费用、确定产品生产数量、敲定产品生产周期和解决产品材质问题等。当制作厂商与博物馆方面共同制定出一份合作的生产方案之后,制作厂家就会着手制造样品,如果样品符合预期,产品就会进入批量化生产阶段。所以,产品落地阶段是博物馆文创产品打样、质检和成型阶段。

产品落地阶段主要解决两个问题:第一,找到符合预算成本的高质量生产厂家;第二,解决实际生产中遇到的一些问题,制作出优质文创产品。产品落地阶段是整个文创产品开发中不可或缺的环节,为产品质量保驾护航。

五、发布营销阶段

发布营销阶段是由产品发布和产品营销两部分组成的、是博物馆文创产品开发的"重头戏",直接决定了一款产品所带来的流量和社会影响力。如果说产品设计阶段是产品"爆火"的根本原因,那么发布营销就是产品"走红"的直接原因。

发布营销阶段可实现产品到货币的飞跃,做到产品到文化的升级。在新品刚进入市场的时候,没有一定的营销酝酿和活动造势,新品很快就会被其他注重产品营销的创意产品所覆盖,失去生命光彩。营销发布阶段由此而来,营销发布阶段的工作主要是关于产品推广渠道、产品推广方式、产品销售概念以及产品盈利方式的策划工作,帮助文创产品找到符合气质的传播、销售方式,使其快速在市场中崭露锋芒。

目前,针对博物馆文创产品的营销工作以内容传播矩阵和线上线下营销活动为主。内容传播矩阵如图5-6所示,是指以产品内容为中心,建立官方网站、微信公众号、微博、抖音、KOL直播等博物馆文创产品头部流量平台矩阵,形成多维度的意见领袖传播体系,快速获取市场流量;线上线下营销活动是指制定一系列与产品相关的线上和线下体验活动，利用互联网平台的 N 次传播效应来为产品造势，让受众对产品产生好奇心，从而了解产品，为最终下单购买做准备。内容传播矩阵与线上线下活动相辅相成，互通有无。产品内容是线上线下文创活动的一种表现方式，线上线下活动也需要借助内容传播矩阵平台来进行活动输出，二者之间相互配合，博物馆文创产品营销效果才能达到最佳状态。

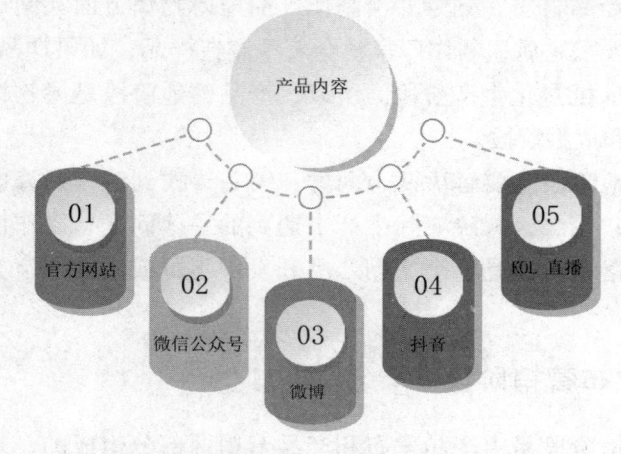

图 5-6　博物馆文创产品内容传播矩阵

可见，设计研发和发布营销是博物馆文创产品开发的"两驾马车"，二者共同拉动了博物馆文创事业的发展，决定了文创产品投放市场的最终命运。设计研发是内驱动力，发布营销是外驱动力。发布营销直接决定了文创产品的传播效果，直接影响文创产品经济价值和社会价值的实现。

六、售后反馈阶段

受互联网经济的影响，做好服务工作已经成为各行业商家的共识。同时，也因为互联网消费方式的作用，消费者特别重视产品服务体验，服务感受在产品评分中占据很大比例。基于这种服务意识，售后反馈成为博物馆文创产品开发中的一环。创意开发人员会对营销结果进行"复盘"，分析内容包括营销传播效果、销售成果、用户消费体验、产品体验感受等，通过综合分析来回顾整个开发过程，发现产品开发过程中存在的问题，优化开发流程和开发工作，查漏补缺，为后续新产品的优质开发夯实基础。售后反馈阶段起到的是承前启后的作用，可以优化博物馆文创产品流程，实现博物馆文创产品的可持续开发。

第五节　博物馆文创产品设计开发方法

　　事物的发展都遵循一定的规律，博物馆文创产品开发也有自己的法则和规矩。文化产品和创意产品的开发方法在博物馆文创产品开发中同样适用，除此之外，博物馆文创产品开发还有自己的特殊性。总结下来，产品设计师需要以文物元素为依托，以创意为解码手段，将自己的认知、思想和见识通过发散性思维、创造性思维表现到产品设计中，制造出具有文化元素符号特征的具象创意产品。

　　近几年博物馆文创设计开发到达高潮期，无数的创意产品出现在社会生活中。针对博物馆文创产品开发的特殊性，有学者对这些琳琅满目的产品进行了理论研究与分析，从产品自身的独特性中找到了一些共性。这些共性特征就是博物馆文创产品开发要遵循的基本方法。目前，博物馆文创产品设计的基本方法一共有四种：体验式设计、装饰性设计、骨架式设计和意蕴式设计。

　　（1）体验式设计是从用户情感体验角度出发进行设计的，以交互性作为设计的原则，强调产品与消费者之间的某种互动体验。体验式设计是未来产品开发中非常重要的开发方法。

　　（2）装饰性设计是大部分产品经常使用的设计法则，是一种提炼文化元素、将文化元素与产品外观巧妙融合的设计法。

　　（3）骨架式设计突出产品造型，利用简单、形象、夸张的文物外形元素来塑造产品，让产品的外形与产品的功能完美融为一体。

　　（4）意蕴式设计与意向联系紧密，这种设计方法要求设计师具有隐喻表达能力，能够将文物的深层文化内涵通过意象呈现到产品外观造型当中，传递文化价值和思想概念。

　　另外，形态转化法和故事转化法也是比较成熟的博物馆文创产品开发方法理论。形态转化法是指形象化处理文物的外形,将处理所得的要素整体或者局部运用到产品外观设计中,借用文物的外形、细节、意象元素、色彩等所表现出来的创意点,将创意点转化成具体的功能性产品。故事转化法是利用古代文化中所涌现出来的丰富故事来找到文创产品开发灵感,将故事转化成文化符号或者文化意象,借助这些文化符号和意象来进行产品设计与开发的一种突出文化内涵的设计方法。

综合这两套比较常用的产品开发方法理论,有人从中看到了一些共通性的特点,如表象、符号、意境、体验、功能等,由此探讨出了一套更加精准、细致的设计方法理论。

一、元素提取设计法

元素提取设计法是文创产品设计与开发中经常提到的一个短语,是博物馆文创产品设计中普遍且广泛应用的一种设计方法。元素提取设计法的根本要义在于提炼原型中最具辨识度的元素,包括且不限于色彩、纹样、图案、整体造型和局部造型,将元素刻印、绘制在创意产品中并将其当作最大的亮点和卖点,以此来增加创意产品的文化属性和艺术附加值,使其变成一件具有审美价值的实用性产品。元素提取法在提炼元素时一般采用三种原则:整体提取原则、局部截取原则和元素解构原则。

(一)整体提取原则

整体提取原则是一种微缩处理原则,即将文化器物的全部造型样态按照一定的比例缩放处理,把三维的造型变成二维的图样,将整体图样创新性地运用到产品外观设计中。整体提取原则主要应用在具有整体转移嫁接特性的功能性产品品类设计中,如明信片、壁纸、拼图、考古盲盒等。同时,占据博物馆文创产品一定比例的文物复刻品也采取整体提取原则进行开发与设计。

(二)局部截取原则

局部截取原则运用最为广泛。在创意产品开发中,局部截取是对文物的纹饰图案进行部分选取,将部分文化符号创造性地融入产品的整体造型当中，画龙点睛。虽然与整体提取相比，局部截取在文化信息传达上不够准确和完整，但是这种开发方法更具有创意活力，能够准确体现产品的个性和特点。例如，故宫博物院出品的故宫鸿运锦鲤饰品，锦鲤项链和锦鲤耳钉都以锦鲤造型为主元素，搭配古典花窗形状，造型独特，意蕴深远。这套饰品就是采用了局部截取原则，设计师以青花矾红彩五鱼纹高足碗为文物原型，部分截取了文物中最突出、最亮眼的文化意象——锦鲤，以锦鲤作为文创产品造型的主体，又灵动地将古代花窗艺术造型中的边框外形提取出来，巧妙地与锦鲤造型搭配，通过两个局部截取的元素，创造性地产出了这款鸿运锦鲤饰品，既好看，又寓意好。

当然，局部截取原则对设计师的文化底蕴和创意输出功底有一定的要求，设计师需要了解文物背后的信息资源，了解文物的前世今生，还需要具备审美能力和辨识能力，能够从众多文物中找到具有开发价值和美学价值的文化元素，用以创造性地设计产品装饰，提高产品的审美性和创新性。再回到故宫博物院出品的这款故宫鸿运锦鲤饰品上，如果设计师对青花矾红彩五鱼纹高足碗不够了解，不知道锦鲤是富贵、祥瑞的象征，又或者不了解花窗文化，那么两种元素就不可能融合，这款简单大方、精致复古的饰品也不可能出现。所以，局部截取原则是创意的体现，是创意产品不断推陈出新的制胜法宝。

（三）元素解构原则

元素解构原则近些年也越用越多。元素解构原则是通过解读原型的文化内涵来提取相对应的文物元素，结合产品功能和外观造型进行重组的一种设计原则，是设计要求更高的装饰手法。元素解构原则通常用于这种情况：某件展品可能有两处以上的标志性外观特征，而产品限于造型和大小无法展现全貌，仅截取部分图案也不足以诠释展品的独特文化艺术价值。

除了一件文物的多元化解读外，元素解构原则还经常被用来开发两件或者两件以上彼此之间有一定关联的文物展品的创意产品设计，提取不同文物中相似或者有内在联系的多个元素符号，通过对文物的文化解读来赋予产品一个开发主题，将所提取的这些元素进行拼接、重组来表现产品文化主题，让产品秀出概念风采。例如，上海博物馆出品的博物"奇"趣系列胶带，设计师以大克鼎为设计原型，将文物中的图案、纹饰进行解构与重组，提取标志性元素和符号，充分展现中国青铜文明，将青铜所带有的庄严、权威感用现代化轻松的审美形态传递出来。除此之外，服装、背包、配饰等也常用元素解构原则进行设计。

元素提取式设计法虽然运用简单、可操作性强，但在实际设计过程中要特别注意文物原型和产品契合度的问题。通常情况下，这种设计方法适用于装饰性较强的服饰、彩妆、首饰、配饰、文具等类型产品的设计，是一种平面化的设计方法。因此，设计师在采用元素提取法选择和提炼文物元素之前要对所要设计的产品品类进行定义和分析，明确产品类型。

关于元素提取法，提取哪些文物的元素也很关键，设计师要对文物选择有一定的敏感度。就目前来看，元素提取对象有三个特征：①原型属于明星展品，辨识度高，带有展馆的独特魅力和风情；②文物本身具有较突出的美感和视觉冲击力，一般是美术性质的展品，如色彩鲜明的画作、纹饰独特的器物；③选择与设计产品本身性质相契合的展品原型，尤其是材质、颜色、风格等与文创产品接近或一致。例如，罗塞塔石碑这种偏厚重、神秘的展品，其气质与硬性产品相符，可以用来开发盘子、杯子等产品。

二、功能融合设计法

功能融合设计法是以人体工程学和用户心理学为理论指导，以产品功能需求为中心，将博物馆展品的文化符号和造型元素以简化、夸张和奇异的形状表现，造型与功能浑然一体的设计方法。这种设计方法很容易让人联想到文物原型，但是又不会有硬拼或强贴的生搬硬套之感。

功能融合设计法从元素提取式设计法中延伸而来，带有元素解构属性。与元素提取设计法不同，功能融合设计法看重立体塑形，侧重整体框架设计，基于一个基本框架来填充元素和图形，完全服务于产品功能。这种元素转码设计类似于骨架式设计法，既要保证产品的功用性，又要突出产品的文化性。

功能融合设计法对设计师理性思维和创新思维有所要求，产品设计要在功能合理、方便的基础上不落俗套，又要让人能够联想到产品所表现的文物原型，实现传统文化的输出与推介。

功能融合设计法一般用于家具产品的开发设计，设计师要对用户需求做全面了解，包括生活需求和审美需求。生活需求是指产品要符合用户的使用习惯，产品的功能细节设计到位，满足用户的使用体验；审美需求是从设计造型的角度来讲的，外观、颜色和图案等要具有潮流感，符合用户的美学要求。例如，故宫博物院出品的清明上河图纸雕灯，设计师将清明上河图的图案用激光雕刻工艺变成立体光影，采用特别的设计角度来多层叠加轮廓，制造立体光影，凸显产品的轮廓美，此为艺术审美之一。艺术审美之二是设计师将电源线接在镜框的背面，夜晚灯带一亮，就是一幅古色古香的清明上河图夜市闹景，温馨又浪漫。除了细节处理到位，极富美感以外，设计师还考虑到用户使用习惯，在镜框上做了特别处理，让摆放和陈列更加灵活便利。又如，故宫·紫禁花语茶具套装，该产品选择宋代《牡丹图》页、清代点翠花蝶纹头花、民国《缂丝荷花青蛙图轴》中的花卉、昆虫元素，将这些元素巧妙融合。在产品大框架建构的过程中，设计师有意保留了文物中的点翠、累丝、珐琅等工艺特征，将这些特征巧妙地与壶身的简约半球造型融为一体，富有层次意趣，营造祥瑞、喜庆意境。除了在工艺美感上有巧思之外，设计师还非常注重人体工程学在设计中所发挥的作用，特别为用户考虑，茶壶设计非常贴心。茶壶握手的弧度和宽度正好符合人体的手型大小，方便把握和冲泡；茶壶壶身加入了茶水分离装置，便于清洗；茶盖和茶杯都配有硅胶套，防烫防滑，茶杯套底部还做了细节处理，刻画了一条小金鱼，用户喝水的时候就能看到一条活灵活现的金鱼，活泼可爱，能获得美好的情感体验。

总之，功能融合设计法是开发强调实用性和功能性产品的必用方法。设计师在采用这种方法时要注意产品细节把控，文物元素要与产品的功能感造型完美结合，让受众在体验产品功能的同时感受到产品所散发的文化魅力，做到"美"和"用"的极致。

三、意境传达设计法

意境传达设计法是概念式产品设计法，强调产品的文化属性和艺术表达，功能性有所弱化。这种设计方法是让博物馆文创产品讲述中国故事的设计法，备受博物馆文创管理人员推崇。意境传达设计中的意境是设计的不二法门，意境是中国传统美学的灵魂所在，隶属于传统艺术审美范畴。中国的文人骚客经常运用意境进行情感的含蓄表达，以触发读者或者观者的情感，达到共鸣。结合古诗、字画，意境就是意象所营造的情境和氛围。作为一种审美想象，意境打开了一扇心灵沟通的门，门内都是交心之人或者同病相怜之人。总之，意象所营造的意境能够实现人与人之间的情感交互。所以，意境是一种非常好的艺术表达，此时无声胜有声。意境传达设计法就是抓住了意境的艺术特性，通过隐喻、暗喻等艺术表现手法，将意象元素与产品造型相结合，含蓄而内敛地表达某种概念或者情感思想，试图让消费者心领神会。

意境传达设计法是比较难的一种创意产品设计法，它要求设计师有较高的文化素养和审美素养，深入把握文物所传递的感受，解读文物背后的故事和文物作者的心境，抓住文物的形与神。在此基础上，设计师要结合自己的理解将文物造型与文物神韵通过现代化手法表达、传递给购买者，让购买者为之驻足，为之着迷，深陷其中无法自拔。如果设计师对文物的理解停留在浅表层，所设计的产品就会令受众完全看不懂。所以，意境传达设计法非常考验设计师的文化功底和艺术情调。设计师需要不断充实自我，把博物馆当成自己的第二个工作室，深扎稳扎文物研究工作，学习文物背景知识，探究文物造型的每一处细节。只有这样，设计师才能对文物元素信手拈来，通过意象化表达，营造某种与文物共鸣的意境，借此让受众穿越时空，回到那个时刻，从而掌握其文化内涵，了解其文化历史。

例如，故宫博物院设计的玉兔望月耳饰。这款产品的灵感来自北京故宫馆藏品《桂花月兔图》扇页，抓住了玉兔望月所营造的意境。在古代，月亮这一意象经常出现，"望月方娥，瞻星比媛"，望月代表着思念之情。玉兔望月则象征着爱情，借后羿和嫦娥的故事表达爱的诚心和爱的渴望。

设计师以抬头望月的兔子为文化符号,将兔子、竹林、浪花等意象符号巧妙地融入整体元素设计结构当中,营造了竹林中,海浪声声,一只玉兔望向皎洁的月光的场景,凄美之感跃然而出,表达了设计师对爱情的美好希冀。

精巧的设计令产品光彩熠熠,消费者也感受到了"愿明月长悬耳畔,天涯共此良辰美景"的美好情感的期盼。又如,故宫博物院出品的我佛香插创意香具,以馆藏陈展的隋朝白石佛像为设计灵感。设计师萃取和简化了文物形态,将现代潮流装饰感融入繁杂的纹理当中,同时利用非物质文物遗产剪纸艺术来营造光影感,塑造三维空间,营造星河流转、宇宙恒定之感。值得一提的是,设计师在顶端做了反光设计,刻意制造观者与佛像凝视的效果,表达了一种自我即宇宙的哲思。

四、情景复原设计法

情景复原设计法是以"传统文化飞入寻常百姓家"为目标的现代生活场景,透着古风雅韵气质的设计方法。该设计法的灵魂是将古代文化元素与现代文化元素创意融合,创意产品作为古今对话的桥梁发挥文化传播效果,让人深层次理解和认知文物。所谓情景复原设计法,是指设计师运用复制、微缩、放大或改变功能等手段,将衔接古今的文物在今天以情景再现的方式呈现在大众面前,让古代文物有机融入现代生活,延续文物的使用功能,让文物重新焕发生机活力。

目前,基于是否改变传统文物功能的设计点,情景复原设计有以下两种。

(一)沿用文物功能的情景复原设计法

沿用文物功能的情景复原设计法以仿制为主,文创产品有着与原型一样的外观造型和应用功效。这种设计法就是要情景再现,实现沉浸式体验。消费者在使用这类产品的过程中会有强烈的历史代入感,仿佛就生活在文物所产生的那个时代。该设计法主要应用于家具生活产品的开发,沿用原有功能。例如,北京故宫博物院出品的岁朝图。该产品直接复刻清代乾隆御笔亲画的《岁朝图》，利用高精技术仿真，再现原作细节，确保产品与原作神韵风貌接近。其在功能上也延续了原型的装饰和观赏功用，作为家居装饰品重新焕发生机。受众通过仿真画作就可与作者"对话"，深度理解作品。

（二）改变文物功能的情景复原设计法

改变文物功能的情景复原设计法，顾名思义就是保留文物原型，改变实用功能，让传统文物更好地走进现代生活，增加传统文化传播的广度和深度。例如，故宫博物院设计的产品年华德化瓷香薰炉，该产品的原型取自石海哨，故宫栏杆望柱头的样式之一。设计师以原型为样本进行了产品外观采样，结合香薰炉的实际功能对造型稍做改动，莲包顶部的气孔挪到了莲瓣周边，将御敌警示功能变成了香薰功能，其他保持不变。外表设计成莲瓣形状，莲瓣表面刻二十四道纹路，象征二十四节气，寓意国泰民安。

五、互动体验设计法

博物馆文化创意产品是一种情感体验性的文化艺术产品，情感是文创产品的主要卖点之一。情感是受众与产品进行深度交流的纽带，是受众感受文物文化故事的通道。一个有情感的产品能够让用户对它产生依赖。随着数字科技与文创产品的结合，情感在文创产品中的地位得到了进一步提升，情感交互成为文创产品开发的一大目标。为了让用户得到最佳的用户体验，文创产品设计有了新方法，即互动体验设计法。互动体验设计法是指以情感体验为中心，以数字技术为手段，挖掘文物的文化元素符号，设计与之相关的互动场景产品，让用户在体验中交付情感，在体验中积累文化知识，在体验中获得生活乐趣。

互动体验设计法所设计的产品趣味性高，以游戏类场景为产品的主要形态。例如，故宫博物院官方网站设计的情景小游戏"宫门关""曲水流觞""皇子的课表"等，可使游戏者在不同游戏场景中学习文化小知识。由于好奇心的驱使，游戏者增强了探索欲，获得了成就感。除了小游戏以外，互动体验设计法还要求设计师以用户为第一视角进行产品开发，增强用户的代入式体验感。例如,北京故宫博物院官方微剧场《故宫大冒险》,设计者有意突出第一视角,让体验者成为主角,将其带入情境,深刻体验历史,掌握历史文化知识。又如,利用 AR/VR 技术开发文创产品,用户通过一副现实增强眼镜就可以畅游虚拟世界,获得沉浸式体验。

互动体验设计法是未来文创产品开发的重要设计方法。设计师要重视互动体验设计法,掌握其要领,为设计出创新性文创产品而服务。

第六章 博物馆文创产品设计开发思路

第六章 博物馆文创产品设计开发思路

博物馆文创产品的设计过程是一个转化过程，将文化元素和文化符号转化为经济价值和文化价值。转化的过程就是博物馆文创产品开发设计的过程，该过程大致分为五个方面：确定产品原型、明确设计理念、寻找设计载体、总结设计特征、进行设计实践。

第一节 确定产品原型

一、产品原型及价值作用

产品原型是产品面市之前的框架模型，是产品设计方案与产品设计需求的具象化表达，是与其他相关人员沟通的依据。产品原型一般包括产品轮廓布局、产品功能和相关说明。根据使用场景不同，产品原型可以分为手绘草图、低保真原型和高保真原型。当产品原型出现之后，设计师就能够对产品有一个整体的综合性把握，便于产品视觉设计与功能开发。除此之外，一个可触摸、可操作、可交互的产品模型有助于设计师直观感受产品，从而产生一个比较高效的产品需求评估，减少后继需求变更与调整，确保后续流程顺畅、高效。

产品原型是产品的基础，是产品视觉设计、功能开发和产品需求更改的依据。只有确定好产品原型，博物馆文创产品设计才不会产生方向性的错误，确保生产出符合用户需求、功能需求和审美需求的高质量文创产品。

二、确定产品原型的过程

（一）明确原型用户

一个产品是如何出现的？产品的出现来源于用户的需求，用户需求是产品产生的根本原因。用户是谁？用户在什么场景中应用产品？用户要获得怎样的产品体验？这些都是产品设计需要解决的问题，当解决掉这些问题后，产品原型就会出现。因此，确定产品原型的前提是明确原型用户，以用户为中心进行功能需求、审美需求、应用需求的了解。掌握用户需求之后，根据需求结果来设计产品原型。

关于产品使用者的数据调查与分析，博物馆文创开发部门一般会采用大数据来完成，数据信息采集一般包括以下几个方面。

1. 确定用户目标范围

博物馆文创产品的用户一般定位成"90后"和"00后"，即以新时代人群用户为主，新时代人群是博物馆文创产品的主要消费人群，也是未来很长一段时间内文创产品的生力军。把产品原型的使用用户确定在这个范围内，就能够保证所生产的产品被大众所关注。关注度是一款产品成为爆款，成为引流工具和打造博物馆知名度的根本所在。获得关注度，产品的生命才鲜活有力。所以，将目标用户锁定在新时代人群内比较合理和科学。

2. 确定用户使用场景

使用场景在很大程度上决定了产品的功能，如果一款产品的使用场景是客厅茶几的摆设位置，那么产品的主要功能就是审美功能；如果一款产品的使用场景是客厅茶几的蔬果、果盘摆放位置，那么产品的主要功能是收纳、承装功能；如果一款产品的使用场景是客厅茶几旁边的垃圾位置，那么产品的主要功能就是收拾垃圾。所以，设计师要应用大数据采集产品场景应用的数据，了解用户的场景需求，根据场景需求来明确产品的实用功能和审美功能。

3. 确定用户体验需求

一款产品要给用户提供什么样的体验取决于用户需要什么样的体验感受。例如，用户想要获得快乐，产品就要增加趣味性；用户需要沟通，产品就要增加交互性。用户的体验需求来自用户既往所购买的产品，博物馆文创部门需要用大数据去搜集相关购买的产品信息和用户使用反馈信息，将这些信息进行整理和提炼，从中发现用户的体验需求，从而增加相对应的产品体验感，满足用户体验需求。

围绕用户目标范围、用户使用场景和用户体验需求，大概就能确定用户的基础画像。当有了用户基础画像之后，设计师就要对产品进行品类定义，进一步明确产品的区域人文、消费人群、社会背景和品类范围。

（二）进行产品品类定义

产品类型是产品原型设计的重要组成部分。当确定好产品类型之后，产品设计的工作范围将进一步缩小，控制在造型属性、功能属性和内涵属性上。如何进行产品品类定义？根据原型用户调查所得出的数据，设计师会对需求用户进行大致分类，锁定头部用户的使用需求，并根据其需求来确定产品的类型。例如，用户的使用场景是办公室的工作会议记录，而体验需求是获得一定的美好心情和成就感，那么，结合使用场景和体验需求，设计师就可以把产品的品类初步定义为具有一定美感的文具。

当根据用户使用需求初步确定产品类型之后，设计师就要对消费人群做进一步分析，更加明确消费者的产品需求，再次缩小产品品类范围。继续沿用上个例子，设计师将产品初步定义为具有一定美感的文具之后，下一步的工作是继续对消费人群进行分析，从消费者的既往购买经验和消费体验数据判断出消费者所需要的产品类目。假如消费者经常购买胶带，那么根据这一需求，设计师就可以把产品类型确定为文具类中的贴纸胶带。当明确产品的类型之后，设计师就可以根据产品类型进行产品功能分析，确定产品的基本功能。

（三）组织产品功能分析

产品功能分析是确定产品原型的重中之重。产品功能包括实用功能、象征功能和审美功能三部分，每一种功能都与产品外形、颜色、图案、纹样等的设计与选择息息相关。确定了产品功能，基本就确定了产品原型。产品功能的分析与产品品类定义和产品用户需求分析密切相关，产品类型决定了产品的实用功能。而用户需求和用户画像对产品的象征功能和审美功能有所影响，如一个高级白领和一名家庭主妇在服装上的审美需求就也有所差别，高级白领的工作场合比较正式，服饰审美要求比较偏商务通勤风，剪裁得当；而家庭主妇的主要活动场所是家庭或商场，她们的服饰穿着审美就比较多元化，或轻松，或活泼，或田园，或简约，随心情搭配。

因此，产品功能分析要从产品类型和用户需求两方面入手。一方面分析产品类型，以美感文具为例，产品类型锁定为贴纸胶带以后，设计师就可以确定 DIY 手账就是贴纸胶带的主要功能。以 DIY 手账为产品的实用功能，设计师就可以确定产品所涉及的元素，包括外形、颜色、图案、纹样和材质五方面。另一方面分析用户需求和用户画像，经常购买贴纸胶带的用户会选择什么风格、什么颜色、什么图案的产品，设计师根据市场大致走向就可以判断出产品的基本审美取向和风格，这有助于设计师对产品图案、纹样、颜色等的选择，从而确定产品的象征功能和审美功能。当产品的应用功能、象征功能和审美功能大致确定之后，设计师就可以根据设计理念，寻找设计载体，进行产品的设计实践。

第二节　明确设计理念

设计理念是设计师在进行产品设计与构思时所运用的主导思想，好的设计理念赋予产品独特的风格和个人韵味。设计理念是设计精髓所在，一款产品优秀与否取决于设计理念。博物馆文创产品是综合艺术性、审美性和文化性而投放于市场的商品，由于它并非一件单纯的满足受众使用要求的商品，设计除了要注重工艺精良以外，还要注意审美观念和核心概念的确定。因此，博物馆文创产品是制造业的艺术化和人文化，就像一个知名品牌会赋予品牌故事和概念一样，博物馆文创产品也要将文化内涵深植产品之中，让产品能够输出个性精神和文化品位。因此，博物馆文创产品的开发需要有一个比较明确的设计理念，以设计理念为准绳，提取文化元素和文化符号，调动自身审美和创意精神，将文化元素转化成个性化的现代语言符号，向消费者诉说产品故事。

博物馆文创产品是以博物馆的文化资源为开发对象，以创意为开发手段，以实用性为开发结果的符合市场规律的艺术商品。根据博物馆文创产品的定义，设计师在开发文创产品时应该遵循文化美、形式美和生活美的设计理念，具体如下。

一、文化美

博物馆文创产品与一般性文创产品不同，博物馆文创产品是有教育使命的文化产品，传播优秀传统文化，讲述中国精彩故事，帮助人民建立国家文化自信心和自豪感。一直以来，优秀传统文化都是我国的巨大财富，传承传统文化，延续文脉，中华民族的根基才不会断裂。博物馆也一直承担着文化传承的责任，博物馆文创产品是博物馆传承文化方式的演绎与创新。因此，文化是博物馆文创产品存在的根本原因之一，体现文化美是文创产品的责任之一。设计师在进行产品设计时要明确文化美的设计理念，抓取一些具有传统文化特色的文化元素和文化符号，讲述文化故事，向受众传递文化美。

根据博物馆馆藏藏品，设计师可以将文化美具化为服饰美、颜色美、美食美、精神美、艺术美和器物美等古代生活的方方面面，丰富文创产品的取材，增加文创产品的文化美感。例如，中国国家博物馆设计的海晏河清香囊套装就是文化美的形象再现。设计师以清代乾隆霁青金彩海晏河清尊为设计元素体现传统工艺与绘画之美。霁青金彩海晏河清尊通过高超的绘画技艺绘制金彩绘燕叶、缠枝花卉等纹饰；通过精湛技艺在瓷尊的肩颈之间雕刻粘贴一对白色的展翅剪尾燕，淋漓尽致地展现了中国的文化之美。这款海晏河清香囊套装除了体现工艺美和绘画美之外，还体现了中国的香文化。香囊承载着中国人的礼与情，深刻表现了中国人的风雅意趣，这款产品以香丸作为主要内容，向现代人传递了中国的礼文化之美。可见，以文化美为设计理念，博物馆文创产品就变成了文化推介的载体，整体散发文化气息，突出了产品的文化艺术感，增加了产品的故事感和独特性。

二、形式美

博物馆文创产品是将体现文化内涵的象征性符号融入产品设计之中，与其他产品元素、符号融为一体的文创产品。这种文创产品特别强调设计师的创新精神，希冀设计师能够将传统文化元素转化成富有新意的符号和图形，实现传统与现代的创造性结合，让产品变成一件美的艺术品。而文化符号和元素的转化需要遵循形式美的原则，利用人类创造美的形式的基本规律和经验来转化文化元素，形成新的富有美感的符号和元素，丰富文创产品外形，实现文创产品的创新。因此，形式美是博物馆文创产品开发人员要遵循的开发理念，在设计中运用变化与统一、对比与调和、对称与平衡、节奏与韵律、统觉与错觉、比例与尺度等法则对设计元素进行创新，创造精美的文创产品。

例如，中国国家博物馆设计的长乐未央车载香薰，这款香薰在设计时就采用了对称和均衡原则，产品以汉代的长乐未央瓦当为设计素材，利用两条轴线分别将两侧的图形完全重合，达到视觉和心理上的平衡，体现了形式美。又如，中国国家博物馆设计的陶鹰抱玉胸针挂坠，这款产品的外形设计采用了变化与统一的原则，将陶鹰鼎的外形进行了转化，增加了一些现代化的元素到基础框架上，让陶鹰鼎的厚重感有所减轻，让整个产品简约又具有独特的设计感。由此可见，以形式美为设计理念进行文创产品的开发与设计，博物馆文创产品所塑造的造型就会较为独特和新颖，给人意想不到的审美喜悦。

三、生活美

文创产品是传统文化的生活化回归，旨在打造文化生活，让生活充满文化艺术气息，满足消费者的精神文化需求。博物馆文创产品作为理念的具象传达，必然要以生活美的理念进行文创产品的开发与设计。只有这样，博物馆文创产品才能体现生活细节，为生活增添一抹亮色。博物馆文创产品并不是不可触摸的文物，它是文物的化身，代替文物去丰富现代人的文化生活。因此，博物馆文创产品在设计时，除了要关注文化美和形式美之外，还要增添一些生活化的细节设计，让产品具有实用功能，让消费者美好生活。

　　生活美就是生活的美感化，是一种美而舒适的生活方式。生活美是一种对待生活的美学观念，消费者经常在衣、食、住、行等各方面的活动中下意识地发掘审美元素，找到美好的象征并将这些美的符号搬进自己的生活。根据生活美的理念，设计师在进行博物馆文创产品的设计时要注重衣、食、住、行等生活维度的产品开发，将一些情趣和感觉赋予产品之中，让产品体现生活的美好，从而赢得消费者的关注，为消费者的生活增加一丝温馨生活美。例如，中国国家博物馆开发的福寿禄喜木质书签，小小的书签是美意的体现，也为受众的阅读增添了一丝古韵。书签是阅读时经常会用到的小工具，设计者看到了消费者对这种小工具的美化需求，以桃枝、松叶、云雾、梅花等具有象征性的意象加入书签当中，使人见者望意，展开美好想象。设计师这种美的巧思让消费者的生活变得鲜活，体现了生活之美。又如，中国国家博物馆的这款溪山雨意书灯，书灯掩映阅览古今风华，设计师采用竹子作为书灯的底座，在杜邦纸上绘制山雨空蒙的山水意境，群山环绕间让生活充满了诗意。夜晚打开这样一盏灯，仿佛又见竹林中、溪水边、小舟上的文人雅客，与之神交。这款溪山雨意书灯营造了一种山水诗意的生活意境，增添了生活的情趣美。可见，以生活美为设计原理，博物馆文创产品就不再是简单的具有美感的使用商品，它通过图案或者造型传达某种意趣，营造意境，点亮了一成不变的生活。

　　文化美、形式美和生活美是设计师在进行博物馆文创产品开发时要遵循的基本理念，根据这些理念打造文创产品，文创产品就会具有文化内涵、造型美感和生活意趣，让文化和审美融入生活，提高大众的文化修养和审美素养。

第三节　寻找设计载体

　　随着信息技术社会的发展与演进，马斯洛需求层次理论认为人类的物质生活需求正在逐渐向情感、自我等非物质层面转变，这一需求理念影响了设计载体的寻找与确定。设计载体作为设计理念和设计符号的承载工具以满足人的需求为根本出发点。随着人类需求逐渐转向情感和自我实现等非物质因素，设计载体也发生了变化，从实物产品逐渐向虚拟产品和无形产品过渡，产品载体形式变得多姿多彩。

受马斯洛需求层次理论和社会发展变革的影响，设计师的设计重点发生了转移，博物馆文创产品在过去主要关注产品的外观造型设计是否美观、是否新潮，如今设计师还要关注产品是否能传递文化信息。个性化的信息表达是博物馆文创产品区别于其他产品的有效竞争力的表现。如此一来，设计产品与人的共生关系就更加明显和强烈，产品是人的意志的体现，作用于人的生活和精神；人是产品设计的根本参照，人的物理需求和精神需求是产品造型设计、内涵设计、意象设计的来源。基于此，设计载体的寻找、选择也要符合社会环境和人的情感精神需求。目前，设计载体一共有以下三种。

一、实体产品

在数字技术还未广泛应用到博物馆事业发展以前，博物馆文创产品以物质实体为主，通过实体形态来满足消费者的生活需求，解决消费者生活中存在的实际问题。例如，敦煌研究院设计的流光绘影星空灯，不管是神鹿灵韵还是星耀凌云，这些都只是灯的形态。这款产品生产出来主要是为生活照明而服务的，只不过在照明的基础上赋予了一定的美感。

产品实用功能是设计载体确定的标准。如果一款产品对消费者的生活提供了实质性帮助，这款产品就要以实体形态进行开发。在开发的过程中，设计师要运用语意思维、语用维度、语境维度和语构维度四维度来实现文化素材到产品实体的转化。换句话说，实体设计载体的呈现以运用文化资源转译再生模型为方法，具体如下。

1. 语意维度提炼文化元素

语意维度是指文化元素的显性语意和隐性语意，如器物、色彩、图案、纹饰、风俗习惯、传说故事等。语意维度用来研究既定产品的造型、象征和文化属性，通过提炼、选取色彩、纹样以及文化寓意等来进行产品设计。

2. 语用维度明确需求定位

语用维度是指设计师通过问卷调查、人物访谈等方法了解用户文化背景，根据用户的文化背景分析出用户的思维模式和行为习惯，从而确定设计载体的需求定位，以便于根据需求设计产品功能。

3. 语境维度展开功能设计

语境维度是指研究用户需求、行为流程等视觉化的东西，发掘用户痛点和设计方向，为产品功能设计提供指导。具体来说，设计师要分析用户的产品使用情境，在交互情境中明确设计载体的功能。

4. 语构维度输出产品载体

结合语意维度、语用维度和语境维度的分析成果，设计师要具体细化产品的造型、功能和细节，通过变化统一、对比协调、比例尺寸等设计原则来规划文化元素的构成，最终输出明确的设计载体。

二、虚拟产品

随着"互联网+"模式在博物馆文创产品开发中的深入发展，"科技+文化+艺术"成为博物馆文创产品的主要表现形式之一。博物馆文创产品形式越来越丰富多样，富有科技感的虚拟产品逐渐成了文创产品的主流开发模式。除了数字化技术手段的影响，马斯洛需求层次理论在文创产品变革中也起到了关键作用。正如马斯洛需求层次理论所说，中国人的需求层次正在从物质层面向精神层面发展，自我价值和情感价值的实现成为消费者的主要需求。

新时代人群这一消费者生活在新媒体环境下，B站、抖音等短视频平台成为消费者的主要娱乐工具。这些娱乐工具的最大特点是情感交互，B站、抖音、快手等短视频平台的用户有两方面的需求：①实现自我价值，希望社会能够看到、关注到自己，输出个人情感和思想精神；②希望获得情感体验，用户会与内容生产者、网友进行友好互动，从中获得喜怒哀乐。由于生活娱乐环境的变化，在这种环境中成长起来的新时代人群消费者更加强调消费的交互体验和情感体验，注重精神愉悦。根据消费者消费特点的转变,结合社会主流娱乐模式——游戏、影视、短视频等,博物馆文创产品的开发不得不走上科技创新的道路。设计师要将科技与文化紧密结合,改变产品的形态,让产品以数字化形式出现,增加产品的交互体验值。

结合产品的交互体验性和数字化属性,设计载体要从实体产品转变为虚拟产品,给消费者建立一个虚拟空间,让消费者通过视觉、听觉和触觉来进行情感和心灵的互动,从而获得自我需求和情感需求。

虚拟产品即数字化文创产品的载体是交互界面,消费者通过在界面上操作而实现人与产品的交流与互动,从而获得较好的情感体验。因此,虚拟化设计载体的开发对象是界面场景。设计师要将文化元素从外到内、从色到形进行深层次结构,将文化故事通过声音、语言、场景、人物等来表现,从而打造一个游戏化的互动体验场景,让消费者与文化元素产生深层次的互动,在互动中获得成就感,获取知识信息,提高文化学习热情,传承优秀的传统文化。例如,北京故宫博物院设计的一款别出心裁的应用 App "韩熙载夜宴图",设计载体完全突出用户的情感体验和交互体验,琵琶声起,受众跟随画师顾闳中走进韩府。画卷中的墨痕笔意,人物的衣纹、表情都是设计师的有意为之,设计师将传统文化元素巧妙地融入构建韩府场景的细节当中。来到韩府,移动的烛光、人物、用品名称等一一呈现,为受众沉浸在场景中做好铺垫。当画中的乐伎轻扫琵琶、舞伎翩翩起舞,画与真实的界限就被打破,受众完全沉浸在场景当中。场景中的一笔一画、一草一木、一桌一椅,设计师都有意进行传统文化元素的解构与重组。

三、无形产品

由于生产和消费思维的转变,人类社会开始从数字社会向服务社会转变,而社会的转变也带来了新的产品形态——无形产品。无形产品是指当下设计的前沿服务设计,是基于非物质主义的无形服务。中国博物馆文创产品的未来一定是一个巨大的服务空间。朝着这个方向发展,无形产品阶段的设计对象就不再需要载体,而是所提供的服务类型和内容。因此,无形产品不需要确定设计载体,无形产品的根本是人与自然、人与人的和谐相处。

总而言之，设计载体的确定以人的需求为根本指导，人类的需求转变促使设计载体转变，功能性需求确定设计载体以实体为对象，交互和情感需求要求设计载体以虚拟形式为对象，而发展到服务性需求阶段，设计载体也就消失了。

第四节　总结设计特征

博物馆文创产品具有轻文化性、日常性和社交性的特征。

一、轻文化性

博物馆文创产品开发的主要目的之一是输出优秀的传统文化，树立正确的文化价值观。这要求文创产品要具有比较深厚的文化属性，通过产品形态的文化来熏陶、感染消费者，帮助消费者丰富自身文化内涵。但是，文创产品的文化属性要有一个度，掌握好文化属性的度，文化传播与转化效果才会更好。如果文创产品的文化属性过于深厚，消费者需要对产品中所蕴藏的文化进行耗时、费力的理解与认同，消费者就会对产品产生抵触和抗拒心理。此时，产品卖不出去，也就无法实现文化传播价值。因此，博物馆文创产品的设计具有"轻文化"特征。

所谓轻文化，是指避开传统文化的厚重感和繁复感，从众多文化现象中抽取体现人文情怀和思想精神的细节或者故事，将小的细节和故事植入生活产品当中，让产品在生活情境中发挥文化作用，体现文化内涵。博物馆文创产品的轻文化特征体现在两个方面：一方面，馆藏文物中的元素、符号、文化故事、民俗习惯等与产品设计理念相结合，将文化符号通过拼贴、增减、重叠等手法转化成具有现代审美特点的图案、纹样，打造多样化、差异化产品；另一方面，设计师会进行潮流文化元素的融入，为文创产品披上现代化的外衣，让产品更加符合消费者的心理期待，让传统文化成功地走进消费者的内心。这样，博物馆文创产品就实现了

"文化去厚",令文化情怀贯穿当下生活。

一般具有轻文化特征的博物馆文创产品都表现为视觉美和形式美。视觉美是指产品造型通过物质媒介在空间中呈现艺术化的形象,具体可视、可触摸的形象中蕴藏丰富的艺术美感,给受众以视觉冲击,产生直观、震撼的美感;形式美是指构成文创产品外型的图案、纹饰等元素符号通过比例匀称、变化节奏韵律、虚实相生等法则来排列组合,形成具有形式美感的文创产品。博物馆文创产品目标用户对产品的外形期待就是具备视觉美和形式美,这种视觉美和形式美削弱了文化的厚重感。因此,视觉美和形式美是博物馆文创产品轻文化特征的主要表现。由此可见,兴趣付费年代,轻文化性是博物馆文创产品的主要表现特征。

二、日常性

博物馆文创产品是对文化的传承,传承的过程是一个流动性的活动过程。这意味着人要参与到传承活动当中,与传统对象展开亲密互动。如果人不参与文化传承,文化传承就只是一个简单的口号,文化只能以另一种形式生活在角落里。所以,只有文创产品增加与消费者的互动性,文化才能被赋予生命活性。因此,博物馆文创产品的开发要以人为中心,体现人本思想,让产品融入与人的日常生活互动当中,发挥产品的文化价值。

基于此,博物馆文创产品的设计具有日常性特征,如摆件、彩妆、文具等。这些产品与受众的实际需求密切相连,在受众的生活中发挥着或大或小的作用。例如,河南博物馆设计的妇好鸮尊自动晴雨伞,伞是日常生活中不可缺少的生活道具,晴天用来遮阳,雨天用来挡雨。晴雨伞与消费者的互动频繁且密切,所以妇好鸮尊被提及的可能性就会大大增加。在各种有妇好鸮尊自动晴雨伞出现的对话场景中,每个看到这具有艺术美感和视觉冲击力的雨伞的人都会问一句"这是什么图案",这正是受众与文物展开互动,文化传播和文化解读的最佳时刻。通过对话与交流,受众对妇好鸮尊图产生了比较深刻的认知和解读。因此,博物馆文创产品具有日常性特征,产品与生活紧密相关,人们可在生活互动中理解产品的文化内涵。

三、社交性

无论是传统实体文创产品，还是数字虚拟文创产品，都呈现出了社交性特征。传统实物形态的文创产品经常以语言文化符号来凸显社交属性。例如，故宫博物院设计的雍正系列产品，"朕不能看透"桑蚕丝眼罩、"朕就是这样的汉子"折扇等，这些幽默的网络语言带有较强的社交货币属性，尤其受到新时代人群的欢迎。新时代人群通过戏谑、解构的方式开发出"朕"系列网络语言，用在不同的社交平台、社交群体当中，实现了文创产品的二次发酵与传播。与传统实体文创产品不同，数字化文创产品更加强调平台社交属性。数字化文创产品一般以小程序游戏与剧情、网页游戏与剧情的形式出现在大众面前。例如，多家博物馆在鲸探上线 3D 数字藏品；又如，河南博物馆与支付宝联合开发的小程序"一起考古吧"在线考古盲盒，进行数字化考古。这些线上产品具有极强的话题属性，很容易在微博、微信朋友圈、豆瓣等社交平台引爆话题，产生关于文创产品以及文化的交流与探讨。社交性是博物馆文创产品的重要特征：一方面，社交性给予消费者深度探讨和交流文化的机会，有利于掌握文化内涵，提高自我文化修养。另一方面，社交性让文创产品实现了多次传播，从而实现了相关文化的多次传播，提高了文化传播力和推广力。

第五节　进行设计实践

目前，市面上博物馆文创产品的主要存在形式是传统实体文创产品，笔者以传统文创产品"烟云过眼檀木香盒"的设计开发为例，探讨了博物馆文创产品的整个实践过程。

一、产品定位

博物馆文创产品在设计之前要对产品进行产品定位，即确定产品的开发概念和开发意义，保证产品能够对生活起到一定的积极作用，让产品的文化概念对生活起到帮助作用。一款产品如果没有清晰的定位就盲目地开发，很容易没有受众，而失去绽放光芒的机会。因此，产品定位是确保产品创新的前提与基础。一款产品如何进行定位？概念选取及意义是产品定位的方法。以"烟云过眼檀木香盒"为例，笔者进行了产品定位的解读。

焚香是古代礼文化的一种表现。古人在进行比较重大的活动之前都会进行焚香沐浴以示虔诚和尊重。焚香可收敛心性，古人追求焚香的境界，会尽量减少烟火气，令香味环绕悠长、低回婉转。沐浴焚香，抚琴赏菊，焚香是古人的仪式感。现代生活中焚香活动仍然存在，只不过失去了其本身的意蕴，变成了驱赶蚊蝇和制造香气的手段。随着社会生活环境的变迁，焚香也有了新的定义。但是，焚香文化不应该消失在历史长河中，传统文化应该在今天通过文创产品迸发出新意。基于香道艺术的传承、焚香仪式感的回归，设计师将香盒作为产品设计目标，以香盒为香炉的化身，增加熏香的仪式感。以香炉为原型，确定香盒为所要开发的产品，设计师从焚香的意义和焚香文化传承的角度探讨了产品开发的价值所在，明确了产品定位。

二、用户分析

博物馆文创产品最终要投放到市场当中，在激烈的竞争中博取受众的关注，由此实现产品价值。由此可见，用户是文创产品传播效果好与坏的关键，用户的喜好、用户的使用习惯、用户的文化水平、用户的实际期待等直接影响产品的营销。鉴于用户在产品销售与购买中的决定性地位，文创产品在开发之初就要听取用户的声音。因此，在做好产品定位之后，消费者要以同类产品为分析对象，搜集与此相关的销售数据、用户使用感受、用户应用场景、用户风格偏好等内容数据，经过数据分析与整理归纳出产品的造型风格、功能应用细节、文化内涵选取、价格等影响产品设计的因素，为产品设计提供依据。"烟云过眼檀木香盒"在设计开发之初也进行过市场调查和用户分析，设计师综合用户需求，进行产品的造型和功能设计。

三、产品造型设计

产品造型设计是对传统文化元素的变异和进化，将传统文物的图案、颜色、文字、纹饰等通过简化、重构、抽象和转化等手段变成现代化的文化符号和元素，用现代观念和审美去阐述传统文化元素的精髓所在，打造传统与现代相融合的文创产品造型。例如，"烟云过眼檀木香盒"，根据香的长度，设计师将香盒形状设定为长方形盒子。香盒盒面上的元素以苏州顾氏过云楼为灵感，作为江南第一家的过云楼的楼主顾文彬说过："书画之于人，子瞻氏目为烟云过眼者也。"设计师选取这句话中的"烟云过眼"四字为文化元素并进行了书法呈现样态的转化。

除了以"烟云过眼"四字为主体文化元素，设计师还在盒盖上添加了一些小元素符号，如香薰缭绕的烟火，设计师将烟火以简易的形态表现出来，刻画在盒盖上，增添了香盒的古朴气质；又如远山之廓，与云丝搭配，营造悠远意境。关于产品造型的色彩和肌理，香盒选择了檀木，木质坚硬，香气芬芳永恒，万古不朽。紫光檀木的香盒伴有深浅不一的条纹，古朴温润、素净雅致，深刻诠释了焚香沐浴的古人气质。

四、产品功能设计

功能性是实用产品的主要特征，功能设计是传统实体类博物馆文创产品开发的重点。功能合理和实用方便是文创产品开发所要遵循的基本原则，在此基础上功能细节设计还要与产品的外观造型相结合，设计出兼具美感的功能性产品。如"烟云过眼檀木香盒"，设计师匠心独具，根据点香、存香、灭香和品香的需求将香盒设置为两层，分别为存香层和燃香层，贴心的滑盖设计取用非常方便。这种上下两层的滑盖设计让整个香盒看起来像一个镇尺放在案桌旁边，古色古香，淡然静雅，兼具美观和实用。

五、产品包装设计

产品包装设计是博物馆文创产品设计的一个环节，是指用一些较为合适的材料和精巧的工艺将产品放置在一个结构、造型、外观美化的包装盒中，包装盒的整体风格要与产品一致。"烟云过眼檀木香盒"的包装采用环保材料，整体设计与香盒的风格设计一致，采用简约古朴的风格，将"过眼云烟"和云丝、小山等意象符号雕刻在产品表面，与产品的外观造型相呼应。

第七章　中国博物馆文创产业未来发展

第七章　中国博物馆文创产业未来发展

博物馆文创产业是中国文化产业的重要组成部分，是文化经济的主要增长点之一。尤其是面对人民日益增长的精神文化需求和发展中国文化、传播中国声音的呼声日渐提高，博物馆文化创意产业会在国家重视下、人民期待下、社会推动下越走越好，成为国家文化事业发展的重要支柱。

第一节　中国博物馆文创产品设计开发情况与创新点

随着文化产业科学技术的变革、文创产业发展思维的更新，博物馆文化创意产业呈现出在曲折中发展的趋势。

一、中国博物馆文创产品设计开发情况

中国的博物馆文创产业是中国传统文化的"破晓者"。中国文化产业起步比较晚，中国传统文化在文化产业中的开发与应用只是冰山一角。随着新兴互联网产业的出现，腾讯、优酷等掀起文化娱乐狂欢，文化创意产业崭露头角，社会各界开始重视文化创意产业在企业发展中的积极作用，以传统文化为资源的 IP 孵化项目提上日程。受整个社会环境的影响，博物馆加入"互联网+"的大军中，即以博物馆的优质资源为项目开发资源，积极开发与文物有关的周边产品，增加文化附加值。博物馆文创产品的开发事业发展至今，一共经历了四个阶段。

（一）博物馆文创产品设计开发 1.0 时代

博物馆文创产品设计开发 1.0 时代的开发思维模式还处于工业化生产阶段，所开发产品的复刻痕迹明显。与现在的文创产品相比，1.0 时代的

博物馆文创产品有点像"冷兵器",没有灵魂和思想。总的来说,文创1.0时代是文物复印和简单叠加的时代,缺乏创意和创新精神,缺乏品味和文化审美。

1.0时代的文创产品属于文创产业的初次亮相,不具备较为深刻的文化内涵和审美价值。那一时期的文创产品就是文化旅游纪念品,常常用来赠送亲朋好友或者自己留作旅游纪念。与现在多样的产品类型不同,1.0时代的文创产品多为文物仿制品,像冰箱贴、笔记本、书签、杯具等生活用品。设计开发方法与手段也比较单一,通常采用按一定比例仿制的手段,将文物图案、形象、颜色等直接印制在产品上,设计较为简单,观赏性和实用性一般,产品吸引力不足。然而发展至今,一些中小型博物馆的文创产品开发还停留在1.0时代。

(二)博物馆文创产品设计开发2.0时代

博物馆文创产品设计开发2.0时代是文创产品与互联网合体的阶段,文创产品开始借鉴网络文化和网络营销思维,产品风格逐渐年轻化。与1.0时代的文创产品相比,2.0时代的文创产品较为鲜活,文物中文化元素的提取方式逐渐多样化,通过部分截取、重构组合等方式创新文创产品外型,文创产品的设计颇具创意。

除了产品造型创意化之外,文创产品的应用场景也呈现出生活化的特征。文创产品开始走进人们的生活,颜值与实用并存的文创产品陆续走红。例如,贴纸胶带、镇尺、帆布袋、晴雨伞等,这些富有创意和个性的产品被带进了实际生活中,发挥出应有的功能和作用。这些功能性产品又是文化精神和审美思想的体现,设计师将一些与文物有关的文化故事融入产品中,通过元素和符号转化成现代化的审美语言传递给消费者。

与1.0时代的文创产品相比,2.0时代文创产品的营销渠道也发生了转变,产品被搬到了互联网世界中。文创产品呈现出网络化营销趋势,如开通淘宝官网,搭建微信小程序,实现线上销售。与此同时,运营官方网站、微博、微信公众号等线上宣传与展示平台,积极打造产品人设,吸引受众的关注。通过产品设计风格的转变、产品应用场景的生活化以及产品营销渠道的网络化,博物馆文创产品摆脱了传统模式,走向了创意开发的道路。

(三)博物馆文创产品设计开发 3.0 时代

博物馆文创产品开发 3.0 时代是摆脱文物本体,打造特色文化 IP 的时代。与 2.0 时代相比,文创产品的设计开发更加注重文化内涵的开发,试图打造充满文化意境的文创产品。这一时期的文创产品开始频繁与外界接触,与科技、美妆、旅游、游戏、餐饮等行业跨界合作,玩转流行文化,让传统文化与流行文化相互碰撞,迸发出新的生命活力。例如,三星堆博物馆与微信合作开发"古蜀萌娃"系列表情包,将神秘的青铜面具改造成会说四川方言的可爱萌娃,是传统文化的创新表现。又如,湖南省博物馆以"君幸食"狸猫纹漆食盘为主题 IP,以美食为载体输出与之相关的历史和文化。文创产品设计开发发展到 3.0 时代,博物馆开始重视品牌文化形象,以及馆藏特色 IP 的开发,各种联动创意层出不穷,迎来了博物馆文创开发新风貌。

(四)博物馆文创产品设计开发 4.0 时代

到了 4.0 时代,博物馆文创产品的设计开发与科学技术的联系更加紧密,实现了文创产品自我价值的创造。与过去的文创产品不同,新型文创产品体现了交互性和体验感。设计师将传统文化以趣味、探索、互动的形式融入文创产品中,让消费者在产品体验中自主学习文化知识。

博物馆文创产品 4.0 时代,以青年一代消费者的用户体验为中心打造文创产品。文创产品注重挖掘博物馆文化潜能,制造数字化文创产品。例如,河南博物馆推出的"线上考古"小程序,敦煌研究院推出了"数字丝路计划"。文创产品增加了贴近受众行为习惯的元素,"古今对话"式的产品模式拉近了受众与文化的距离,实现了文化的创新传播。

从文创产品 1.0 时代到 4.0 时代,博物馆文创产品不断突破自我,逐渐找到了与大众的共生模式,文创产品的开发渐入佳境。作为一个新生事物,博物馆文创产品开发紧跟时代趋势,在"互联网+"背景下积极融入跨界融合的文化创新浪潮中,开发文化 IP,树立品牌形象,增加文化的附加值,使文创产业充满了生机与活力。

二、中国博物馆文创产品开发创新点

（一）产品突出情感性

在文化消费浪潮下，年轻一代主要呈现出兴趣消费的特征，消费者越来越关注产品给人带来的精神愉悦和心灵体验。就像电影售卖情感一样，博物馆文创产品从功能性消费逐渐转变为情感性消费，消费者期待从所购买的产品中获得较好的情感体验。因此，博物馆文创产品的开发不再是实用性、时尚性、传承性和元素性的开发，而是艺术性、知识性、元素性、故事性、传承性、时尚性和实用性的多重结合，以文创产品传递温度和温情为中心，将文创场景和文化理念融入产品之中，引领社会风潮。

关于情感融入造型的具体渠道，文化元素的创新组合是一种融入方式，数字技术的应用是另一种融入方式。①将文物的背景、故事元素转化成带有情感表达的符号，如笑脸、语言、颜色等，通过这些文化元素与受众产生共鸣，让消费者产生情感变化和起伏。②将文创与创新相融合，采用VR、AR、全息投影等科学技术手段开发数字化文创产品，让产品以场景的形式出现在消费者的生活中，让各种文化元素符号与消费者产生互动与交流，从而影响受众情感变化。

（二）打造特色IP文化

系统化建构IP是博物馆文创产品设计开发的创新点之一。以文化IP为中心打造一个系统化的创意生产环境，各种文化产品从IP中衍生而来，产品呈现出多元化的样态。以三星堆IP的设计开发为例，在网络化营销环境中三星堆IP被赋予了生命，不断有新的产品融入其中，不断扩大文化表现范围。一场关于三星堆的考古挖掘直播让三星堆文化成为话题引爆点，基于网络热度，官方进行了三星堆IP的设计开发，从青铜面具冰激凌到考古盲盒、摇滚盲盒，再到潮流饰品、家居好物，逐渐发展成了一个产品体系。这个产品体系中的产品相互关联、互相影响，有些消费者因为喜欢考古盲盒而了解了青铜面具冰激凌，有的因为喜欢青铜面具冰激凌而爱上了家居好物。以博物馆特色为中心的IP文化打造，让博物馆文创产品形成了一个生态链条，大家在一个生命体系中共生共存，有助于文创产品的继续衍生与开发。

目前，情感和 IP 文化作为博物馆文创产品开发的两个创新关键词，共同推动了博物馆文创产业向前发展。只要博物馆文创产品设计开发抓住文化创新和科技创新，实现系统创新和战略创新，博物馆文创产品就能以有温度、有态度的面貌，实现可持续的创新与发展。

第二节　博物馆文创产品发展趋势

作为未来文化生产与传播的主要方式，文创产品在数字化科技赋能下拥抱物联网、互联网、人工智能等新技术，实现了"文化＋科技"的融合发展新模态。博物馆文创产业是文化产业的经济增长动力点，对文化产业的可持续发展意义重大。在数字化科技赋能背景下，博物馆文创产品呈现出如下发展趋势。

一、内容体验升级

博物馆文创产品的开发以用户需求为中心，为了让用户获得更好的知识体验、情感体验、时尚体验、文化体验，博物馆文创产品一直在更新迭代，变换产品生产与制造方式，以便增加产品吸引力，留住用户的关注度。基于文创产品开发的人本主义思想，博物馆文创产品的开发离不开用户的内心体验和情感触动。打动用户是开发创新的关键点，而服务和体验是打动用户的关键点，因此，博物馆文创产品的开发必然朝着内容体验升级的方向发展。尤其是数字化技术赋能博物馆文创的背景下，设计与开发人员着重利用技术创新文创产品形态，通过 VR、AR 等技术赋能文创产品，打破传统的消费体验形式，实现全身心地沉浸式消费。

在浩如烟海的用户数据中，博物馆文创人员通过大数据和人工智能技术对用户进行精准画像，找到用户的痛点和需求点。结合用户画像，开发人员发现服务是用户的潜在需求，用户渴望通过文创产品获得美好的情感体验。针对这一要求和博物馆文创产品的文化传播使命，文创产品的内容开发从实体形态走向了虚拟形态，通过上线游戏类、探索类的文化场景产品来帮助消费者实现听觉、触觉、视觉的体验，为文创产品进入消费者的精神世界发挥作用。例如，浙江自然博物馆 AR 科普文创系列产品通过互联网技术、实时在线交互技术、AR 技术为积木、卡片、纸膜、小夜灯等实物产品赋予技术感，通过现实增强技术，增加产品的艺术性、趣味性和科普性，让体验者在虚拟景物中体验与经历，自主建构新知识。这类虚拟现实产品增加了交互属性，体验者能在产品使用过程中经历知识的产生与发展过程，在与场景的互动中掌握文化知识。开发虚拟产品是博物馆未来文创产品开发的主流趋势，升级文创产品开发内容，让消费者获得更好的产品体验。

二、聚集式活动服务

随着博物馆文创产业的发展，人们对博物馆文创产品的需求越来越个性化，这就催生出了不同的文创爱好活动集中区，形成了不同的文创活动圈层。博物馆文创产品的开发开始重视集群活动的服务，为不同圈层的消费者提供文化服务活动，丰富文创产品的生命意义。例如，面对一群对历史、艺术有需求的文创爱好者，博物馆就会提供文化街区服务，有相同爱好的人聚集在文化街区中并进行相关的文创活动，从而获得情感上的满足，丰富自己的精神世界。随着文创活动集中区的增多，文创产品从一个单一的实体产品形态走向了无形的空间服务，以消费者喜欢的某个文创 IP 为中心打造一个文创活动服务空间，供消费者进行精神体验。

与此同时，由于科学技术与文创产业的融合，聚集式文创活动也出现了新形态，人工智能、区块链、物联网等新技术赋予了博物馆文化街区新的生命活力。

数字技术等科技极大地扩展了传统文化内容的展现形式，催生出新的产品形态，构筑了文创发展新空间，使博物馆文创产业发展跃升为创新、规模、集约、科技的文创新经济产业。未来，随着文化需求的更加细致化、个性化，以个性文化为特色的文化载体将会逐步增多，文创新经济将集聚式突破发展。

随着文化创意产业的成熟，博物馆文创产业尝试走出国门，从聚焦国内市场向海外市场发展，许多国内博物馆纷纷与国外博物馆展开合作并开展博物馆文化创意主题活动，实现中国传统文化的海外输出和博物馆文创产品的多元创新。总体来说，博物馆文创产业正处于蓬勃发展阶段，在数字化技术环境下，在国家政策的支持下，博物馆积极跨界与各行业形成文化创意联盟，不断解锁文创产品开发新模式以及文创产品新形态。在各方面的支持与帮助下，博物馆文创产业正在多元化、创新性发展的道路上不断前进。

参考文献

[1] 戴燕燕. 文化创意视域下的产品设计方法论[M]. 南昌：江西美术出版社，2019.

[2] 王慧敏，孙洁，蒋莉莉，等. 文化创意产业研究：理论前沿和热点问题[M]. 上海：上海社会科学院出版社，2016.

[3] 王慧敏，曹祎遐. 文化创意产业发展的理论与实践探索[M]. 上海：上海社会科学院出版社，2018.

[4] 陈凌云. 博物馆文化创意产品开发研究[M]. 上海：上海社会科学院出版社，2019.

[5] 李典. 博物馆文化创意产品开发设计与发展思路研究[M]. 长春：吉林人民出版社，2020.

[6] 李雅林. 文化创意产业与产品传播的媒介发展路径研究[M]. 沈阳：沈阳出版社，2019.

[7] 杨静. 文创产品设计与开发[M]. 长春：吉林美术出版社，2019.

[8] 张鸯鸯. 文创产品设计实践[M]. 成都：四川美术出版社，2019.

[9] 丁伟. 文创设计新观[M]. 北京：北京理工大学出版社，2018.

[10] 浙江省博物馆学会，杭州博物馆. "博物馆+"与跨界融合——浙江省博物馆学会2016年学术讨论会论文集[M]. 杭州：西泠印社出版社，2017.

[11] 昌隽如. 文化创意产品研究[M]. 天津：天津科学技术出版社，2017.

[12] 魏杰. 文化经济学[M]. 北京：企业管理出版社，2020.

[13] 吕拉昌，黄茹. 世界大都市的文化与发展[M]. 广州：华南理工大学出版社，2014.

[14] 延博. 博物馆 IP 的建构与传播路径研究[D]. 西安：西北大学，2021.

[15] 杨诗怡. 文化消费视角下博物馆文创产品转型设计研究[D]. 无锡：江南大学，2021.

[16] 吴文钢. 基于多感官体验的博物馆文创产品设计研究[D]. 南昌：江西财经大学，2021.

[17] 梁琪. 社交媒体时代中国博物馆创意传播策略研究[D]. 呼和浩特：内蒙古大学，2021.

[18] 尚忠安. 人工智能时代的博物馆情感交互式文创设计策略研究[D]. 无锡：江南大学，2021.

[19] 钱琰彬. 新文创视域下博物馆文创产品设计研究[D]. 无锡：江南大学，2021.

[20] 许蕾. 三星堆博物馆文创产品设计研究[D]. 成都：成都大学，2021.

[21] 周雅迪. 南京传统手工艺与博物馆文创产品开发研究[D]. 南京：南京艺术学院，2020.

[22] 邓彬彬. 湖南省博物馆文创产品设计研究[D]. 长沙：湖南大学，2019.

[23] 唐桦. 中国花鼓灯博物馆文创产品开发研究[D]. 芜湖：安徽工程大学，2018.

[24] 李天琦. 基于叙事设计的"六艺"文创产品设计方法及其应用研究[D]. 兰州：兰州理工大学，2021.

[25] 张毓峰. 南京博物馆文创产品设计研究[D]. 青岛：青岛科技大学，2021.

[26] 张根. 中国国家博物馆文创产品设计策略研究[D]. 成都：西华大学，2021.

[27] 李子恒. 游戏化介入博物馆文创产品设计[D]. 重庆：四川美术学院，2021.

[28] 刘卓. 基于 AR 技术的云南扎染数字化文创产品开发研究[D]. 昆明：云南艺术学院，2021.

[29] 林莉. 慢设计理念下《楚辞》中香草文创产品设计与应用[D]. 岳阳：湖南理工学院，2021.

[30] 杨诗怡. 文化消费视角下博物馆文创产品转型设计研究 [D]. 无锡：江南大学，2021.

[31] 牟明欣. 北京故宫博物院文创产品的设计与创新 [D]. 哈尔滨：哈尔滨师范大学，2021.

[32] 王航宇. 文创产品创意机制与设计路径研究 [D]. 徐州：中国矿业大学，2020.

[33] 周淑静. 青铜器文创产品创新策略分析 [D]. 太原：山西大学，2019.

[34] 李丽娅. 四川博物馆馆藏文物的"萌"化解读及创新设计 [D]. 成都：四川师范大学，2018.

[35] 王慕然. 博物馆文创产品创意传播策略研究 [D]. 南京：南京林业大学，2018.

[36] 肖芳萍. 论中国传统 IP 形象的创新与活化模式 [D]. 南昌：江西师范大学，2018.

[37] 王博慧. 博物馆文创产品创新模式研究 [D]. 沈阳：沈阳航空航天大学，2018.

[38] 郭静扬. 博物馆文创产品开发研究 [D]. 福州：福建师范大学，2018.

[39] 王韵. 湖北省博物馆文创产品开发与经营研究 [D]. 武汉：华中师范大学，2018.

[40] 赵云英. 辽宁省博物馆文创产品再设计研究 [D]. 沈阳：沈阳航空航天大学，2018.

[41] 张程程. 安徽博物馆文创产品设计路径探究 [D]. 合肥：合肥工业大学，2018.

[42] 赵丽媛. 博物馆文化资源的文创设计研究 [D]. 北京：北京印刷学院，2017.

[43] 李杨. 基于设计事理学的博物馆 App 界面设计研究 [D]. 广州：广州大学，2019.

[44] 王娟娟. 基于事理学的产品设计物质性及精神性探析 [D]. 长沙：湖南大学，2009.

[45] 段行月. 标志设计事理学探析 [D]. 苏州：苏州大学，2009.

[46] 唐林涛. 设计事理学理论、方法与实践 [D]. 北京：清华大学，2004.

[47] 蒋登雨. 博物馆文创产品品牌个性对购买意愿的影响 [D]. 广州：暨南大学，2020.

[48] 云珊. 公共图书馆文化创意产业跨界合作研究 [D]. 沈阳：辽宁大学，2020.

[49] 于婷婷. 跨界融合背景下女书生态博物馆数字文创设计研究 [D]. 湘潭：湘潭大学，2020.

[50] 陈凌云. 博物馆文化创意产品开发研究 [D]. 上海：上海大学，2018.

[51] 曾原. 融合模式下的上海文化创意产业规制研究 [D]. 上海：上海交通大学，2017.

[52] 王银灿. 我国文化创意产业发展对文化软实力的提升路径研究 [D]. 石家庄：石家庄铁道大学，2017.

[53] 王少彤. 品牌与艺术跨界合作现象的研究 [D]. 上海：东华大学，2016.

[54] 李晓溪. 高校文化创意产业人才培养研究 [D]. 上海：上海大学，2014.

[55] 张斯齐. 跨界融合 [D]. 北京：中央民族大学，2013.

[56] 王轩，蔡爽，郝锐. "博物馆之家"博物馆文创产品研发平台 [J]. 中国市场，2022（9）：64-65.

[57] 陈璐. 技术、产品与价值：数字文创在我国博物馆行业中的应用及发展研究 [J]. 教育传媒研究，2022（2）：57-59.

[58] 罗小力. 中国博物馆集群发展模式探析 [J]. 博物馆，2022（1）：86-93.

[59] 钱琰彬，王安霞. 新文创视域下博物馆文创产品设计探析 [J]. 艺术研究，2022（1）：162-164.

[60] 孟文丽. 探讨文化旅游视野下的博物馆文创产品开发 [J]. 文物鉴定与鉴赏，2022（3）：103-105.

[61] 董红艳. "互联网+"背景下博物馆的文创产品营销创新分析 [J]. 文物鉴定与鉴赏，2022（3）：94-96.

[62] 吕伶玉,滕芳.再设计视角下的博物馆盲盒文创设计[J].艺术研究,2022（1）:152-155.

[63] 黄茵.博物馆文创产品开发现状与策略探讨——以玉林市博物馆为例[J].收藏与投资,2022,13（1）:144-146.

[64] 吕丽,杨菲雪,李大伟,等.洛阳市博物馆资源转化基本情况与提升路径[J].河南科技大学学报（社会科学版）,2022,40（1）:8-12,42.

[65] 陈萱.文化认同与符号消费:博物馆文创的符号建构研究[J].东南传播,2022（1）:86-88.

[66] 李凤亮,古珍晶.我国博物馆文化新业态的产业特征与发展趋势[J].山东大学学报（哲学社会科学版）,2022（1）:96-106.

[67] 刘辉,朱晓云,李峰,等."文旅融合下博物馆文创的探索与实践"学人笔谈[J].东南文化,2021（6）:135-149,190-192.

[68] 刘容.抱团、跨界与融合:博物馆文创联盟的当下与未来[J].东南文化,2021（6）:157-163.

[69] 张颖.探索江西省博物馆文化创意产品设计的新思路[J].青春岁月,2021（24）:24-25.

[70] 祝延峰.博物馆文创产品设计及开发[J].文物鉴定与鉴赏,2021（23）:141-143.

[71] 罗鸿,李永春,张瑞平.基于设计事理学的故宫博物院文创产品创新策略[J].家具与室内装饰,2021（12）:16-19.

[72] 卢羽.当代博物馆文创产品与产业发展探究[J].大观,2021（12）:73-74.

[73] 满一婧.基于4C营销理论下博物馆文创产品营销策略分析[J].文物鉴定与鉴赏,2021（22）:130-132.

[74] 张振中."盲盒热潮"下博物馆文创产品开发的思考[J].中国博物馆,2021（4）:44-49.

[75] 赵艳东,马璁珑,张雯."互联网+"视域下博物馆文创产品设计策略研究——以天津博物馆为例[J].绿色包装,2021（11）:112-119.

[76] 韦悦. 新文创下博物馆 IP 的开发设计思路探究 [J]. 明日风尚, 2021（21）: 146-148.

[77] 孙若晨. 数字时代的博物馆文创——互联网背景下山东博物馆数字文创探索 [J]. 文物鉴定与鉴赏, 2021（20）: 148-150.

[78] 李卫, 谷莉. 博物馆文创产品可持续设计研究 [J]. 收藏与投资, 2021, 12（10）: 135-137.

[79] 刘雯瑞, 张玉花. 基于敦煌文化元素的文创产品设计研究 [J]. 今古文创, 2021（42）: 75-76, 106.

[80] 敖蕾, 龚子淇. 博物馆文创产品中的符号语意与传达——以故宫文创产品为例 [J]. 艺术与设计（理论）, 2021, 2（10）: 99-101.

[81] 周橙旻, 何晨晨, 马伯尧. 博物馆文创产品开发周期与流程发展研究 [J]. 家具与室内装饰, 2021（10）: 122-125.

[82] 姚媛, 崔林, 杨启栋, 等. 基于"智慧"理念下的陕西历史博物馆文创产品 IP 活化研究 [J]. 西部学刊, 2020（20）: 8-11.

附录一　山东省博物馆文创产品用户问卷调查表

为了获取与博物馆文创产品有关的用户消费数据，笔者以山东省的用户为标本，从年龄、性别、经济能力和教育背景等人口变量数据的角度出发，设计、探讨产品功能、产品造型、文化价值和产品价格四个维度的问题，试图获得不同用户对文创产品的态度和兴趣选择相关信息，以便设计出贴合人民生活的文创产品。本问卷实行匿名制，所有数据只用于统计分析，请您放心填写，在所选答案下画"√"即可。

1. 您的性别是？
A. 男
B. 女
2. 您的年龄阶段是？
A. 18 岁以下
B. 18~28 岁
C. 28~38 岁
D. 38~48 岁
E. 48~58 岁
F. 58 岁以上
3. 您的文化程度是？
A. 初中及以下
B. 高中
C. 大专或者本科

D. 研究生及以上

4. 您从事的职业是？

A. 企事业单位人员

B. 农林牧渔

C. 教育工作者

D. 学生

E. 自由职业者

F. 企业家

G. 服务业人员

H. 其他

5. 您的月消费水平是？

A. 1000 元及以下

B. 1000~2000 元

C. 2000~5000 元

D. 5000 元及以上

6. 目前，您在博物馆文创产品上的总消费是？

A. 100 元及以下

B. 100~300 元

C. 300~500 元

D. 500 元以上

7. 您是否购买过或即将购买博物馆文创产品？

A. 购买过

B. 从未购买过

C. 不打算购买

D. 未来打算购买

8. 您想要购买哪种类型的博物馆文创产品？

A. 书签类

B. 文具类

C. 饰品类

D. 工艺品类

E. 家具生活类

F. 建筑模型类

G. 人偶

H. 食品

I. 服饰箱包

J. 3C 产品配件

K. 其他

9. 您更加注重博物馆文创产品的什么特点？

A. 趣味性

B. 感官吸引力

C. 品牌个性风格

D. 功能性

E. 情感性

10. 您会选择哪种物质类文化元素的文创产品？

A. 汉服文化

B. 青铜器文化

C. 茶文化

D. 农耕文化

E. 皮影民俗文化

F. 剪纸

11. 您会选择哪种象征符号类文化元素的文创产品？

A. 表情

B. 图形

C. 标志

D. 姿势

E. 纹样

12. 您会选择具有哪种性质的文创产品？

A. 魅力性

B. 教育性

C. 艺术性

D. 地域性

13. 您对市面上的博物馆文创产品有什么看法？

A. 创意（a. 创意十足　b. 创意不足）

B. 设计（a. 设计新颖　b. 设计陈旧）

C. 样式（a. 样式多样　b. 样式单一）

14. 您希望博物馆文创产品朝着什么方向发展？

A. 外观好看

B. 实用价值高

C. 创意性好

D. 功能性足

E. 具有文化内涵

F. 数字化

G. 传统与现代相结合

附录二　山东省博物馆文创产品用户的访谈问题

1. 您从事的是什么职业？
2. 您购买过什么类型的博物馆文创产品？
3. 您会在什么情况下购买博物馆文创产品？
4. 您在购买博物馆文创产品时更加注重产品哪些方面的功能？
5. 在日常消费中，您一般会为什么人购买博物馆文创产品？
6. 生活美学在您购买博物馆文创产品的原因中所占比重是多少？
7. 交互趣味性在您购买博物馆文创产品的原因中所占比重是多少？
8. 科技感在您购买博物馆文创产品的原因中所占比重是多少？
9. 实用性在您购买博物馆文创产品的原因中所占比重是多少？
10. 品牌联名款文创产品和博物馆自制文创产品，您会选择哪一种？为什么？
11. 如果要您在《AR 创意故宫日历》《紫禁城 100》《故宫日历十二载典藏版》《谜宫·如意琳琅图籍》中选择其一，您更倾向于哪一个？为什么？